모바일 UX 디자인

모바일 UX 디자인

기획부터 프로토타이핑까지
디자이너의 능력을 확장시키는 방법

파블로 페레아 · 파우 히네르 지음

심규대 옮김

| 지은이 소개 |

파블로 페레아^{Pablo Perea}

다년간 디자이너로 일해왔으며, 엠바카데로^{Embarcadero} 테크놀로지 같은 기업체를 위한 사용자 경험, 사용자 인터페이스, 모바일 및 웹 디자인에 주로 초점을 맞춰왔다. 리서치, 프로토타이핑, 디자인, 그리고 신규 아이디어와 솔루션 테스트가 주요 업무다.

컴퓨터 공학을 전공했으며 다양한 프로그래밍 언어에 깊이 있는 지식과 이해를 갖추고 있다. 기술 추종자로, 새로운 개발 분야와 방법을 항상 학습하고 연구한다. 적응력이 뛰어나고 유연하며, 변화를 즐기고 새로운 문화와 사람들 접하기를 좋아한다.

파우 히네르^{Pau Giner}

새로운 아이디어를 탐구하고 프로토타이핑하는 것을 즐기는 디자이너이며, 항상 펜을 갖고 다닌다. 위키미디어^{Wikimedia} 재단의 디자인 팀에 소속돼 위키미디어와 다른 오픈 프로젝트를 위해 디자인해왔으며, 이를 통해 인간이 가진 모든 지식의 총체에 수만 명의 사용자가 손쉽게 접근할 수 있도록 만들었다. 디자인 작업을 통해 위키피디아^{Wikipedia} 문서 번역부터 인공 지능을 활용한 콘텐츠 리뷰에 이르는 다양한 새로운 방식을 탐구해왔다.

여러 차례의 디자인 워크샵을 준비했으며, 모바일 워크플로에 대한 리서치로 발렌시아 폴리테크 대학에서 박사 학위를 받았다. 또한 몇 개의 단편도 출간했다.

감사의 말

토퀼 하크니스Torquil Harkness, 마리아 페레즈Maria Perez, 패트리샤 카발레로Patricia Caballero가 보여준 헌신과 도움에 감사를 전한다. 그들 덕분에 적절한 단어를 찾고, 유용한 피드백을 얻을 수 있었다.

| 기술 감수자 소개 |

리산드라 마이올리 Lisandra Maioli

저널리즘을 전공한 UX 전문가다. UC 버클리 대학교에서 마케팅을, UCLA에서 디지털 마케팅, 산타 모니카에 위치한 제너럴 어셈블리Lisandra Maioli에서 UX 디자인 특별 과정을 수료했다. 지난 17년 동안 브라질, 미국, 이탈리아, 중국, 네덜란드 고객을 위해 대형 에이전시 및 포털, 중소기업, 스타트업에서 일하며 저널리즘, 소셜 미디어 전략, 콘텐츠 전략, 커뮤니티 관리, 디지털 마케팅, 디지털 제품에 이르는 다양한 분야에서 국제적인 경험을 쌓았다. UX에 열정적인 그녀는 이벤트를 준비하고, 온라인 워크샵을 개최해 UX에 대한 강연을 해왔다. 또한 브라질에서 출간된 디지털 마케팅 책에서『UX for High Performance』부분과『Fixing Bad UX Designs』(Packt, 2018)를 저술했다.

심규대(kewday.shim@gmail.com)

탁월한 사용자 경험이 시장 경쟁력의 핵심이라고 믿는 UX & Digitalization Strategist다.

KAIST 산업디자인학과를 졸업하고 동대학원에서 인터랙션 디자인 전공으로 공학석사 학위를 받았다. LG전자 단말연구소에서 UX 연구원으로 일하면서 모바일 UX 설계는 물론 사용자 리서치부터 사용성 테스트에 이르는 폭넓은 영역에서 실무 경험을 쌓았다. 이후 SK텔레콤에서 다양한 서비스의 모바일 및 웹 UX 설계 업무를 담당하는 매니저로 활동했다. 앞서 모바일 분야에서 쌓은 다년간의 경험을 바탕으로 현대자동차 연구소에서 책임연구원으로 재직하며 새로운 자동차 UX 설계를 연구했다. 이어서 삼성화재에서는 전사 디지털 전환을 제안하고, 온라인 채널(삼성화재 다이렉트)에서의 UX 혁신(전환율 최적화)을 주도했다. 현재는 신한금융그룹의 CoE 조직인 '신한디지털혁신연구소^{SDII}'에서 새로운 금융 서비스의 디지털 경험 설계를 리딩하고 있다.

에이콘출판사에서 출간한 『누구나 쉽게 쓰는 앱 디자인의 비결』(2013), 『Designing the iPhone User Experience 한국어판』(2011), 『심리를 꿰뚫는 UX 디자인』(2010)을 번역했다.

| 옮긴이의 말 |

최근 몇 년간 스타트업이 늘어남에 따라 풀스택$^{full-stack}$ 개발자 모집이라는 문구를 심심치 않게 목격한다. 풀스택이라는 개념은 이제 개발자 세계에서만 머물지 않고 디자이너 쪽으로도 넘어오는 듯하다. 풀스택 디자이너를 용어 그대로 해석하면 '기획+디자인+코딩'을 홀로 작업하는 사람인데, 이는 상상 속의 유니콘을 찾는 것처럼 비현실적인 욕심으로 들리기도 한다.

손에 잡히지 않는 풀스택 디자이너를 목표로 공부하거나 일할 필요는 없지만, 영역 간의 경계가 점차 흐릿해지고 있는 흐름을 이해하고 이에 대한 대응을 준비하는 일은 피할 수 없는 선택이 아닐까 싶다. 기획자가 파워포인트로 화면의 조작 흐름을 정의하고, 이를 토대로 디자이너가 포토샵에서 그래픽으로 만들고 나면 퍼블리셔가 HTML 코딩을 하던 이전의 업무 방식은 전통적인 대기업에서도 찾기 힘든 구식이 돼버렸다. 다양한 툴의 발달과 개발 환경의 변화(개발기간 단축과 애자일^{Agile} 개발방법론 확산)로 인해 기획, 디자인, 코딩이라는 업무 구분이 약해지면서 기획자, 혹은 디자이너가 관여하거나 리딩하는 영역이 확장되고 있다.

기획자나 디자이너라면 InVision, Principle 혹은 Framer 같은 프로토타이핑 툴을 다뤄본 경험이 있을 것이다. 아이디어 발상부터 검증까지의 프로세스를 직접 경험해 볼 수 있고, 개발자와 효율적인 커뮤니케이션이 가능하다는 점에서 이러한 프로토타이핑 툴의 중요성은 점차 크게 다가온다. 모바일 앱에서는 한껏 높아진 고객의 눈높이를 충족시킬 수 있는 동적인 인터랙션의 중요도가 크기 때문에 프로토타이핑을 통한 반복 테스트와 개선이 필수적이다. 이 책은 모바일 앱 디자인에서 고려해야 하는 다양한 지식을 빠짐없이 다루는 동시에 프로토타이핑 툴을 활용해 아이디어를 테스트하는 과정을 집중적으로 설명한다. 딱딱한 이론서가 아닌 실용적인 접근법을 다루는 실전서인 만큼 UX와 관련된 업무를 담당하는 모든 분에게 유용한 지식을 전달하리라고 기대한다.

이 책을 통해 함께 일하는 멤버들에게 환영받는 T자형 인재로 거듭나길 바란다.

끝으로 번역을 진행하는 긴 시간 동안 많은 도움과 인내를 보여준 에이콘출판사 담당자들에게 고마움을 전하고 싶다. 또 언제나 믿음으로 지지해주는 부모님과 형님, 항상 힘이 되어주는 아내와 귀여운 딸에게 감사와 사랑을 전한다.

옮긴이 심규대

| 차례 |

9장   사용자 테스트   355

| 들어가며 |

이 책은 사용자를 즐겁게 만들어 주는 모바일 앱 디자인에 대한 실용적인 접근법을 소개한다. 새로운 아이디어를 탐구하고, 사용자의 실제 니즈를 충족시키는 모바일 앱 솔루션으로 변화시키는 방법을 학습한다. 이 책에서 제안하는 기법을 프로세스 초기에 적용해 소요 시간을 줄이고, 위험을 감소시키고, 개발 프로세스 전반에서 시간을 절약할 수 있다. 각각의 장은 조직의 목표와 고객의 니즈 양쪽 모두를 만족시키는 성공적인 제품을 디자인하기 위해 필요한 기본 절차를 다룬다. 각 단계에서 혁신적이며 사용하기 쉬운 제품을 디자인하기 위한 실용적 기법을 자세히 다룬다.

디자인 프로세스의 초기 단계에서 아이디어를 테스트하는 방법을 배워서 실제 사용자에게 효과적인 최고의 아이디어를 선별하고, 추가로 개선이 필요한 아이디어를 재고하고, 테스트에서 사용자에게 호응을 얻지 못하는 아이디어를 폐기하는 법을 익힐 수 있다.

이 책은 다양한 소프트웨어 회사에서 개발한 프로토타이핑 툴을 활용해 제품 아이디어를 반복적으로 테스트하는 작업 프로세스를 소개한다. 이를 통해 프로토타입 종류별 장단점과 이를 언제 사용해야 하는지, 그리고 테스트 프로세스의 각 단계에서 무엇을 확인할 수 있는지 설명한다. 기본적인 테스트 접근법뿐만 아니라 사용자와 관계를 맺고 그들의 의견을 들을 수 있는 고급 기술도 함께 다룬다.

단계적인 도움말을 통해 디자인 예산의 규모와 상관없이 디자인 아이디어 탐구 및 테스트를 언제 시작해야 할지 배울 수 있다. 이 책에서 배운 내용을 실제 프로젝트에 적용할 수 있도록 이론과 실제 사이의 간격을 줄이는 데 도움이 되는, 실제 경험에 기반한 고려 사항도 추가로 제공한다.

▌ 이 책에서 다루는 내용

1장 디자인 원칙과 기본 디자인 계획 이 책의 내용을 명확하게 이해시켜줄 기본적인 디자인 원칙을 알려준다. 인간이 세상을 인지하는 방식을 결정하는 진화론적인 측면을 다루며, 실제 사람을 대상으로 하는 좋은 디자인의 원칙을 소개한다. 기본적인 디자인 원칙 이외에도 디자인 솔루션이 사용될 환경과 이를 최종 시나리오에 적용시키는 것의 중요성을 설명한다.

디자인 프로세스에 대한 전반적인 개요는 이 책의 맥락이 제시하는 여정을 소개한다. 각 장은 프로세스의 각 단계를 서술하며 논리정연한 개별 단위로 기능하지만, 전체로 읽을 때는 완전한 솔루션으로도 작동한다.

2장 리서치 – 사용자로부터 배우기 문제를 해결하기에 앞서 깊이 있는 이해의 필요성을 설명한다. 잠재 사용자의 멘탈 모델에 대한 적절한 연구를 통해 사용자가 원하는 대로 인터랙션하는 앱을 개발할 수 있다.

패턴과 관례의 발견은 디자이너가 솔루션을 분석할 때 적절한 결정을 내릴 수 있도록 도움을 준다. 또한 이것은 유용한 기법을 활용해 고객 행동에서 핵심 측면을 찾아내는 방법을 알려준다.

3장 아이디어 탐구하기 – 스케치하기 혁신적인 아이디어를 탐구하기 위해 간단한 스케치를 해서 팀과 다른 이해관계자들에게 보여주는 방법을 다룬다. 전에는 생각조차 못했던 솔루션의 새로운 방향성을 펜과 종이를 사용해서 찾아낼 수 있다. 아이디어 탐구를 돕는 작업 프로세스, 팁과 사례도 포함한다.

4장 모바일 패턴 – 웹앱, 안드로이드 및 iOS 우수 사례 멀티채널 제품을 제작하는 방법을 자세히 설명한다. 현재 통용되는 접근법을 쉽고 체계적으로 소개한다. 다수의 사용자를 확보한 주요 모바일 플랫폼을 설명하며, 나아가 성공적인 크로스플랫폼 제품을 만들기 위해 디자이너가 반드시 알아둬야 할 주요 차이점을 살펴본다.

5장 솔루션 구체화하기 – 와이어프레임과 목업 솔루션을 자세히 설명하는 상세 문서를 만들어 개발팀이 디자인 컨셉을 이해하고 제대로 구현하도록 돕는 작업 프로세스를 제시한다. 이를 통해 안드로이드 및 iOS 개발자 모두에게 적합한 스펙specification을 만드는 방법과 각양각색의 스크린 해상도와 플랫폼을 위한 에셋asset 세트 제작 방법을 학습할 수 있다. 최근 디자인에서 모션motion의 중요성과 사용자 인지에 미치는 영향을 집중적으로 다룬다.

6장 프로토타이핑하기 – 아이디어에 생명 불어넣기 디자인 프로세스의 초기 단계에서 아이디어 테스트가 가능한 버전 제작 방법을 알아본다. 프로토타이핑 프로세스를 계획하는 데 필요한 기본 가이드라인을 제공한다. 또한 다양한 프로토타이핑 툴을 살펴보고 장단점을 논의한다. 프로젝트의 기능 복잡도와 프로젝트 요구 사항을 근거로 각각의 접근법을 언제 어떻게 사용해야 하는지 학습 가능하다.

7장 모션으로 프로토타이핑하기 – Tumult Hype 사용하기 타임라인 기반의 프로토타이핑 툴을 이용해 앱 프로토타입을 제작하는 방법의 개요를 설명한다. 모션을 사용해 인터랙션을 시각적으로 보여줌으로써 아이디어를 지원하는 방법, 그리고 이를 통해 얻을 수 있는 장점과 프로세스에 주는 의미를 알게 될 것이다. 단계별 도움말을 위해 시장에 출시된 좋은 툴 중에 하나인 키프레임keyframe 기반의 애니메이션 시스템인 Tumult Hype를 사용한다. Tumult는 두 명의 애플 출신 전문가가 설립한 회사로, Tumult Hype는 다양한 수상 경력을 자랑하며 사용자로부터 엄청난 찬사를 받는 툴이다.

8장 코드로 프로토타이핑하기 – Framer Studio 사용하기 프로그래밍 기반의 툴을 활용해 프로토타입을 제작하는 방법을 집중적으로 다룬다. 코딩 경험이 있는 독자라면 프로토타이핑 마인드셋을 친숙한 환경에 적용해 볼 수 있을 것이다. 대표적 디자인 툴인 Framer Studio를 사용하는 단계별 프로세스를 설명한다. Framer Studio는 기술 스타트업의 최고 디자이너들과 전 세계 디자인 학교에서 널리 사용하고 있다.

9장 사용자 테스트 실제 사용자와 함께 프로로타입을 테스트하고 인터랙션을 관찰하면서 배우는 방법을 상세히 다룬다. 진행자가 있는 테스트를 준비하기 위해 필요한 계획도 포함된다. 테스트 세션을 계획하고 전개하는 방법과 진행자가 없는 테스트의 일반적인 세부 사항도 함께 다룬다. 대규모 프로젝트에서 테스트의 중요성을 명쾌하게 기술하며, 지표 정의와 A/B 테스트에 대한 측면도 함께 다룬다.

▌ 준비 사항

대부분의 장에서 제시된 워크플로workflow를 따라하기 위해 별도의 소프트웨어가 필요한 것은 아니지만, 프로토타이핑 장에서는 당신의 아이디어를 테스트 가능한 버전으로 제작하기 위해 디자인 및 프로토타이핑 소프트웨어를 사용한다. 이 책을 최대한 활용하기 위해서는 적어도 보헤미안 스케치Bohemian Sketch, Tumult Hype, Framer Studio를 준비하는 것을 추천한다. 덧붙여서 Adobe CC가 있다면 제공되는 에셋을 사용해 몇 가지 아이디어를 테스트해볼 수 있다.

▌ 이 책의 대상 독자

성공적인 앱 제작에 관심이 있는 디자이너, 개발자 그리고 제품 매니저를 대상으로 하는 책이다. 디자인을 제작, 테스트하고 개선하는 프로세스를 우수 사례를 바탕으로 소개한다.

▌ 편집 규약

이 책에서는 여러 종류의 정보를 구분하기 위해 다양한 종류의 텍스트 스타일을 사용한다. 이러한 스타일을 사용한 예제와 그 의미에 대한 설명은 다음과 같다.

본문 내의 코드, 데이터베이스 테이블 이름, 폴더 이름, 파일 이름, 파일 확장자, 경로 이름, 임시 URL, 사용자 입력 및 트위터 처리 문자는 다음과 같이 표시한다.

"그 다음에 두 번째 장면^{scene}에 이미지를 추가하고 장면 이름을 Activity Details로 변경할 수 있다."

새로운 용어와 **중요 단어**는 굵게 표시한다. 예를 들면 메뉴나 대화상자에서 화면에 표시되는 단어는 다음과 같이 굵은 텍스트로 보여준다.

"선택된 **모든 장면에 변경 사항이 적용**되는 것을 확인하라."

코드 블록은 다음처럼 표시한다.

```
# STEP 3
# Step 3 states
sketch.Step_3_Artboard.states.out =
x: 1080
animationOptions:
time: 0.3
curve: Bezier.ease
```

 경고나 중요한 내용은 이 아이콘으로 표시한다.

 팁과 요령은 이 아이콘으로 표시한다.

▌ 독자 의견

독자들의 의견은 언제나 환영한다. 이 책에 대해 좋은 점이든 부족한 점이든 모두 알려주기 바란다. 독자 의견은 독자에게 필요한 주제를 개발하는 데 매우 중요하다.

일반적인 의견을 보낼 때는 간단하게 feedback@packtpub.com으로 제목에 책 이름을 적어서 이메일을 보내면 된다.

만약 전문적으로 다루는 주제가 있거나, 책으로 펴내는 데 관심이 있다면 저자 안내 페이지(www.packtpub.com/authors)를 참조하길 바란다.

▍고객 지원

팩트출판사의 도서를 구매하면 책을 최대한 활용할 수 있도록 도와주는 몇 가지 방법을 제공한다.

예제 코드 다운로드

예제 코드 파일은 http://www.packtpub.com에서 로그인한 후 다운로드할 수 있다. 이 책을 다른 곳에서 구매한 경우 http://www.packtpub.com/support에서 등록하면 이 메일을 통해 파일을 받을 수 있다.

다음 순서로 코드를 다운로드한다.

1. 팩트출판사 웹 사이트(http://www.packtpub.com)에서 이메일과 비밀번호를 입력해 로그인하거나 등록한다.
2. 맨 위에 있는 SUPPORT 탭으로 마우스를 이동한다.
3. Code Downloads & Errata를 클릭한다.
4. Search 입력란에 도서명을 입력한다.
5. 코드 파일을 다운로드할 책을 선택한다.
6. 드롭다운 메뉴에서 책 구매처를 선택한다.
7. Code Download를 클릭한다.

Packt 출판사 웹 사이트의 도서별 웹 페이지에 있는 코드 파일 버튼을 클릭해도 코드 파일을 다운로드할 수 있다. 도서별 웹 페이지는 Search 창에 책 이름을 치면 찾을 수 있는데, Packt 계정에 로그인 상태에서만 이용 가능하다.

파일을 다운로드한 후에는 다음 프로그램의 최신 버전을 이용해 파일 압축을 해제한다.

- 윈도우: WinRAR / 7-Zip
- 맥: Zipeg / iZip / UnRarX
- 리눅스: 7-Zip / PeaZip

이 책에 소개된 코드는 또한 GitHub의 https://github.com/PacktPublishing/UX-Design-for-Mobile에서도 다운로드할 수 있다. 그리고 https://github.com/PacktPublishing/의 다양한 도서 목록에서 다른 코드와 동영상도 제공하니 확인해 보길 바란다. 또한 에이콘출판사의 도서 정보 페이지인 http://www.acornpub.co.kr/book/uxdesign-mobile에서도 예제 코드를 다운로드할 수 있다.

책에서 사용한 컬러 이미지 다운로드

이 책에서 사용된 스크린샷과 다이어그램을 컬러 이미지로 볼 수 있는 PDF 파일을 제공한다. 이 컬러 이미지는 이 책의 출력물에서 나타나는 차이점을 이해하는 데 많은 도움이 될 것이다. 이 파일은 https://www.packtpub.com/sites/default/files/downloads/UXDesignforMobile_ColorImages.pdf에서 다운로드 가능하다. 또한 에이콘출판사의 도서 정보 페이지인 http://www.acornpub.co.kr/book/uxdesign-mobile에서도 예제 코드를 다운로드할 수 있다.

정오표

내용을 정확하게 전달하기 위해 최선을 다하지만 실수가 생길 수 있다. 책의 본문이나 코드에서 잘못된 부분을 찾게 되면 알려주기를 바란다. 이러한 참여를 통해 다른 독자들에게 도움을 주고, 다음 버전에서 책을 더 개선할 수 있다. 오탈자를 발견하면 http://www.packtpub.com/submit-Errata 페이지에 접속해 해당 도서를 선택한 후 Errata Submission Form 링크를 클릭해 발견한 오탈자의 상세 정보를 입력하면 된다. 보내준 내용이 확인되면 웹 사이트 정오표에 업로드하거나 해당 도서의 정오표 섹션 밑에 있는 기존 정오표에 추가된다.

앞서 등록된 정오표는 https://www.packtpub.com/books/content/support에 접속해 검색창에 도서명을 입력하면 Errata 섹션에서 확인할 수 있다.

한국어판의 정오표는 에이콘출판사의 도서 정보 페이지인 http://www.acornpub.co.kr/book/uxdesign-mobile에서 볼 수 있다.

저작권 침해

저작권 침해는 모든 미디어에서 계속 진행되는 심각한 문제다. 팩트출판사에서는 저작권과 라이선스를 매우 엄격하게 보호한다. 어떤 형태로든 팩트출판사의 불법 복제물을 발견하면 적절한 조치를 취할 수 있도록 해당 웹 사이트 주소나 이름을 즉시 알려주길 바란다. 불법 복제물로 의심되는 자료에 대한 링크는 copyright@packtpub.com으로 보내면 된다.

저자를 보호하고 소중한 콘텐츠를 제공할 수 있도록 도움을 준 것에 감사한다.

▌ 질문

이 책과 관련한 질문이 있다면 questions@packtpub.com을 통해 문의하기 바란다. 문제 해결을 위해 최선을 다하겠다. 한국어판에 관한 질문은 이 책의 옮긴이나 에이콘출판사 편집팀(editor@acornpub.co.kr)으로 문의해주길 바란다.

01

디자인 원칙과
기본 디자인 계획

"한 가지를 디자인할 수 있다면 모든 것을 다 디자인할 수 있다."

— 마시모 비녤리Massimo Vignelli

매일 우리는 주변 환경의 다양한 요소와 상호작용한다. 예를 들어 알람 시계를 끄고, 문을 열고, 이웃에게 인사를 하거나 양치질을 하는 것처럼 말이다.

이런 인터랙션 중 일부는 긍정적인 반면에 다른 일부 인터랙션은 매우 불만스러울 수 있다. 햇살 좋은 날에 휴식을 취하면서 신선한 음료수를 마시는 것은 즐거운 일이다. 하지만 줄을 서서 기다리기, 건물 안에서 길 잃는 일, 혹은 긴 서식 채우기를 좋아하는 사람은 없다. 잘 설계된 제품과 서비스는 긍정적인 인터랙션을 이끌어 낸다.

이미지 안에 있는 손잡이 달린 냄비는 내용물이 가득 차면 들어올리기 힘들다. 이 냄비는 아테네 출신의 건축가인 카테리나 캄프라니[Katerina Kamprani]의 불편한 디자인[The Uncomfortable] 컬렉션 중 하나다. 불행하게도 우리 주변에서 불편한 물건을 찾는 것은 어려운 일이 아니다(https://www.flickr.com/photos/colalife/14624508474/, 아브라함 파이퍼[Abraham Piper] 참조).

제품이나 서비스의 **사용자 경험**[User Experience](이하 UX)은 우리가 해당 제품 혹은 서비스와의 인터랙션을 어떻게 인지하느냐에 따라 정의된다. 긍정적인 UX는 사용자의 니즈에 기반한 세심한 디자인의 결과물이다. 이 관점은 그 동안 수많은 쓸모 없는 제품을 만들어낸 기술 중심의 전통적인 접근법으로부터 근본적으로 벗어나는 것을 의미한다.

이 책은 사용자 중심 디자인 프로세스를 위한 실질적인 길잡이를 제공한다. 여기서 설명하는 프로세스는 견고한 디자인 이론과 실제 경험 양쪽 모두에 기초한다. 성공적인 모바일 제품을 만들기 위한 단계를 설명하고, 실제로 이러한 단계를 적용하는 방법에 대한 조언을 제공한다.

1장에서는 다음과 같은 사용자 중심 디자인의 필수 측면을 배우게 된다.

- 사용자 중심 관점을 받아들이는 방법
- 잘 설계된 제품을 만드는 원칙
- 디자인 프로세스의 기본 단계
- 이 책에서 배운 컨셉을 실제 프로젝트에 적용할 때 겪게 되는 일반적인 문제

이 같은 측면은 모바일 앱 디자인에 중요할 뿐만 아니라 다른 제품 디자인에도 유용하다.

▋ 사용자에게 집중하기 위해 관점 전환하기

모든 제품은 사용자를 위해 만들어진다. 그렇다면 사용자 중심의 관점은 무엇을 의미하고, 그것은 무엇이 특별할까?

두 종류의 수도꼭지는 정반대의 접근법으로 디자인됐다
(출처: https://www.flickr.com/photos/phrawr/6655550583/, Phrawr,
https://www.flickr.com/photos/afoncubierta/3003286245/, 안토니오 폰큐비에르타(Antonio Foncubierta)).

이 그림 속 수도꼭지는 디자인에서의 서로 다른 두 가지 접근법을 대표한다. 왼쪽은 기술 중심 디자인의 결과물인 반면, 오른쪽은 사용자 중심 디자인의 결과물이다.

왼쪽 수도꼭지에는 2개의 손잡이가 있다. 하나는 온수용이고, 다른 하나는 냉수용이다. 손잡이가 2개인 디자인은 냉수와 온수가 각각의 파이프에서 나온다는 파이프 기술에 영향을 받은 결과다. 각각의 파이프에 손잡이를 추가해 원하는 대로 제어할 수 있다. 온수용과 냉수용 손잡이를 각기 다른 각도로 열거나 닫아서 온도를 조절할 수 있다. 하지만 이상적인 온도를 찾은 후에 온도를 유지하면서 물의 양을 조절하기 위해서는 2개의 손잡이를 함께 조작해야만 한다. 컵에 물을 채우거나 손을 씻을 때처럼 수도꼭지를 사용하는 대부분의 경우에서 이런 방식은 불편할 수 있다.

반면에 오른쪽 수도꼭지는 사용자 니즈에서 출발한다. 사용자는 수도꼭지를 사용하면서 물의 양과 온도라는 두 가지 종류를 조절하길 원한다. 이와 같은 별개의 니즈는 단일 손잡이의 2가지 독립적인 움직임에 맵핑된다. 온도를 조절하기 위해선 손잡이를 좌우로, 물의 양을 조절하기 위해서는 위아래로 움직이면 된다.

이로 인해 물의 양과 온도를 함께 조절하는 것이 쉽고, 원하는 온도를 언제든 유지할 수 있게 됐다.

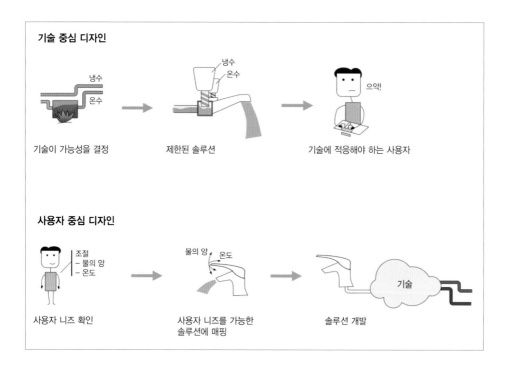

사용자 니즈라는 관점에서 프로세스를 시작하면 기술적으로 더 쉬운 것이 아니라 사용자에게 더 편리한 점에 집중할 수 있다. 오른쪽 수도꼭지가 더 사용하기 쉬우며, 손을 씻을 때마다 더 좋은 UX를 제공한다.

복잡성을 사람에서 기술로 옮기면 사용자에게 더 편리한 삶을 만들 수 있다. 복잡성을 기술로 옮기는 것의 결점은 기술적 측면에서 제품을 만드는 것보다 더 많은 노력이 필요하다는 점이다. 앞선 예제에서 볼 수 있듯이 오른쪽의 수도꼭지를 보통 2개의 파이프 기술에 연결하는 기술은 더 정교한 메커니즘을 필요로 한다.

솔루션을 개발하는 사람은 사용자에게 좋은 경험을 제공하는 것의 중요성을 반드시 이해해야 한다. 기술을 제약 요인으로 이해하는 대신에 최고의 UX를 구현해 줄 수 있는 마법으로 받아들여야 한다.

사용자 중심의 관점을 조직에 주입하기

UX 디자인은 많은 회사의 중심이 되고 있다. 대기업에서 작은 스타트업까지 다수의 회사가 디자인 기법을 그들의 일상적인 프로세스에 도입하고 있다. 하지만 디자인 프로세스는 대부분의 조직에서 제대로 지원되지 않는다.

1979년에 출시된 흑백의 텍스트 기반 사용자 인터페이스를 지원하는 컴퓨터인 Z-89
(출처: http://www.flickr.com/photos/ajmexico/3281139507/, ajmexico)

컴퓨팅의 초창기에 소프트웨어는 개발자에 의해, 개발자를 위해 사용됐다. 모바일 기기의 도입은 이러한 견해를 급진적으로 변화시켰다. 2010년에 스마트폰과 태블릿의 전 세계 매출은 PC를 뛰어넘었다. 그 후 몇 년 동안 모바일 사용자 수는 급격하게 늘어났으며, 다수의 사람들에게 모바일 기기는 디지털 세상에 접속하는 주요 도구가 됐다. 심지어 모바일로만 인터넷에 접속하는 사용자가 2017년 기준으로 전 세계 15% 가량으로 추산되며, 태국이나 말레이시아 같은 나라에서는 30% 이상으로 나타난다.

모바일 기기의 폭넓은 확산 덕분에 기술에 익숙지 않은 사람들도 대규모로 디지털 세상에 들어오게 됐다. 예전에는 컴퓨터 마우스에 손을 올리는 것도 두려워하던 사람들이 지금은 소셜 네트워크를 통해 친구들과 사진을 공유한다. 이러한 변화는 단순하고 사용하기 쉬운 제품을 만드는 것의 중요성을 강조한다. 제품이 지나치게 복잡하다면 사용자는 대안을 찾으려 할 것이다.

 스마트폰, 태블릿 혹은 스마트 워치 같은 모바일 기기는 가능성과 제약의 새로운 세상을 열었다. 사용자들은 이제 자연스러운 제스처와 음성으로 기기와 인터랙션할 수 있다. 하지만 동시에 작은 화면을 사용하면서 배터리 수명을 걱정해야만 한다. 흑백 텍스트 기반 터미널이 있던 과거와 비교해볼 때 다양성이 급격하게 증대됐고 더 창의적인 솔루션이 요구된다.

로그인	회원 등록

이메일 혹은 사용자 이름

비밀번호

비밀번호를 잊으셨나요?

로그인

혹은

비회원으로 진행

온라인 스토어에서 체크아웃 단계 전 로그인 단계, 로그인을 건너뛸 수 있는 편리한 옵션을 추가해 개선

긍정적인 경험을 만들어내는 것이 사용자에게 유용하지만, 근본적으로는 제품을 생산하는 회사에도 유익해야만 한다. 디자인 분야에서 이를 잘 설명해주는 유명한 이야기가 있다.

어느 온라인 상점에서는 고객이 제품을 구매하기 전에 회원으로 등록하기를 강요했다. 비밀번호를 잊어버린 사용자들의 대부분은 구매 프로세스를 마칠 수 없다는 사실을 발견했다. **"비밀번호를 잊으셨나요?"**라는 흔히 제공되는 링크를 통해 새로운 비밀번호를 발급받을 수 있지만 사용자들은 결코 재방문하지 않았다. 제품의 구매 결정을 이미 내린 사용자에게도 동일한 현상이 벌어졌기 때문에 매출이 대폭 감소했다. 솔루션은 아주 간단했다. 로그인하지 않고 구매를 진행할 수 있는 버튼을 제공하는 것이다. 버튼 추가는 기술적으로 어려움이 없었고, 적용 결과 매출은 3억 달러가 증가했다. 이 사례에서 어려운 부분은 솔루션 개발이 아니라 고객 니즈를 파악하고 이를 충족시켜주는 솔루션을 선택한 것이다.

▌ 디자인 원칙

수많은 요소가 UX에 영향을 미친다. e-북 앱을 사용하는 중이라고 가정해보자. 소설을 읽는 경험은 다양한 요소로 인해 엉망이 될 수 있다. 예를 들어 폰트가 너무 작아서 보기 힘들다거나, 페이지 간의 이동이 불편해서 대기 시간이 길어진다거나, 지난번에 마지막으로 읽었던 페이지를 앱이 기억하지 못하는 경우처럼 말이다.

이러한 이슈는 문제가 있으며, 각각의 이슈는 서로 다른 종류의 니즈를 충족시키지 못한다. 잘 디자인된 제품은 다양한 수준의 사용자 니즈에 대응한다.

- 인간의 조건에 따른 니즈
- 일반적인 기대에서의 니즈
- 특정 사용 컨텍스트에서의 니즈

이어서 각각의 니즈를 자세히 설명한다.

인간의 조건에 따른 니즈

우리는 인간이기 때문에 박쥐, 문어 혹은 완보동물인 물곰water bear(우주공간에서도 살 수 있는 0.5밀리미터 크기의 생물)과는 매우 다른 방식으로 우리의 세상을 경험할 것이다. 우리는 인간의 감각을 통해 세상을 경험한다. 우리는 시각, 청각 그리고 미약하나마 후각으로 정보를 처리한다. 손을 사용해 사물을 조작하고 목소리로 의사소통한다.

수백만 년간의 진화를 거쳐 인간의 능력은 물리적 세상에서 생존할 수 있는 핵심 요소로 형성돼 왔다. 하지만 디지털 제품을 사용할 때 우리의 경험은 이러한 감각과 뇌가 이 감각을 처리하는 방식에 크게 영향을 받는다. 감각의 작동 방식에 대한 이해는 인간으로서 자연스러운 우리의 행동에 더 잘 맞는 솔루션을 디자인하는 데 도움을 줄 수 있다. 예를 들어 우리의 주변 시야는 시야 가장자리에서의 움직임을 식별할 수 있게 해준다. 시야 가장자리 영역에서는 형태나 색상을 완벽하게 인식할 수 없긴 하지만 어떤 움직임도 신속하게 파악할 수 있다. 진화론에서는 원시인이 포식 동물에게 대처하는 데 이러한 주변 시야가 아마도 도움이 됐을 것으로 설명한다.

최근에 우리는 다수의 앱에서 모바일 기기의 화면 상단에 움직이는 상자로 표시하는 알림을 주변 시야를 통해 인지한다. 이러한 인터랙션 패턴을 쓰는 디자이너는 집중 영역 주변의 움직임을 감지하는 우리의 능력을 활용한다. 디자이너는 알림이 점점 커지는 경우보다 밖에서 안으로 들어오는 식으로 등장하는 방식이 눈에 더 잘 띈다고 판단했다.

수신 전화 알림이 위에서부터 안쪽으로 등장한다.

우리는 상이한 자극에 직감적으로 반응한다. 형태나 색상처럼 가장 기초적인 측면을 처리할 때도 우리는 고유의 내재된 의미를 부여한다. 우리는 이러한 효과를 심리 작용이라고 부른다.

형태의 심리 작용이 작동하는 것을 보여주는 간단한 실험이 있다. 다음 이미지처럼 두 개의 다른 형태를 사람들에게 보여주고 부바^{Bouba} 혹은 키키^{Kiki}라는 이름을 붙여보라고 하면 대부분의 사람들이 같은 모양에 같은 이름을 선택한다. 대부분이 동그란 형태의 도형에는 부바, 뾰족한 도형에는 키키라는 이름을 붙인다.

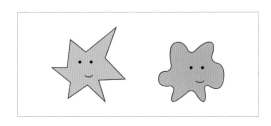

대부분의 사람들이 각각의 도형에 부바와 키키라는 이름을 동일하게 부여한다.

형태의 심리 작용은 앱 디자인의 여러 가지 요소에 영향을 미칠 수 있다. 예를 들어 조작 버튼에 있어서 각진 모서리와 둥근 모서리는 더 진지한 느낌, 혹은 더 장난기 많은 느낌을 부여하는 데 도움이 된다.

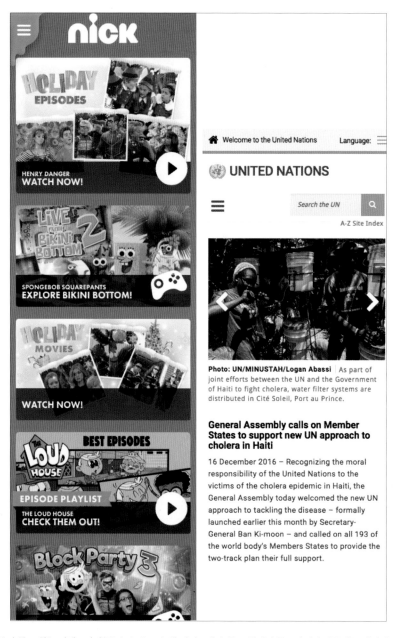

아이들이 주로 찾는 니켈로디언(Nickelodeon) 웹 사이트에서 둥근 형태가 두드러지게 사용되는 반면에 심각한
콘텐츠가 많은 UN 웹 사이트에서는 직선적인 형태가 빈번하게 사용된다
(출처: http://www.nick.com/, http://www.un.org/).

색상의 심리 작용은 널리 연구되는 또 하나의 분야다. 엄밀히 말하면 색상은 서로 다른 파장을 가진 빛의 단순한 표현이다. 하지만 색상을 분류할 때 우리는 색상 중 일부의 연상에 기반해 따뜻한 색과 차가운 색이라는 온도 개념을 사용한다. 마케팅과 브랜딩에서는 이러한 연상이 제품 판매와 판매 회사의 인지에 어떤 영향을 미치는지 연구해왔다. 빨간색은 흥분과 연관되지만 파란색은 휴식과 연관된다.

이러한 내재적 반응이 디자인 결정의 주된 고려 요소가 되어선 안 되겠지만, 사용자를 혼란스럽게 하는 모순되는 부분은 없는지 확인해야 한다. 우리가 전달하려는 의미가 내재적 의미와 상반될 때 혼란이 발생할 수 있다. 예를 들어 빨간색 텍스트는 사용자의 주목을 끌지만, e-북 앱에서는 책을 편안하게 읽게 해주는 주된 텍스트 색상으로는 최선의 선택이 아닐 수도 있다.

인스타그램(Instagram)과 페이스북(Facebook)은 새로운 관련 콘텐츠가 있을 때 특정 영역에 사용자의 주목을 끌기 위해 빨간색을 사용한다(출처: 인스타그램, 페이스북 스크린샷).

개별 요소와 속성에 대한 인지를 넘어서서 그것을 어떻게 묶어서 이해하고 경험을 형성하는지를 생각해 보는 일은 흥미롭다. 게슈탈트Gestalt(독일어로 형태라는 의미) 심리학자들은 인간의 인지를 연구했고, 많은 디자이너에게 큰 영향력을 미치는 속성 집합을 정의했다. 인간의 뇌가 개별 요소를 어떻게 인지하고 그들 사이에서 의미를 찾기 위해 애쓰는지 기술돼 있다. 특히 게슈탈트의 그룹핑grouping 원칙은 디지털 제품 디자인에 널리 응용된다.

예를 들어 **근접성의 법칙**the law of proximity은 서로 인접한 요소는 그룹으로 인지된다는 점을 설명한다. 요소 사이의 간격을 조절해 뇌가 인식하는 요소 간의 연관성을 제어할 수 있다. 포토 갤러리 앱을 예로 들어보자. 사진 간의 상대적 거리를 조절해 전체 사진을 (균일한 간격은 유지하면서) 단일 그룹으로 보이게 만들거나, 혹은 (눈에 쉽게 띄도록 세로, 혹은 가로 간격을 크게 벌리면서) 열이나 행으로 사진을 잘게 나눌 수 있다.

사진을 그룹으로 묶기 위해 박스로 에워쌀 필요는 없다.

다른 게슈탈트 법칙에서 우리의 뇌는 요소가 유사하게 보이거나law of similarity, 유사성의 법칙, 같은 방향으로 움직이거나law of common fate, 공통 운명의 법칙, 갑작스런 중복 없이 연결되거나law of continuity, 연속성의 법칙, 간단한 패턴을 형성하면law of good form, 간결성의 법칙 이들을 하나의 그룹으로 인지한다고 설명한다.

게슈탈트 법칙의 근본적인 사상 중 하나는 유사성과 대비 사이의 긴장감이다. 이 긴장감은 서로 다른 크기 사이(공간, 비율, 시간, 움직임 등등)에서 발생 가능하며 순서를 인지하는 데 도움을 준다.

제품을 디자인할 때 개념적으로 관련이 있는 것을 물리적으로 연결해 보여주길 원한다. 이와 같이 상이한 속성을 제대로 조절하면 사용자의 눈과 뇌가 이러한 구조를 의도한 대로 이해하는 데 도움을 줄 수 있다.

인간-컴퓨터 인터랙션HCI, Human Computer Interaction 단체에서는 다양한 인간 행동을 모델링해왔다. 예를 들어 피트 법칙Fitt's law은 인간의 움직임에 대한 예측 모델이다. 간단히 말하면 타깃(버튼 누르기 같은)까지 도달하는 시간은 타깃과의 거리와 타깃의 크기에 따라 결정된다는 이론이다. 멀리 떨어진 작은 버튼은 가까이에 있는 큰 버튼보다 접근하기 어렵다는 뜻이다.

버튼이나 다른 컨트롤control 같은 타깃의 크기는 모바일 디자인에서 발전해 왔으며, 사용 편의성에 영향을 미친다. 최초의 모바일 기기는 스타일러스 펜을 포인팅 기기로 채택했고, 타깃을 선택할 때 사용자의 정밀한 조작을 요구했다. 아이폰은 더 작은 스크린에는 더 작은 타깃이 필요하다는 생각에 이의를 제기했다. 타깃 크기를 키워서 손가락으로 편안하게 조작할 수 있게 했고, 이는 더 직관적인 인터랙션으로 이어졌다.

서로 다른 터치 포인터는 타깃의 크기도 달라야 한다.

우리의 신체와 뇌는 제품을 지속적으로 사용하는 플랫폼이다. 이 플랫폼에 대한 의미 있는 정보를 제공하는 다양한 지식 분야와 방대한 연구가 존재한다. 좋은 제품을 디자인하기 위해 심리학, 의학 혹은 생물학 분야에서 전문가가 될 필요는 없지만, 인간이 기본적으로 어떻게 작동하는지를 이해하는 것은 사용자에게 더 좋은 디자인을 하는 데 도움이 될 것이다. 인간의 본성에 대해 호기심을 갖고 사람들의 직관적이면서 본능적인 반응을 관찰하는 일은 우리 본성에서 핵심 부분이긴 하지만 눈에 띄지 않고 넘어갔을 수도 있는 연관 행동 파악을 돕는다.

일반적인 기대에서의 니즈

우리의 신체와 뇌는 많은 활동을 처리할 능력을 갖췄다 하더라도, 모든 활동이 편리하고 편안하며 우리를 즐겁게 한다는 뜻은 아니다. 특정 유형의 제품에 상관없이 사용자는 제품을 사용할 때 일반적인 기대를 한다. 제품을 디자인할 때 이 같은 기대 사항을 충족시키지 못한다면 최종 사용자 경험에 부정적인 영향을 미칠 수 있다. 사용자는 자신의 기대와 다르게 작동하는 제품을 보고 혼란에 빠질 수 있으며, 이는 **혼란 최소화의 원칙**principle of least astonishment를 어기는 것이다.

사용자가 제품을 조작하는 데에는 얼마간의 정신적 노력이 필요하다. 이러한 정신적 노력 은 종종 **인지 부하**cognitive load라고 불린다. 예를 들어 여행하는 동안 내비게이션 앱에 목적지 를 다양한 방식으로 입력할 수 있다. 상세 주소(Champ de Mars, 5 Avenue Anatole France, Paris)나 정확한 좌표(48° 51′ 29.6″ N, 2° 17′ 40.2″ E)를 사용하는 방법보다 목적지 이름(에펠 탑)을 입력하는 것이 당신에겐 더 쉬울 수 있다. 앱이 잠재적인 오타를 제외한다거나 음성 인식이 가능하거나 당신의 니즈를 예측해 목적지를 맨 처음에 추천할 수 있다면 인지 부 하는 한결 더 줄어들 수 있다.

잘 디자인된 제품은 사용자의 노력을 최소화하고, 사용자가 멈춰서 고민하거나 혼란을 겪 게 만드는 충돌 포인트를 줄여줘야 한다. 마찰을 줄이기 위해서는 장소 이름을 좌표로 바 꾸듯이 복잡성을 사용자로부터 컴퓨터로 옮기는 노력이 필요하다.

제품을 사용하기 위한 노력은 제품의 작동법을 이해하는 것과 제품을 조작하는 두 개의 단 계로 나눌 수 있다. 두 단계 모두에서 디자인에 대한 깊은 고민이 핵심이다.

제품의 작동법을 설명하는 것은 제품 스스로의 과제다. 아무도 설명서를 읽으려 하지 않 기 때문에 사용법이 명확한 제품 디자인은 필수적이다.

도널드 노먼Donald Norman은 사물이 지원하는 기능을 설명하는 용어로 **행동유도성**affordance을 사용했다. 문 손잡이가 행동유도성의 고전적인 예제다. 손잡이는 손이 닿는 높이에 위치 하며 모양새가 손으로 조작 가능하게 생겼다. 이러한 요소가 손잡이를 어떻게 열어야 하 는지를 우리에게 말해준다. 행동유도성이 잘못 적용되면 어떻게 조작해야 하는지 혼란스 러워진다. 그 결과 사람들은 당겨야 하는 문을 밀고 있게 된다. '노먼 문Norman Door'으로 알 려진 문이 잘못된 디자인의 대표적인 사례다.

문을 조작하는 방법을 알려주기 위해 포스트잇 메모가 붙어 있다
(출처: https://www.flickr.com/photos/chrisandhilleary/153059898/,
크리스 콘웨이(Chris Conway), 힐러리 오셔로프(Hilleary Osheroff)).

행동유도성은 형태, 위치, 색상 혹은 움직임 같은 다른 속성을 사용해 의도된 사용법을 알려주기도 한다. 이러한 것은 사용자가 의미를 해석하는 데 도움을 주지만, 이전 경험이 그 의미를 강화시켜 주기도 한다. 유사한 사례에서 앞서 겪었던 경험과의 직간접적인 연관은 새로운 내용을 학습하는 데 도움을 준다. 제품은 별개로 고립돼 존재하지 않기 때문에 기존 제품을 사용하는 것은 새로운 제품에 대한 우리의 기대에 영향을 미친다.

디지털 세상도 마찬가지로 수백만 개의 기존 제품에서 축적한 관례를 갖고 있다. 예를 들어 다수의 사용자들은 'X' 모양의 아이콘을 닫거나 취소하는 행동을 표현하는 것으로 인식할 수 있다.

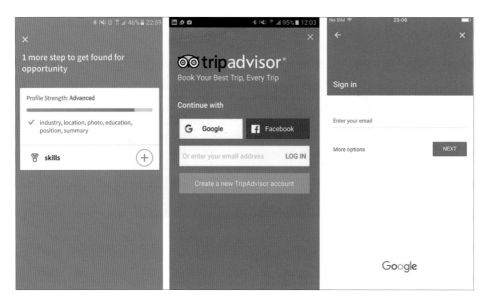

링크드인(LinkedIn), 트립어드바이저(TripAdvisor)와 구글(Google)은 'X' 아이콘을 취소의 방법으로 사용한다
(출처: 링크드인, 트립어드바이저, 구글 스크린샷).

메타포metaphor는 알려진 컨셉과 새로운 컨셉 사이를 점으로 연결할 수 있도록 도와준다. 데스크톱, 폴더, 윈도우의 디지털 컨셉은 물리적 대응 관계에 있는 사물의 일부 측면을 필요로 한다. 쇼핑 앱은 선택한 제품이 모여 있는 장소를 표시하기 위해 쇼핑 카트 아이콘을 사용할 수 있다.

하지만 기존의 컨셉을 조심스레 사용해야 하며 모방은 피해야 한다. 실제 슈퍼마켓처럼 카트에 제품을 담아두기 위해 쇼핑 카트를 3차원으로 재구성해 사용하는 것은 타당하지 않다. 물리적 세상에서의 제약 사항을 디지털 세상으로 가져오는 것은 피해야 한다. 디지털 공간은 당신이 지난주에 구매한 제품을 찾아보는 것 같이 다양한 행동에 더 적합하다. 메타포가 솔루션을 제한할 수 있기 때문에 있는 그대로 따를 필요는 없다.

디자인 가이드라인 Design Guideline은 당신이 특정 플랫폼, 구조 혹은 제품군을 디자인할 때 고려할 중요한 관례를 정확히 담아낸다. 이렇게 하면 사용자에게 친숙한 컨셉을 앞서 활용된 것과 동일하게 당신의 솔루션에서 재사용할 수 있다.

가끔은 관례를 깨야 할 때가 있지만 정말 그럴듯한 이유가 있는 경우에 한해 진행해야 한다. 사용자에게 제공되는 혜택이 예상되는 혼란의 부정적인 영향보다 훨씬 더 큰지 확실히 할 필요가 있다.

사회적, 문화적 관례도 사람들이 제품으로부터 기대하는 것에 영향을 미친다. 어느 한 문화권에서는 찬성을 의미하는 손동작이 다른 문화권에서는 공격적인 동작이 될 수 있다. 마찬가지로 언어에도 자체적인 관례가 존재한다. 방향성과 관련된 컨셉은 언어 방향에 따라 다른 의미를 지닌다. 예를 들어 영어처럼 왼쪽에서 오른쪽으로 진행되는 언어에서 앞으로, 다음 혹은 재생의 동작은 오른쪽을 향하는 삼각형 혹은 화살표로 표시될 수 있다. 반면에 아랍어처럼 반대로 쓰는 언어에서는 왼쪽을 향하게 표시해야 한다.

우리는 제품의 작동법을 이해하는 것뿐만 아니라 제품을 사용할 때에도 최소한의 노력을 기울이길 원한다. 다음은 긍정적인 사용자 경험을 이끌어 내는 원칙으로 모든 종류의 제품에 적용 가능하다.

- **개입을 최소화하라**: 문제 해결까지의 단계가 적을수록 좋다. 제품을 사용할 때 불필요한 단계를 가급적 줄이도록 디자인해야 한다. 이 원칙은 다음의 전략에 의해 뒷받침된다.
  - **다양한 입력 지원하기**: 정보는 다양한 방식으로 제공될 수 있다. 어떤 사람들은 전화번호나 화폐 단위를 적을 때 공란, 괄호 혹은 대시 기호(–)를 사용해 숫자를 묶지만, 그렇지 않은 사람도 있다. 기술 요구 사항을 충족시키기 위해 특정 포맷을 강요하는 대신에 사용자가 자신에게 편한 방식으로 정보를 제공할 수 있게 해야 한다.
  - **스마트한 기본값 제공하기**: 사용자에게 정보를 요청할 때는 개방형 질문 대신에 옵션을 제공해야 한다. 인식이란 기억해내는 것보다 훨씬 단순한 정신적 프로세스다. 따라서 가능한 답변을 예상할 수 있게 하는 것은 사용자의 시간을 절약해준다. 제공하는 옵션이 사용자가 원하는 것과 비슷하다면 이를 기본값으로 설정할 때 대부분의 경우에서 시간을 줄여준다. 예를 들어 내비게이션 앱

에서는 현재 위치를 출발점으로 가정할 수 있다. 이러한 가정이 항상 맞지는 않겠지만 대부분의 경우에는 사용자가 출발점을 지정하는 추가 단계를 줄여 줄 수 있다.

○ **직접 조작 지원하기**: 오랜 기간 동안 마우스는 가장 널리 사용되는 입력 기기 중 하나였다. 사용자는 책상 위의 마우스를 통해 화면 위의 커서를 움직여 디지털 오브젝트를 작동시켰다. 터치스크린이 도입되면서 간접적인 단계는 줄어들고 사용자는 요소를 직접 누를 수 있게 됐다. 사용자가 간접적인 단계를 거쳐가기 위해서는 정신적 노력을 들여야 한다. 예를 들어 별도의 확대 메뉴에 들어가기 보다 손동작을 사용해 사진을 확대하는 편이 훨씬 간단하다.

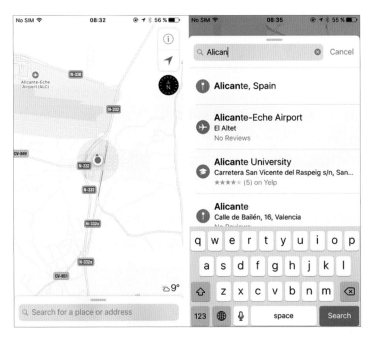

iOS지도는 당신이 현재 위치를 알고 싶어한다고 가정하고(왼쪽) 추천 목적지를 제공한다(오른쪽)
(출처: iOS Maps 스크린샷).

48

- **적절한 용어로 사용자에게 알려라**: 사용자는 제품을 쓸 때 무슨 일이 벌어지는지 알고 싶어하지만, 피드백은 의미가 있어야만 한다. 고려해야 할 몇 가지 측면은 다음과 같다.
  - **사용자가 자신이 주도한다고 느끼게 만들어라**: 제품이 제공 가능한 자동화 수준과 관계없이, 사용자는 자신이 주도적으로 제어한다는 느낌을 받고자 한다. 친구에게 메시지를 보내려는 사용자는 메시지가 발송됐고 수신했음을 확신할 때 더 편안해질 것이다. 이 같은 확신은 간단한 시각적 단서^{cue}에서 더 분명한 피드백 텍스트에 이르는 다양한 방식으로 형성될 수 있다. 각각의 경우에 따라 피드백의 명확성 정도를 선택하는 것은 시스템이 성가시게 군다는 느낌을 받지 않으면서 사용자가 제어권을 갖고 있다는 느낌이 들게 만들어 준다.
  - **비교하면서 설명하라**: 정보는 비교할 때 더 이해하기 쉽다. 자동차 여행 중에 목적지까지의 거리를 아는 것은 유용할 수 있다. 거리가 당신이 선호하는 마일 혹은 킬로미터 단위로 표시되는 것도 유용하겠지만, 자동차 속도와 비교해 목적지에 도착하는 시간으로 표시된다면 훨씬 더 도움이 될 것이다. 한 가지 정보를 고려할 때 이것이 사용자에게 제공되는 목적을 파악해서 가장 의미 있는 표현법을 결정하는 것이 중요하다.
  - **사용자에게 친숙한 용어로 커뮤니케이션하라**: 사용자가 구조 혹은 사물 등을 이해하는 방식과 가장 가까운 개념, 즉 사용자 멘탈 모델$^{mental\ model}$로 불리는 컨셉을 설명할수록 사용자와 컨셉 간의 인터랙션이 더 원활하게 이뤄진다. 시스템의 내부 측면을 설명하거나 기술 용어를 사용하는 메시지는 피해야 한다. 택시를 찾는 사용자는 "검색 결과가 없다."는 메시지를 들으면 혼란스러울 것이다. 그보다는 주변 지역에 "이용 가능한 택시가 없다."는 말이 이해하기 더 쉽다.
- **사용자의 시간을 낭비하지 마라**: 시간은 아주 소중하다. 이 문제의 해결을 도와준다면 사용자는 가급적 적은 시간을 요구하는 솔루션에 항상 고마워할 것이다. 함께 고려할 만한 관련 컨셉은 다음과 같다.

- **가까이에 툴을 배치하라**: 사람들이 찾는 툴^{tool}을 필요한 곳에 제공하는 것은 사용자가 다른 곳에서 툴을 찾는 시간을 줄여줘 도움이 된다. 주소록에 저장되지 않은 번호로 전화를 걸고 나면 이 번호를 신규 연락처로 저장하는 옵션을 제공하는 것이 편리하다. 다음 순서를 파악하고 이를 용이하게 만드는 방법을 찾는 것은 사용자가 이 같은 편리한 단축키^{shortcut}를 찾는 데 도움이 된다. 환경 설정(거의 바꾸지 않는 사용자의 선호 항목)으로부터 행동(사용자가 정보를 처리하기 위해 주로 사용하는 활동)을 분리하는 것도 마찬가지로 사용자가 가장 필요로 하는 정보를 바로 찾는 데 도움이 된다.

- **성능**: 기다리기를 좋아하는 사람은 아무도 없다. 우리의 제품이 가능한 빨리 사용자의 인터랙션에 반응하는 것을 목표로 해야 한다. 사용자의 다음 단계 예상하기, 캐싱^{caching} 및 기술적 최적화는 적정한 반응 시간 내에 사용자 인터랙션이 이뤄지는 데 도움을 준다. 액션^{action}을 처리하는 데 드는 실제 시간은 상관없다. 더 중요한 것은 대기 시간이 사용자에게 얼마나 길게 느껴지는가다. 지각된 성과^{perceived performance}는 다양한 방법으로 개선될 수 있다. 로딩될 콘텐츠와 유사한 플레이스홀더^{placeholder}[1]를 사용하거나 적절한 로딩 인디케이터와 함께 로딩 시간이 길어지는 것을 전달하는 방법은 실제보다 대기 시간을 더 짧게 느껴지게 할 수 있다.

- **방해를 줄여라**: 사용자에게 지금 하는 행동을 멈춰 달라고 요청하는 것은 그들의 컨텍스트를 전환시키고 행동 흐름을 깨트린다. 모달 대화상자^{modal dialog}[2]와 경고^{alert}는 사용자를 짜증나게 만들 수 있다. 입력된 사용자 이름이 유효하지 않다거나 인터넷 연결이 끊겼다는 메시지 같은 관련 정황을 전달하려는 노력을 기울여야 한다. 사용자에게 상황은 알려주지만 언제 행동을 취할지는 사용자가 결정하게 한다. 마찬가지로 정보를 기다리는 동안에 차단되는 요소를 최소화하는 방법은 방해를 줄이는 데 도움이 된다. 예를 들어 지도 앱에서 지도

---

1 빠져 있는 것을 대신하는 기호나 텍스트 - 옮긴이
2 닫기 전에는 다른 작업은 할 수 없도록 막는 대화상자 형태 - 옮긴이

이미지가 로딩되는 중에도 지도를 이동시키거나 확대하는 동작처럼 지도를 조작하는 작업을 가능하게 해주는 것이 좋다.

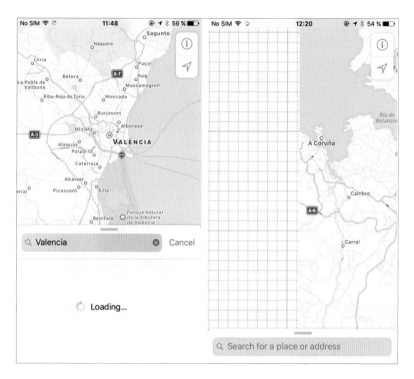

iOS 지도는 추가적인 상세정보(왼쪽)나 지도 이미지 타일(오른쪽)을 로딩하는 중에도 조작이 가능하다
(출처: iOS Maps 스크린샷).

- **실수를 방지하라**: 사람들은 자신이 실수하면 불편함을 느낀다. 당신이 만드는 제품은 사용자에게 해를 끼치거나 그들이 멍청하다는 느낌을 받게 하지 말아야 한다. 다음은 몇 가지 유효한 접근법이다.
  - **잘못 사용되는 것을 원천봉쇄하라**: 이상적으로는 제품은 잘못 사용될 수 없게 디자인돼야 한다. 예를 들어 호텔 예약을 할 때에는 앞으로의 날짜만 선택 가능한 것이 맞다. 갑작스런 부작용이나 혼란스러운 에러 방지는 사용자가 실수에 대한 두려움 없이 자유롭게 이동할 수 있는 **안전한 탐구**safe exploration 환경을 만드는 데 기여한다.

- 　○ **막다른 길을 피하라**: 사용자는 항상 목표를 달성할 수 있는 방법을 가져야 한다. 앞으로 나아갈 수 있는 분명한 길이 보이지 않는 상황으로 사용자를 밀어 넣는 것을 막아야 한다. 예를 들어 검색 결과가 없을 경우, 비슷한 검색어를 입력했을 때의 결과를 토대로 몇 가지 대안을 제시하거나 카테고리 기준으로 브라우징하듯이 콘텐츠를 찾는 다른 방법을 제공할 수 있다.
- 　○ **불가피하다면 완화하라**: 실수가 불가피한 경우에는 이러한 이슈를 해결하거나 완화할 수 있는 방법을 고려해야 한다. 예를 들어 네트워크 연결 실패는 사용자를 성가시게 만드는 대신에 자동으로 접속을 재시도하는 방법으로 해결할 수 있다. 연결이 장시간 동안 실패하는 경우에는 이슈를 알리고 반영되지 않은 변경 사항을 로컬에 저장하는 것이 도움이 될 수 있다. 어떤 경우에도 절대로 사용자를 비난하지 말아라. 사용자의 잘못으로 에러가 발생했다고 들릴 만한 메시지는 피해야 한다. 왜냐하면 사용자는 시스템이 허용하는 작업을 했기 때문이다.

수많은 기본 디자인 및 사용성 휴리스틱^{heuristcs}, 패턴 라이브러리와 가이드라인이 존재한다. 이들은 모든 종류의 제품에서 긍정적인 인터랙션을 디자인할 때 고려해야 하는 주요 측면에 대한 권고안을 제공한다. 권고안을 따르는 것은 더 사용하기 편리한 제품을 만드는 데 도움이 된다. 그러나 이런 솔루션만으로는 사용자의 모든 니즈를 충족시킬 수 없다.

특정 사용 컨텍스트에서의 니즈

인간으로서의 니즈와 사용자로서의 일반적인 기대 외에도 사용 컨텍스트에 특정하는 다른 일련의 니즈가 있다. 이것은 제품을 사용하는 사람들의 목적과 목표에 따라 정의된다.

지난 휴가 여행을 기록한 일반 소비자의 비디오 편집 니즈는 전문 영화제작자가 영화를 만들기 위한 비디오 편집 니즈와는 크게 다르다. 따라서 비디오 편집 앱은 목표 사용자에 따라서 매우 다르게 디자인될 것이다.

앞서 다룬 니즈와 정반대로, 당신은 사례별로 컨텍스트 특정 니즈만 배울 수도 있다. 여러분이 디자인할 사용자는 당신과 매우 다를 수 있다. 모든 종류의 제품에 적용 가능한 조언은 없다. 그럼에도 불구하고 디자인 프로세스는 사고방식mindset을 갖추는 데 도움을 주며 사용자를 더 자세히 알고, 그들의 니즈를 파악해 문제점을 해결하도록 이끌어 주는 다양한 활동을 제공할 것이다.

사용자 니즈를 해결하기 위해서는 먼저 니즈가 무엇인지를 알아야 한다. 간단하게 들릴지도 모르지만 니즈와 솔루션solution 사이의 차이가 항상 분명하지는 않다.

강 옆에 있는 마을에 산다고 가정해보자. 마을의 시장이 당신에게 전화해서 말하길, "우리에겐 다리가 필요해요. 당신이 다리를 디자인해주겠습니까?"라고 제안한다. 그 이야길 듣는 순간 당신은 완벽한 다리를 디자인하는 방법에 대한 고민을 시작하고픈 마음이 들었을지도 모른다. 하지만 '다리'는 니즈가 아니다. 진짜 니즈는 강을 건너는 것이다.

다리는 강 건너편으로 넘어가려는 근본적인 니즈를 해결할 수 있는 여러 개의 방법 중 하나일 뿐이다. 강을 건너는 다른 방법으로 여객선, 케이블 카 혹은 짚라인zip-line을 만드는 방법도 있다. 근본적인 니즈를 파악하는 데 실패한다면 고려할 수 있는 해결책이 제한된다.

가능한 솔루션의 범위를 지나치게 좁게 제한하면 최적화되지 않은 솔루션으로 당신을 이끌게 되며, 흥미로운 아이디어를 무시하고 당신의 혁신 역량을 제한한다. "왜?"라는 질문은 근원적 니즈를 확인하는 좋은 방법이다.

왜냐고 묻는 것은 문제의 범위를 넓혀줄 수 있다. 마을 주민들은 식료품 배달 서비스가 있거나 강줄기를 우회할 수 있다면 강을 굳이 건널 필요가 없을 수도 있다. 상이한 제약과 속성 그리고 갈등이 문제의 범위를 제한하고 가능한 디자인 솔루션의 선택에 영향을 미칠 것이다.

리소스가 무한정인 환경에서 디자인이 이뤄지는 경우는 극히 드물다. 그 대신 고려해야 할 많은 제약 사항이 존재한다. 이러한 제약 사항은 예산, 규제, 사회적 관습 등과 같은 다른 영역에서 비롯되기도 한다. 솔루션을 모색할 때 이러한 사항을 이해하고 고려하는 것도 디자이너의 일 중에 일부다.

제약된 환경에서는 모든 니즈가 동일한 우선 순위를 가질 수 없다. 서로 각기 다른 레벨에서 니즈를 지원해야 하기 때문에 니즈가 사용자에게 어떤 영향을 미치는지를 고려하는 것이 중요하다. 노리아키 카노Noriaki Kano가 제안한 모델은 사용자 만족의 여러 패턴을 정의한다.

- **필수 니즈**Must-haves: 제품이 지원하길 기대하는 사용자의 기본 니즈를 의미한다. 기본 니즈 충족에 실패하면 사용자 불만을 일으킨다. 하지만 일정 수준 이상으로 과도하게 지원되면 만족도는 오히려 줄어든다. 예를 들어 내비게이션 앱 사용자는 줌zoom 기능을 기대할 것이다. 줌 기능이 지원되지 않으면 사용자가 목적지를 선택하기가 끔찍하게 힘들어질 수 있다. 하지만 그렇다고 해서 NASA 망원경 수준의 줌 기능과 지나치게 세밀한 지도를 제공하는 것은 사용자 경험 향상에 도움이 되지 않는다.

- **선형적 니즈**Linear needs: 더 잘 지원되면 더 많은 가치를 얻을 수 있는 니즈를 뜻한다. 내비게이션 앱에서 경로 탐색에 걸리는 시간은 사용자 경험에 영향을 줄 수 있다. 소요 시간이 너무 길어서 불편하게 느껴지는 포인트가 있고, 충분히 빠르다고 느껴지는 포인트도 있다. 하지만 최적 경로를 찾는 시간이 빠를수록 사용자에게 제공하는 가치는 커진다.

- **잠재적 니즈**Latent needs: 사용자가 인지하지 못하는 니즈를 말한다. 이러한 니즈를 지원하지 않는 제품을 본다고 해서 사용자가 이를 외면하진 않을 것이다. 이러한 니즈가 지원되지 않는다고 해서 불만스러워하진 않는다. 하지만 제품이 잠재적 니즈를 해결해준다면 새로운 가능성에서 큰 이득을 보게 될 것이다. 점심시간 무렵에 맛집을 추천하는 내비게이션 앱은 다수의 사용자에게 유용할 수 있지만, 다른 앱에서 일반적으로 제공하는 기능이 아니라면 사용자가 찾는 기능은 아닐지도 모른다. 잠재적 니즈는 사용자가 명확하게 표현하는 것이 쉽지 않기 때문에 찾아내기가 매우 힘들다. 리서치 기법이 이러한 니즈를 암시하는 행동 패턴을 찾아내는 데 도움을 줄 수 있다.

- **무관심한 측면**: 제품의 일부 측면은 어떤 종류의 사용자 니즈도 채우지 못할 수 있다. 당신은 이러한 측면을 찾아서 제거하길 원할 것이다.

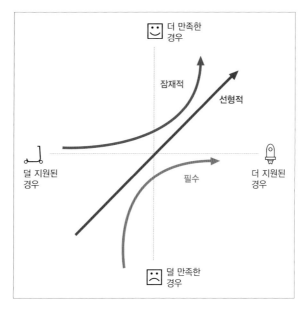

카노 모델은 니즈가 더 지원될 때의 사용자 만족에 대한 영향도에 따라 니즈를 분류한다.

제품을 디자인하다 보면 니즈가 충돌하는 경우가 흔하다. 카메라 앱으로 사용자는 신속하게 촬영하길 원할 수도 있다. 하지만 다양한 변수를 조절하기 위한 고도의 컨트롤을 필요로 할 수도 있다. 디자인이란 상충하는 이해 관계 속에서 최적의 균형을 찾는 일이다. 충돌하는 니즈를 다룰 때 유용한 고려 사항은 다음과 같다.

- **빈도와 영향에 근거해 중요도를 조절하라**: 다양한 니즈를 만족시킬 때 디자이너는 오케스트라 지휘자처럼 행동한다. 더 자주 쓰이거나 사용자에게 더 큰 영향을 미치는 니즈는 대비되는 색상으로, 더 크고 더 찾기 쉬운 위치에 두는 것처럼 더욱 부각시킨다. 카메라에서 자주 쓰이는 셔터 버튼 같은 기능은 가끔 사용되거나 영향이 적은 컨트롤보다 더 두드러져야 한다.

- **최적화시킬 것과 그대로 지원할 것을 구분하라**: 다양한 니즈를 충분하게 만족시킬 수 없을 때는 제품에서 최적화하려는 기능을 명확히 할 필요가 있다. 부차적인 니즈를 위한 기본 지원을 제공하는 동시에 필수 니즈를 충분히 지원하는 방법을 고민해야 한다. 모든 니즈를 보통 수준으로 평범하게 지원하기보다 덜 중요한 니즈를 희생시키고, 중요 니즈에 대한 지원을 우선하는 편이 오히려 유리하다.
- **단순화하라**: 주어진 문제를 잘 해결한 두 개의 솔루션 중에 단순한 솔루션을 선호해야 한다. 단순한 솔루션은 이해하기도 쉽고 실행하기도 유리하다. 주요 니즈를 더 잘 지원하기 위해 몇 가지 기능을 삭제하는 작업을 두려워하지 말아야 한다.

디자인 문제를 해결하기 위해서는 사용 컨텍스트에 대한 깊은 이해가 필요하다. 모든 문제는 각양각색이다. 다행스럽게도 디자인 프로세스는 각기 다른 컨텍스트에도 적용될 수 있다.

이 책에서 소개하는 프로세스는 상이한 사용자 니즈를 파악하고, 솔루션을 탐색해 당신의 아이디어가 실제로 작동하는지를 검증하는 과정을 단계별로 안내한다. 이탈리아의 유명한 그래픽 디자이너 마시모 비넬리(디자인에 대한 그의 관점은 http://www.vignelli.com/canon.pdf에서 자유롭게 확인할 수 있다)는 "하나를 디자인할 수 있다면 당신은 무엇이든 디자인할 수 있다."라고 말했다.

▌ 기본적인 디자인 계획

디자인 프로세스는 크게 문제 파악하기, 가능한 솔루션 탐색하기, 실제 작동하는 솔루션 검증하기의 3단계로 요약 가능하다.

2장에서는 3가지 단계를 구체적인 활동으로 자세히 설명해 디자인 프로세스의 원활한 진행을 돕고자 한다.

- **리서치**: 문제를 제대로 이해하지 못하면 해결할 수 없다. 사용자, 그들의 니즈, 행동의 동기를 이해하는 것이 그들의 문제를 해결하는 데 필수적이다. 리서치 기법은 이러한 지식을 얻고 분석하는 데 도움을 준다.

- **아이디어 탐구**: 문제에는 한 가지 솔루션만 있는 것이 아니다. 사람과 관련된 문제에는 일반적으로 다수의 솔루션이 있다. 스케치에 기반한 탐구 프로세스를 통해 혁신적인 아이디어를 신속하게 찾아낼 수 있다.

- **모바일 패턴**: 모바일 사용자의 기본적인 기대를 만족시키기 위해 서로 다른 모바일 플랫폼의 관례convention를 따를 필요가 있다.

- **솔루션을 상세히 기술하기**: 당신의 아이디어를 명확하게 커뮤니케이션하는 일은 팀 작업에서 매우 중요하다. 디자인 툴을 사용해 당신의 아이디어를 추상적인 상태에서 자세한 표현으로 옮길 수 있다.

- **프로토타이핑**: 디자인 솔루션은 고정돼 있지 않다. 아이디어를 평가하기 위해서는 사용자가 이 아이디어와 인터랙션하는 방법을 살펴볼 필요가 있다. 프로토타이핑 프로세스를 통해 우리는 아이디어를 실제로 개발하는 수고를 들이지 않고도 시뮬레이션할 수 있다. 적절한 프로토타이핑 툴을 선택하는 것도 프로세스의 일부분이다.

- **모션이 포함된 프로토타이핑**: 시간이라는 컨셉을 수용하는 시각적 툴은 강력한 프로토타이핑 툴이다. 이 툴은 트랜지션transition과 애니메이션을 매우 상세하게 정의하는 것을 통해 모션으로 커뮤니케이션하는 방법을 제어할 수 있게 해준다.

- **코드가 포함된 프로토타이핑**: 프로토타이핑의 또 다른 시각은 코드를 사용하는 것이다. 프로토타이핑 컨셉을 코드로 옮기는 것은 아이디어를 프로토타이핑 하는 데 있어 강력한 접근법이 된다.

- **사용자 테스팅**: 실제로 사용하기 전에는 제대로 작동하는지 알 수 없다. 아이디어가 프로토타입에서 어떻게 동작하는지를 재현할 수 있다면, 사용자가 써보게 하면서 얼마나 효과적으로 작동하는지를 확인할 수 있다.

이 프로세스는 현실에서 반복적으로 진행된다. 하나의 단계로 설명되지만 제품 여기저기에서 수많은 반복을 경험하게 될 것이다. 앞뒤로 움직이는 동작은 지극히 정상적이며, 각 단계의 결과물은 다음 행동에 영향을 미친다.

예를 들어 앱의 기본 아이디어를 구현한 프로토타입 테스트 결과에 따라 문제 파악을 위해 이전 단계로 가거나, 더 많은 솔루션을 그려보면서 탐구하거나, 완전히 새로운 접근법을 찾거나 혹은 기존 솔루션에서 특정 측면만 더 구체화해볼 수 있다.

이 책의 다른 장과 마찬가지로 '실용적으로 진행하기' 섹션에서는 디자인 프로세스를 실무에 적용하는 데 있어서 몇 가지 조언을 제공한다.

▌ 실용적으로 진행하기

사용자 경험 디자인은 간단한 프로세스처럼 보인다. 문제 해결이 목적이기 때문에 앞서 문제를 이해하는 수준의 아이디어는 그다지 새롭게 들리지 않을지도 모른다. 하지만 우리가 매일 마주하는 잘못 디자인된 제품의 숫자는 이러한 프로세스가 실제로는 제대로 적용되지 않고 있다는 사실을 보여준다.

현실 세계에서 디자인 프로세스를 따르는 데는 많은 어려움이 있다. 이러한 것이 다른 누군가 때문에 생긴 정치적인 이슈이거나 사회적으로 디자인 문화가 부재한 결과물이라고 치부하고 싶어질지도 모른다. 하지만 그러한 관점은 실제로 도움이 되지 않는다. 적절한 디자인 프로세스를 팀에 적용하기 위해서는 그로 인해 얻을 수 있는 혜택에 대한 팀 전체의 이해가 필요하다. 팀원들의 생각을 바꾸도록 도와서 프로세스가 실제로 적용되도록 만드는 것이 당신의 역할이다.

디자인은 보기 좋게 만드는 것이 아니다

디자인은 솔루션을 찾아가는 프로세스이며, 문제점이 명확하게 정의되고 이해되기 전에 이미 시작된다. 하지만 많은 사람들은 디자인을 사물의 미적인 측면에 한정해서 이해한다. 그들은 디자이너가 프로세스의 막바지에 등장해 몇 가지 겉모습을 변경해서 기존 제품을 보기 좋게 만든다고 생각한다. 미적인 측면이 사용자 경험에 기여하는 바는 분명하지만, 그것은 단지 하나의 요소일 뿐이며 제품이 이미 가진 중대한 사용성 이슈를 해결하는 데 도움을 줄 수는 없다.

당신은 반드시 처음 시작부터 프로젝트에 관여해야 한다. 사전에 정의된 행동 순서를 팀에서 이미 고려할 경우에 대비해 솔루션을 찾기 전에 문제를 이해할 필요가 있다는 사실을 팀 내부에 강조해야 한다. 프로세스의 후반부에 투입된다 하더라도, 대안이 되는 솔루션 제안은 여전히 유용하다. 이러한 행동은 다음 번에 디자인이 프로세스 시작부터 투입된다면 더 가치가 크다는 점을 분명히 보여줄 것이다.

사용자는 그들이 무엇을 원하는지 말해줄 수 없다

> 헨리 포드Henry Ford는 "사람들에게 무엇을 원하냐고 묻는다면, 그들은 아마 더 빠른 말이 필요하다고 대답할 것이다."라고 말했다.

그는 더 좋은 교통수단에 대한 사람들의 잠재적인 니즈와 이러한 니즈가 자동차처럼 아직 존재하지 않지만 가능성이 있는 솔루션이 아니라, 그들이 이미 알고 있는 솔루션을 바탕으로 커뮤니케이션하는 방식을 지적했다.

사람들은 자신의 니즈를 설명하거나 그들의 미래 행동을 예측하는 데 약하다. 당신이 거만하게 굴면서 사람들이 말해주는 이야기를 무시하라는 뜻이 아니다. 이 말은 당신이 사람들의 실제 행동에 대한 관찰을 바탕으로 그들로부터 의견을 구하고, 사용자 의견 뒤에 숨은 근본적인 이슈를 이해하려는 노력을 기울여야 한다는 뜻이다.

당신(혹은 당신의 팀)은 사용자가 아니다

당신을 포함해 팀 내의 사람들은 자신의 니즈 혹은 개인적인 선호를 제품에 투영하려고 할지도 모른다. 하지만 이 같은 생각은 사용자의 실제 니즈를 해결하는 데 도움이 되지 않거나, 각기 다른 선호를 가진 사람들 사이에서 의미 없는 논쟁으로 흐를 수 있다.

이러한 상황에서는 대화의 관점을 바꾸는 것이 중요하다. 팀 내의 사람들이 무엇을 좋아하는지를 논의하는 대신에 어떤 것이 사용자에게 도움이 될지에 대한 대화에 집중하는 것이다. 이러한 대화는 사람들이 피드백을 제품 목적과 관련지어 생각하게 하고 더 많은 컨텍스트를 제공한다.

"난 드롭다운 메뉴가 싫어!" 같은 불평은 전혀 도움이 되지 않는다. "사용자에게 너무 많은 옵션이 주어져서 빠른 결정을 방해하기 때문에 난 드롭다운 메뉴가 적절하지 않은 것 같아."처럼 표현하면 더 많은 컨텍스트를 가져온다. 또한 이러한 견해는 체크 가능한 가설로 제시될 수 있다. 이처럼 문제가 되는 상황에 대해 물어보고 테스트에서 이를 재현할수 있다. 이러한 관점의 변화는 사용자 목표에 집중할 수 있게 해주며, 피드백을 사용자에 대해 더 많이 알 수 있는 기회로 바꿔 놓는다. 팀에서 정기적으로 실제 사용자가 당신의 제품과 프로토타입을 사용하는 모습을 살펴보게 하는 것은 이 같은 관점의 전환을 도와줄 수 있다.

사용자 경험은 기능 목록이 아니다

제품은 기능 목록으로 묘사되곤 한다. 하지만 기능 목록은 사용자가 제품에 결합된 모든 기능을 사용하면서 갖게 되는 총체적인 경험을 반영하지는 못한다.

엄청난 기능이라고 하더라도 사용자가 이를 발견하지 못하거나, 혹은 기능을 써보려고 할 때 혼란스러워한다면 무용지물이 될 수 있다. 더 많은 기능을 추가하는 방법만 고민하다 보면 사용자가 기능을 사용하기가 얼마나 쉬운지에 대한 문제는 대개 무시하게 된다.

마찬가지로 팀에서 제품의 초기 버전 혹은 **최소기능제품**^{MVP, Minimum Viable Product}을 대충 만들려고 할 수도 있다. 기능을 줄인 완성품이 기능이 많은 불완전한 제품보다 낫다. 작지만 집중해서 만든 제품이 크지만 설익은 솔루션보다 훨씬 더 유용하다. 각양각색의 다양한 니즈를 모두 다루는 것은 긍정적인 사용자 경험을 만들어내지 못한다. 결국 가장 중요한 점은 자전거가 자동차 반쪽보다 훨씬 쓸모가 있다는 사실이다.

당신의 목표는 클라이언트나 직장 상사를 행복하게 하는 게 아니다

디자이너로서 당신의 목표는 사용자 문제에 대한 최상의 솔루션을 찾아내는 일이다. 제품 사용자의 생각을 표현하는 것이며, 다른 사람이 비집고 들어갈 자리는 없다.

클라이언트 및 팀원과 원활한 업무 관계를 갖는 것은 좋지만, 심각한 대화로 이어진다고 하더라고 사용자에게 부정적인 영향을 미치는 것에 표시를 하는 일은 당신의 책임이다. 일부 사용자 니즈는 당신이 속한 회사의 니즈 혹은 이익과 상충될 수도 있다. 문제를 해결할 때 생산비용처럼 다양한 제약 사항을 고려해야 하는 것도 당신의 업무 중 하나지만, 사용자 이익에 반하게 나아간다면 장기적으로 볼 때 회사에게도 좋지 않다는 점을 이해시킬 필요도 있다.

예를 들어 여행자 보험을 제외하는 옵션을 숨긴 항공사 웹 사이트는 단기적으로는 금전적 이득을 얻겠지만, 결국에는 브랜드 신뢰도에 부정적인 영향을 미칠 수밖에 없다. 의도적으로 사용하기 어렵게 만드는 속임수는 **다크 패턴**^{dark pattern}으로 알려졌으며, 절대로 사용해선 안 된다.

▐ 요약

1장에서는 제품을 디자인할 때 사용자 중심의 관점을 채택하는 것의 중요성을 소개했다. 긍정적인 사용자 경험을 디자인하는 일은 사용자 니즈를 성공적으로 다루는 비결이다.

1장을 통해 인간 조건, 일반적 기대 및 특정 사용 컨텍스트에 기반한 다양한 유형의 니즈를 설명했다. 이러한 니즈를 다룰 때 고려해야 할 기본적인 디자인 원칙을 소개했다.

사용자 중심 디자인 프로세스의 기본 단계에 대한 개요를 제공했으며, 프로세스를 실제 적용하는 방법에 대한 조언도 건넸다. 이어지는 각 장에서는 이 프로세스의 각 단계를 집중적으로 다룰 것이다.

2장에서는 당신이 사용자의 구체적인 니즈를 발견하고, 이해해 정확히 포착할 수 있도록 주요 리서치 방법을 설명한다. 문제에 대한 이해는 제품에서의 수많은 디자인 결정에 영향을 미칠 것이다. 사용자 니즈를 깊이 이해하는 것은 그러한 니즈를 더 정확하게 만족시킬 수 있게 해준다.

02

리서치
- 사용자로부터 배우기

"사용자에게 문제가 생긴다면 그것은 우리의 문제다."

―스티브 잡스Steve Jobs

사용자 리서치는 우리가 사용자의 세계로 빠져드는 단계다. 우리는 사용자가 활동하는 방식에서 최대한 많은 내용을 알아내야 한다. 왜냐하면 우리는 그러한 활동을 위해 새로운 디자인 솔루션을 만들어낼 것이기 때문이다. 그들이 작업을 수행할 때 행동 계기와 추구하는 목표가 무엇인지를 파악하는 일은 개발 프로세스에서 더 나은 결정을 내리도록 도와줄 것이다.

가장 성공적인 회사, 플랫폼과 브랜드는 그들의 사용자가 어떻게 생각하는지를 안다. 그들은 사용자 니즈와 그것을 더 적절하게 지원하는 방법을 이해한다. 애플, 무지Muji, 다이슨Dyson 같은 회사는 좋은 제품을 디자인할 때 사용자 니즈를 늘 염두에 둔다. 고객이 브랜드 상품을 구입하고 그 경험이 만족스럽다면, 그들은 해당 경험으로 인해 브랜드와 연결되며 다음 번 구입으로 이어질 가능성이 획기적으로 증가한다.

앱도 마찬가지다. 사용자가 당신의 앱과 인터랙션하는 모든 순간이 천재일우의 기회다. 사용자에게 믿을 수 없을 만큼 좋은 첫 인상을 주는 것은 디자이너 혹은 제품 매니저로 성공하는 핵심 포인트 중에 하나다. 따라서 사용자 니즈를 분석하고, 제품 출시에 앞서 실 사용자와 함께 프로토타입을 테스트하는 과정이 필수적이다.

가능한 많은 정보를 사용자로부터 알아내고 그들을 위해 디자인해야 한다. 그들이 어떻게 느끼고 무엇을 생각할지를 고민한다면, 성공적인 디자인 솔루션을 만들어 내기 위한 견고한 기초를 마련할 수 있다.

▌ 어떻게 해야 하는가?

우리는 여러 가지 기법과 툴을 사용해 사용자가 실제로 그들의 태스크를 어떻게 수행하는지, 그리고 그들의 서로 다른 프로세스를 개선시킬 방법을 찾아낼 것이다. 사용자 경험 디자이너로서 우리의 목표는 기존 문제에 대한 솔루션을 제공하는 일이다. 우리가 먼저 해야 할 일은 태스크를 수행할 때의 사용자 경험을 최대한 알아내 어떤 점이 특히 지루한지, 어떤 점이 간단하고 생산적인지를 파악하는 것이다.

2장에서는 계획 수립부터 프로젝트의 니즈와 우리가 얻어내려는 정보에 따라 적용 가능한 다양한 기법을 사용하는 프로세스 구현까지 모든 과정을 다룬다.

사용자 알아가기

시스템은 기술 분야에 기반한 언어가 아닌, 사용자가 사용하는 언어로 이야기해야만 한다. 사용자는 기술자가 아니기에 그들이 기술에 해박하다고 생각하면서 디자인해서는 안 된다.

좋은 소식은 개발팀의 작업 흐름이 바뀌고 있고, 사용자 중심 디자인이 많은 회사 내에서 더욱 중요하게 다뤄진다는 점이다. 이러한 작업 철학에 맞춰 계획을 세운다면, 개발 단계로 들어가기에 앞서 사용자를 이해하는 시간적 여유를 확보할 수 있다. 이것은 전체 개발 프로세스에 영향을 미치며, 최종 결과물에도 긍정적으로 반영될 것이다.

문제에 대한 더 깊은 이해를 바탕으로 결정이 내려진다면 솔루션은 더 효과적으로 사용자 니즈를 만족시키고, 많은 비용이 들어가는 개발 기간을 줄일 수 있다.

멘탈 모델 - 사용자가 어떻게 생각하는지 이해하기

케네스 크레익^{Kenneth Craik}은 1943년에 저술한 『The Nature of Explanation』(Cambridge University Press)에서 처음으로 멘탈 모델이라는 개념을 이야기했다(http://uxmag.com/articles/the-secret-to-designing-an-intuitive-user-experience).

멘탈 모델은 사용자가 시스템을 어떻게 이해하는지, 혹은 어떻게 작동하는지를 서술한다. 멘탈 모델은 사용자가 과거에 했던 경험과 인터랙션에 기반한다. 멘탈 모델은 사용자에게 각각의 순간에 벌어지는 일에 대한 개인적인 관점과 이해하는 방법을 제공한다. 이러한 개인적인 관점은 시스템과 어떻게 인터랙션해야 하는지, 그리고 앞으로의 상황을 어떻게 해결해야 하는지에 대한 아이디어를 사용자에게 제공한다.

경우에 따라서 미래의 사용자는 당신의 시스템을 사용해 본 적이 없을 수도 있다. 하지만 그런 경우에도 사용자는 시스템이 어떻게 작동해야 하는지에 대한 개인적인 시각을 갖고 있을 것이다. 이러한 이해는 유사한 시스템을 써 본 경험에서 생겨나며 사용자의 기대를 만들어낸다. 사용자는 자신의 기대처럼 시스템이 동작하지 않으면 크게 당황할 것이다.

사용자가 처음 사용하는 동안에 당황하지 않도록 제품의 동작 방식을 미리 사용자에게 설명해 사용자 멘탈 모델과 제품이 설계된 방식 간의 간격을 줄일 수 있다. 환영 프로세스와 '적시에 제공되는' 팁은 사용자가 시스템과 인터랙션할 때 제품이 작동하는 방식을 이해하는 데 도움을 주며, 이는 사용자가 제품을 처음 사용할 때 자신의 멘탈 모델을 조정할 수 있도록 해준다.

스큐어모피즘Skeuomorphism은 새롭게 등장한 기기와 이전의 사용자 경험 사이의 간극을 줄이기 위해 지난 몇 년간 사용돼왔다. 이 기법에서는 실생활 속의 사물 요소를 사용자 인터페이스에 적용해 사용자가 앱을 사용하기 전에도 인지 가능하게 한다(https://en.wikipedia.org/wiki/Skeuomorph).

스큐어모피즘은 장점과 함께 단점도 있다. 과거 학습한 행동을 통해 사용자가 특정 컨트롤의 기능을 인식하도록 도와줄 수 있지만, 실제 세상에서 터치스크린으로 옮겨지면서 조작하기 힘들어질 수도 있다. 우리는 이 기법을 사용할지, 혹은 플랫폼에 더 적합한 다른 컨트롤 사용이 의미가 있을지를 평가해야 한다. 또한 터치스크린이 등장한 지도 제법 오랜 시간이 지났기 때문에 다양한 컨트롤의 작동법은 이미 사용자에게 충분히 친숙하다.

예를 들어 뮤직 플레이어 앱을 디자인한다면 실제 라디오에서 찾을 수 있는 레버와 버튼을 사용할 수 있다. 사용자가 라디오 컨트롤을 찾을 때에는 컨트롤이 화면 위에 표시되긴 하지만, 이미 사용자는 시스템과 인터랙션하는 방법을 알고 있다. 사용자가 구성 요소의 위치와 기능에 친숙해지면, 우리는 해당 요소의 외적 형태를 더 단순하게 교체해 점진적 학습을 이끌어낼 수 있다.

애플의 운영체제operating system에서 이러한 종류의 진화와 관련해 잘 알려진 사례를 찾을 수 있다. iOS 7이 출시되면서 사용자 인터페이스상에서 사실적으로 묘사된 다수의 요소가 제거됐다. 하지만 사용자들은 몇 년간의 경험을 통해 모바일과 인터랙션하는 방법을 이미 익혔다. 터치스크린은 대부분의 사용자에게 이미 친숙한 기능이 되었기에 더 이상 신기한 기기가 아니다.

스큐어모피즘이 적용된 사용자 인터페이스 사례
(출처: https://commons.wikimedia.org/wiki/File:Redstair_GEARcompressor.png,
클라우스 괴틀링(Klaus Göttling))

개념 모델이란 무엇인가?

사용자의 멘탈 모델을 이해하고 나면, 우리는 이것을 개념 모델^{conceptual model}로 담아낼 수 있다. 개념 모델은 요소, 관계와 조건 등을 사용해 멘탈 모델을 표현한 것이다. 디자인 및 최종 시스템이 이러한 개념 모델의 실질적인 결과물이 된다.

새로운 사용자 인터페이스를 디자인한다면 당신은 개념 모형을 토대로 디자인하게 된다. 개념 모델이 사용자의 멘탈 모델에 가까울수록 사용자가 시스템을 이해하기 더 쉬워진다. 각각의 사용자는 자신만의 멘탈 모델을 갖기 때문에 모든 사용자의 니즈를 만족시키기는 불가능하다. 하지만 우리는 목표 사용자를 위한 성공적인 경험을 만들어내기 위해 다양한 기법을 활용할 것이다.

예를 들어 정비공은 일반 승객의 멘탈 모델과는 크게 다른 멘탈 모델을 가진다. 정비공은 차량을 구성하는 부품의 묶음으로 본다.

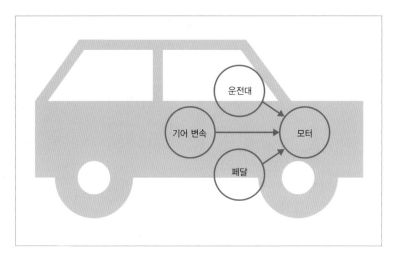

정비공은 자동차를 부품의 묶음으로 본다.

승객은 자동차를 원하는 목적지까지 이동시켜주고 거리나 소요 시간에 따라 비용을 지불하는 서비스로 간주한다.

승객은 택시를 시간이나 거리에 따른 비용을 받고 원하는 목적지까지 데려다 주는 서비스로 생각한다.

▌ 리서치 기법

사용자가 어떻게 생각하는지를 더 깊이 이해하기 위해 사용 가능한 많은 기법이 있다. 2장에서 사용자의 멘탈 모델을 이해하기 위해 다양한 기법을 적용하는 방법을 설명하겠다.

서로 다른 기법은 그 결과도 상이하다. 따라서 일부 목적에서는 다른 기법보다 더 유용한 기법이 따로 있다. 전체 기법을 실습해보고 당신만의 조합을 만들어내야 한다.

2장에서 우리는 다수의 사용자 경험 디자이너가 사용하는 가장 일반적인 기법을 살펴본다. 이 기법은 실행하기 용이하며, 투자한 시간에 비해 훨씬 많은 양질의 정보를 얻어낼수 있다.

이 기법은 참여자에게 주어지는 간단한 태스크를 포함한다. 사용자가 자신의 용어를 사용하도록 허용하면 사용자의 생각을 이해하고 시스템이 어떻게 상호작용할 것으로 기대하는지 이해하는 데 도움이 된다.

관찰과 인터뷰

미래 사용자가 수행하는 프로세스를 파악하는 간단하며 가장 효과적인 방법 중 하나는 그들이 태스크를 진행하는 모습을 관찰하고, 그들에게 각각의 행동을 어떻게 그리고 왜 했는지 설명해달라고 하는 것이다. 사용자가 편안함을 느끼게 만들어준다면 이러한 방법은 매우 흥미롭고 즐거울 수 있다.

리서치 세션을 시작하기 전에 확인받으려는 주요 질문을 명확히 해야 한다. 각각의 정보가 도움이 될 결정 사항과 그것이 전체 프로젝트 목표에 어떤 식으로 연결될지를 고려하는 것은 매우 중요하다. 인간의 호기심은 무한하지만 리소스는 그렇지 못하다. 그렇기에 묻고자 하는 질문의 우선 순위를 매기고 가장 유용한 질문을 골라내야 한다. 예를 들어 사용자가 동일한 목적지로 자주 여행을 가는지 여부를 아는 것은 사용자가 목적지를 검색하고 추천하는 데 도움을 주는 수많은 결정에 영향을 줄 수 있다. 하지만 사용자가 선호하는 헤어 스타일을 아는 것은 여행 앱에서 그다지 의미 있는 정보가 아닐 수 있다.

무엇을 파악해야 하는지 알았다면 참여자와 이야기를 나눠도 좋다. 사용자의 환경 속에서 그들의 행동을 관찰하는 일은 아주 의미 있는 학습 경험이다. 이를 통해 얻을 수 있는 이득을 극대화하기 위해서는 사용자가 태스크를 수행하는 방법을 꼼꼼하게 이해하려고 애쓰는 견습생처럼 행동해야 한다. 상세 설명이 필요한 무언가를 발견했다면 질문을 던져야 한다. 단 사용자가 그들 자신이 전문가처럼 느끼게 해야 하는 것을 잊지 말아야 한다.

우리가 제일 먼저 해야 하는 일 중 하나는 리서치의 목적을 설명하고, 참여자에게 그들의 능력이나 태스크를 제대로 수행하는지 여부를 평가하는 일이 아니라는 점을 이해시키는 것이다. 우리는 단지 그들이 어떻게 태스크를 수행하는지에 대한 정보를 수집하고, 기술이나 우리의 앱이 그들의 삶을 더 쉽게 만들어 줄 수 있는 포인트를 찾으려는 것이다.

회사 내에서 서로 다른 역할을 수행하는 사람들로부터 데이터를 수집하는 작업은 중요하다. 회사에서의 지위에 따라 서로 다른 우선 순위와 목표를 갖기에 각각의 지위에 따라 하루의 태스크를 상이하게 전개한다. 이러한 차이점에 대한 이해를 통해 우리는 그들 각각의 프로필에 맞게 솔루션을 조정할 수 있으며, 이는 그들 모두의 사용자 경험을 향상시킨다.

녹화를 하는 경우라면 인터뷰 진행에 앞서 녹화의 목적을 사용자에게 충분히 이해시켜야 한다. 녹화한 내용은 팀 내에서만 공유된다고 설명해야 한다. 리서치를 위해 꼭 필요한 정보만 보유하고, 더 이상 필요가 없어지면 모든 파일을 삭제해야 한다. 나라마다 개인 정보 보호와 관련한 법안이 있기 때문에 실험을 진행하는 사람은 모든 법규를 준수해야 한다.

친밀도 다이어그램

친밀도 다이어그램Affinity Diagram은 컨셉과 데이터 구조화를 돕는 기법으로 사용자가 관련 있다고 생각하는 요소 간의 연결 고리를 만들어주는 것이다. 친밀도 다이어그램이라는 용어는 1960년대에 지로 카와키타Jiro Kawakita가 제안했다(https://en.wikipedia.org/wiki/Affinity_diagram).

이 다이어그램은 브레인스토밍 세션, 사용자 인터뷰 혹은 설문조사 등을 통해 굉장히 다양한 아이디어를 얻었을 때 특히 유용하다. 이 프로세스의 막바지에는 참여자가 생각하는 연관성에 맞게 연결된 서로 다른 그룹의 컨셉을 갖게 된다.

기법의 진행 순서

프로세스는 개별 아이디어를 포스트잇이나 작은 메모지에 적는 과정도 포함한다. 모든 아이디어는 보드나 테이블에 무작위로 놓는다. 보드는 모든 이가 참여해서 구조를 개선할 수 있도록 팀원 모두가 볼 수 있게 준비한다.

친밀도 다이어그램을 만들기 위한 단계별 가이드를 제공하는데, 순서대로 따라오거나 자신의 니즈에 맞게 변형 가능하다. 기본적인 목적을 이해하는 것만으로도 당신만의 버전을 만들고 좋은 결과를 얻기에 충분하다.

1. **브레인스토밍**: 첫 번째 단계는 나중에 그룹으로 분류할 아이디어를 얻는 것이다. 참가자들이 특정 주제나 태스크와 관련해 무엇이든 이야기하게 하라. 어떤 아이디어든 환영이다. 포스트잇이나 메모지를 참가자에게 제공해야 한다. 포스트잇은 다음 단계에서 특히 유용하다. 친밀도 다이어그램을 대개 포스트잇으로 가득한 대시보드에 그리는 이유다.

이 기법의 목표는 사용자가 어떻게 생각하는지, 그리고 아이디어와 어떻게 관련되는지를 더 자세히 이해하는 것이기에 참가자가 이 단계를 거치는 동안에는 끼어들지 않아야 한다.

참가자가 말문이 막히거나 멈추면 도움을 줄 수는 있지만, 가급적 많은 아이디어를 만들어내는 것이 중요하다는 점을 기억해야 한다. 개인적인 의견 제시는 결과에 영향을 미칠 수 있다. 따라서 참가자에게 이 프로세스의 목표를 상기시켜주는 정도로 당신의 역할을 제한하고 그들이 다시 이어갈 수 있도록 돕는다.

이것은 매우 재미난 활동이며, 대개의 경우 몇 분이 지나면 참가자들은 편안함을 느끼기 시작한다. 참가자가 아이디어를 말하기 시작하면 당신은 이를 바탕으로 다양한 새로운 컨셉과 생각을 구상할 수 있을 것이다. 이 단계에서는 자유롭게 노트를 적어도 된다.

2. **아이디어 그룹핑하기**: 다음 단계는 모든 아이디어를 서로 다른 카테고리로 그룹핑하는 것이다. 참가자는 앞서 나왔던 아이디어를 그룹핑할 시간을 갖게 된다. 모든 참가자가 이 프로세스에 참여해야 하며, 요소를 그룹으로 이동시키고 연관성을 찾는다.

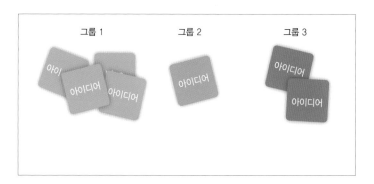

최상의 결과는 대개 프로젝트와 관계된 다양한 분야의 모든 사람이 참가할 때 얻어진다. 경험이 한층 더 풍성해지기 때문에 더욱 다양한 관점이 포함된다.

온라인 스토어를 만든다면 다양한 유형의 제품을 사고 파는 참가자를 모집하려고 노력할 것이다. 서로 다른 기기를 통해 플랫폼에 접속하고, 사용 빈도도 다양한 참가자를 선정하는 일은 정보의 스펙트럼을 넓혀줄 수 있다.

아이디어가 새로운 그룹에 더 적합하다고 생각된다면 기존 그룹에서 새로운 그룹으로 이동 가능하다. 참가자들은 함께 작업할 수 있으며 그룹의 분류에 대한 이유를 설명할 수 있다. 하나의 아이디어가 두 개의 서로 다른 그룹과 명확하게 연관성을 보인다면, 새로운 노트를 추가해 양쪽 그룹 모두 완벽한 아이디어 묶음을 가질 수 있게 해야 한다.

3. **필요 시 하위 그룹 만들기**: 다량의 아이디어를 지닌 몇 개의 그룹을 만들고 있다면, 일부 그룹에서 하위 그룹을 만드는 방법이 효과적일 수 있다. 이는 어디까지나 선택 과정이며 일부 그룹에서만 유효할 것이다.

더 적은 수의 그룹으로 분류하는 것이 목표인 두 번째 라운드를 시작하라. 활동 막바지에 어떤 그룹은 주요 그룹 속에 속한 일부 요소와 더 하위 레벨의 그룹에 속한 또 다른 일부 요소를 가질 수 있다.

예를 들어 스마트폰, 스마트 워치, 태블릿, TV, 크롬캐스트Chromecast 같은 물품이 있는 '전자 기기'라는 그룹을 만들 수 있다. 스크린을 가진 모든 물품을 같은 그룹으로 묶는 것이 논리적이지만, 크롬캐스트는 다른 제품과 아무런 관련성이 없다고 생각할 수도 있다. 최종적으로 크롬캐스트는 '전자 기기' 그룹 안에 넣어두면서 다른 요소를 '스크린이 있는 기기'라는 새로운 하위 그룹으로 묶을 수 있다.

4. **그룹과 하위 그룹의 이름 짓기**: 아이디어와 컨셉을 그룹으로 묶고 나면 우리는 참가 자에게 그룹 안에 있는 모든 요소를 표현할 수 있는 하나의 아이디어를 선택해달 라고 요청할 것이다. 참가자가 모든 요소 간의 관계를 대표하는 하나의 요소를 찾 아내지 못한다면 그들은 새로운 요소를 만들 수도 있다.

그룹 레이블로 선택하거나 새롭게 이름 지은 포스트잇을 그룹 맨 위로 이동시킨 다. 필요하다면 요소를 그룹 간에 자유롭게 옮길 수 있다.

서로 다른 그룹과 그 안에 각각 포함된 몇 개의 아이디어는 서로 간의 관계가 명 확히 보여야 한다. 몇 개의 그룹이 서로 관련이 있다면 상위 레벨의 그룹으로 새 로운 관계를 추가하고, 적절한 이름을 부여할 수 있다.

이러한 종류의 기법에서는 기존의 생각을 토대로 카테고리를 만드는 것이 아니 라 자유로운 발상을 통해 수집한 아이디어에서 그룹과 카테고리를 만드는 것이 목표다.

이를 통해 얻게 된 아이디어가 당신의 디자인 솔루션에 바로 적용 가능하지 않더 라도, 사용자가 그들의 머리 속에서 아이디어를 어떤 식으로 구조화하는지를 파 악하는 일은 그들의 사고 방식에 대한 의미 있는 인사이트를 제공한다.

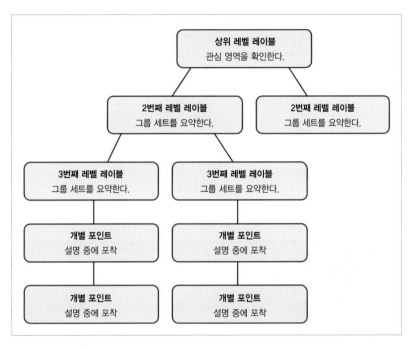

친밀도 다이어그램 사례

(출처: https://commons.wikimedia.org/wiki/File%3AAffinity_wall.png, Goldenratio)

카드 소팅

친밀도 다이어그램 프로세스와 유사하게 카드 소팅^{Card Sorting} 기법은 참가자들이 토픽 사이에서 발견한 관계를 찾아내려고 노력한다. 이것은 웹 혹은 앱 솔루션의 검색 용이성을 향상시키는 데 도움을 준다.

우리는 이 기법을 개방형, 폐쇄형, 그리고 **트리 테스팅**^{Tree Testing}으로도 알려진 역방향^{reverse} 버전 세 가지로 분류할 수 있다. 앞에 두 가지 버전은 지금 다루고, 트리 테스팅은 2장의 뒷부분에서 살펴본다. 개방형과 폐쇄형 버전 모두 참가자가 카드 세트를 각기 다른 컨셉을 표현하는 그룹으로 분류하게 한다. 둘 사이의 가장 큰 차이점은 개방형 버전에서는 그룹핑을 마친 뒤에 참가자가 그룹의 이름을 짓는 반면에, 폐쇄형 버전에서는 처음부터 그룹의 이름을 정하고 그룹핑을 전개한다는 점이다.

이러한 종류의 기법은 앱의 콘텐츠를 적은 수의 섹션으로 구조화하는 데 유리하다. 뮤직 앱을 개발한다고 가정해보면 당신은 다양한 기능을 소개하고 싶지만, 이 기능을 논리적으로 그룹핑하는 방법을 알지 못할 수 있다. 이 기법을 사용해서 다음과 같은 요소를 분류할 수 있다.

추천받기, 오래된 그룹 찾기, 자신의 음악 공개하기, 다른 사람들이 듣는 음악 알아보기, 자동차 플레이리스트에 있는 음악 듣기, 블루투스로 음악 전송하기, 음질 선택하기, 아티스트, 앨범 그리고 음악 찾기, 내 라이브러리, 음악 만들기, 듣기, 설정 같이 사용자가 분류해서 담을 그룹을 만든다.

위키미디어 커먼즈(Wikimedia Commons)에서 가져온 이미지
(출처: https://commons.wikimedia.org/wiki/File:Grouped_Post-Its.jpg, Lil 81)

76

개방형 카드 기법의 진행 순서

1. **카드나 포스트잇에 모든 항목을 열거하라**: 진행자로서 실험에 포함되길 원하는 모든 아이디어, 컨셉 혹은 제품을 작성해야 한다. 포스트잇 뭉치가 이때 매우 유용하다.
2. **카드를 그룹으로 분류하라**: 전체 카드 세트를 참가자에게 전달하고, 그들이 생각하는 연관성을 기준으로 그룹핑하도록 한다.
3. **그룹의 이름을 지어라**: 그룹의 콘텐츠를 요약할 수 있는 이름을 참가자가 작명하게 한다.

폐쇄형 카드 기법의 진행 순서

1. **카드나 포스트잇에 항목과 그룹을 작성하라**: 카드, 종이 혹은 포스트잇에 항목과 그룹을 적는다. 다른 카드를 분류할 때 사용될 그룹명은 다른 색상을 사용한다.
2. **카드를 그룹으로 분류하라**: 참가자가 요소를 그룹으로 분류하게 한다. 그룹명이 적힌 다른 색상의 카드를 각각의 그룹 맨 앞에 둔다.

참가자는 각각의 요소를 그룹 중 하나로 분류할 것이다.

참가자가 어떤 카드는 어느 그룹에도 속하지 않는다고 판단할 수도 있다. 이런 카드는 별도의 그룹으로 분리할 수 있다. 새로운 그룹의 확인은 이런 카드가 사용자의 멘탈 모델에 부합하지 못한 이유를 분석하고, 새로운 카테고리를 포함시킬지, 컨셉을 무시하거나 조정할지를 결정하는 데 도움을 줄 것이다.

언제 이 기법을 사용하는 게 유용할까?

이러한 종류의 기법은 우리가 사용자 멘탈 모델에 대해서 일부 이해하고 있으나 사용자의 의견을 듣고 난 후에 확정하고 싶을 때 유용하다. 우리는 콘텐츠의 검색 용이성을 극대화하기 위해 개념 모델을 명확히 하기를 원한다.

이 간단한 기법은 프로젝트의 다양한 단계에서 매우 유용하게 사용 가능하다. 물론 개발 프로세스의 현재 단계에 따라 조금씩은 다르게 적용할 필요가 있다. 앱 구조를 디자인하기 시작할 때, 최초 런칭 버전에 포함되는 주요 기능만 반영해 카드의 수를 줄여 카드 소팅 기법을 사용할 수 있다. 10장이나 15장의 카드를 주고 참가자가 자신의 멘탈 모델에 맞게 다른 구조를 제안하거나 그룹핑하게 할 수 있다. 대화를 통해 디자인 솔루션에 적용 가능한 흥미로운 인사이트를 얻을 수 있다.

앱 섹션을 구성하는 다양한 옵션이 있다면 다양한 구조 계획을 적용해 이 기법을 몇 차례 진행하고 해당 결과를 평가할 수 있다. 기능이 적힌 카드 세트와 제안하는 구조에 부합하는 몇 개의 그룹을 제공할 수 있다. 그리고 나서 요리법에 관한 앱이라고 하면 콘텐츠 유형에 따른 그룹을 토대로 앱 구조를 제안할 수 있다. 앱 내비게이션을 기획하는 또 다른 방법은 이러한 콘텐츠가 사용자와 맺고 있는 관계를 참고하는 것이다. 예를 들어 잡지와 신문 앱에서는 사용자의 관심사나 앱 사용 중의 행동을 기준으로 그룹을 만들 수 있다. 사용자가 수행 가능한 일련의 작업을 제공하는 앱을 생각해볼 수도 있다. 예를 들어 카메라 앱에서 사용자는 앱을 실행시켜 사진을 찍고, 맘에 드는 사진을 편집하거나 일부는 인화지에 출력할 수 있다. 몇 가지 옵션을 준비해서 참가자가 제안된 구조 옵션을 보고 느끼는 생각을 표현하게 한다면 어떤 구조가 최적인지, 혹은 목표 사용자 그룹의 니즈를 더 잘 만족시키기 위해 개선할 수 있는 방법에 대한 아이디어를 얻을 수 있다.

프로젝트 심화 단계이거나 앱이 더 많은 양의 콘텐츠를 제공한다면, 구조화해야 하는 요소가 더 많을 수 있다. 참가자에게 부담을 주지 않으려면 카드의 수량을 제한하는 방법이 더 좋긴 하지만, 30 혹은 50장으로 카드를 늘려 대화의 범위를 넓히고, 앱을 개선할 수 있는 새로운 아이디어를 얻기 위해 어디에 집중해야 할지를 판단할 수 있다. 앱 섹션을 구조화하는 데 이 기법을 사용함으로써 사용자가 특정 섹션의 콘텐츠를 찾아볼 때 앱의 사용 편의성을 향상시킬 수 있다.

트리 테스트

이 버전은 역방향 카드 소팅으로 부르기도 한다. 이것은 참가자가 주어진 구조 내에서 요소를 찾게 하는 기법이다. 이 기법의 목표는 검색 용이성 상의 문제를 찾아내고 구조와 레이블링 시스템을 개선하는 것이다.

사용되는 구조는 당신이 평가하려는 앱 혹은 웹 페이지의 실제 내비게이션을 반영해야 한다. 실험 시점에 구조가 준비되지 않았다면 실제 시나리오를 만드는 편이 좋다. 가짜 구조를 사용하면 의미 있는 결과를 얻어낼 수 없다.

컴퓨터상에서 이러한 유형의 실험을 진행할 수 있는 플랫폼이 몇 개 있다. https://www.optimalworkshop.com/가 하나의 예다.

이러한 플랫폼은 몇 가지 장점을 있다. 참가자가 물리적 장소로 이동하지 않고도 실험을 진행할 수 있고, 참가자가 성공적으로 수행했는지 여부뿐만 아니라 어떤 순서로 진행하는지도 분석할 수 있다. 참가자가 목표는 달성했지만 목표를 달성하기 위해 수없이 많은 시도를 했을 수도 있다.

기법의 진행 순서

1. **구조를 만들어라**: 평가하려는 다양한 레벨을 지닌 내비게이션 구조를 만든다.
2. **검색 용이성 태스크 세트를 준비하라**: 참가자가 찾아야 하는 다양한 항목을 생각해두거나 주어진 구조 안에서 위치를 지정한다.
3. **참가자와 테스트를 진행하라**: 실행해야 하는 태스크 세트를 사용자에게 전달한다. 다음은 태스크의 몇 가지 사례다.
   - 구매하려는 몇 가지 제품을 검색하세요.
   - 고객지원부서에 연락하세요.
   - 배송비를 확인하세요.
4. **결과**: 마지막에는 개별 태스크의 성공률을 정리해야 한다. 스토어 내에서 제품을 찾는 것 같은 태스크는 섹션의 위치를 바꿔가면서 몇 차례 진행될 것이다. 이것

은 전체 항목을 분류하는 데 도움을 주며, 구조의 최상위 레벨을 더 적절하게 구성하는 방법을 알려줄 수 있다.

구조를 개선하는 방법

우리의 구조가 가진 주요 문제점과 해결 방법을 찾은 뒤에 대안이 되는 새로운 구조를 만들어 다시 테스트하고 더 좋은 결과를 확인하고자 노력할 수 있다. 원하는 결과를 얻을 때까지 이 프로세스를 몇 번이고 반복할 수 있다.

정보 구조Information Architecture는 사용성과 검색 용이성을 지원하기 위해 웹 페이지 내의 콘텐츠를 구조화하고 레이블을 붙이는 과학 분야다. 정보 구조 협회를 후원하는 정보 구조 전문가들의 커뮤니티(https://en.wikipedia.org/wiki/Information_architecture)가 있다.

정보 구조를 개선하기 위해서는 시간을 투자해야 하는 기본적인 일이 있다.

콘텐츠 구조화

콘텐츠는 슈퍼마켓에서 다양한 기준에 따라 제품을 정돈하는 것처럼 다양한 계획에 따라 정리할 수 있다. 우리는 사용자 니즈에 최적화된 구조를 찾아내야만 한다. 본질, 목표, 관중, 연대순 등등에 따라 콘텐츠를 정리하고 그룹으로 분류할 수 있다. 각각의 접근 방식에 따라 결과물은 달라지며, 더 효과적으로 작용하는 사용자 유형도 상이하다.

모바일 앱의 경우 활동 관점에서 메시지를 통합해 사용자에게 보여주는 것처럼 서로 다른 유형의 콘텐츠를 특정 섹션에서 섞어 놓는 것이 일반적이다. 하지만 이런 종류의 기교를 남용하면 해당 섹션이 사용자에게는 혼란의 영역이 될 수 있다.

분야별 이름 지정

사용자가 솔루션을 사용할 때 서로 다른 분야에서 생각한다면, 사람마다 다른 의미로 받아들이는 단어가 있다. 사용자의 니즈와 그들이 어떻게 생각하고 말하는지를 이해하는 것은 섹션과 하위 섹션의 이름을 명확하게 붙이는 데 도움을 준다. 예를 들어 'pool'이라는 단어는 여름용 제품을 찾는 사람과 게임을 찾는 사람에게 각기 다른 종류의 제품 세트를 의미한다.

앱의 경우 우리는 간단함과 명확성 사이에서 균형을 찾아야 한다. 공간이 허락한다면 아이콘과 함께 레이블을 표시하는 것이 그래픽 표현의 의미 해석에서 벌어질 수 있는 모호함을 줄여줄 수 있다. 모바일에서는 공간이 협소하기 때문에 일부 보편적인 아이콘을 사용하지만, 의미가 제대로 전달되는지를 확인하기 위해서는 사용자와 함께 테스트를 해야 한다.

이어지는 사례에서 두 가지 서로 다른 접근법을 확인할 수 있다. 지메일Gmail 앱에서는 첨부와 전송이 레이블 없이 아이콘으로 제공된다. 반면에 삼성 시계 앱에서는 레이블이 없다면 알람, 스톱워치, 타이머 기능을 구별하기가 쉽지 않을 수 있다.

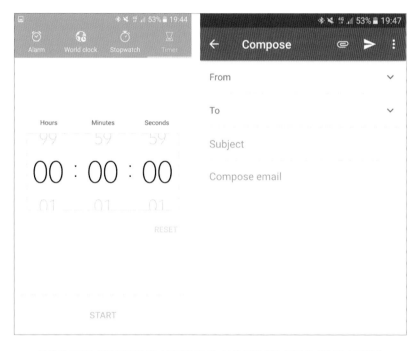

삼성 시스템과 구글 지메일 앱 스크린샷(출처: 삼성 시계 앱과 구글 지메일 앱 스크린샷)

작업 메모리 제약

사용자에게 정보를 보여주는 방식에 따라 얼마나 쉽게 이해되는지가 크게 달라질 수 있다. 공간의 제약이 심한 모바일에서는 옵션 수를 줄이고 작은 화면에 맞는 내비게이션을 제공하는 것이 사용자에게 더 만족스러운 경험을 제공할 수 있다.

알고 있을지 모르겠지만 인간의 작업 메모리는 무한대가 아니며, 일반적으로 7개 요소가 최대라고 알려져 있다(https://en.wikipedia.org/wiki/The_Magical_Number_Seven,_Plus_or_Minus_Two). 넬슨 코완$^{Nelson\ Cowan}$ 같은 일부 학자는 태스크 수행 중에 성인이 기억해낼 수 있는 요소의 숫자는 심지어 이보다 낮은 4개라고 주장한다(https://en.wikipedia.org/wiki/Working_memory). 이는 당신이 사용자의 한계를 고려해 그룹 수를 줄여준다면 사용자가 정보를 더 쉽게 이해할 수 있음을 의미한다.

새로운 구조를 만들었다면 이전 버전과 비교해 새로운 구조의 효율성을 평가할 수 있다. 약간의 개선으로도 사용자 관여도를 증대시킬 수 있다. 사용자가 앱 혹은 웹 구조를 어떻게 이해하는지를 알아볼 수 있는 또 다른 방법은 경쟁사 제품을 테스트하는 것이다. 이것은 프로토타입을 신속하게 제작할 수 있는 가장 저렴한 방법 중 하나다. 가능한 많은 버전을 평가하고 해당 결과를 검토하면 앱 혹은 앱의 콘텐츠를 더 적절하게 구조화하고 전달할 수 있는 새로운 아이디어를 찾을 수 있다.

설문조사

설문조사는 큰 수고를 들이지 않고도 다수의 참여자로부터 정보를 얻을 수 있는 기법이다. 종종 다수의 사람들로부터 정보를 취득해야 하지만, 그들을 한 명씩 인터뷰하기가 여의치 않을 때가 있다. 인터뷰 대신에 설문조사를 통해 많은 참여자로부터 답변을 얻어내고 해당 결과를 대량으로 분석할 수 있다.

설문조사만 다룬 책이 있기 때문에 이 분야를 상세히 다루는 것은 이 책의 목적이 아니다. 하지만 웹 페이지 및 모바일 앱에서 정보를 수집하기 위해 흔히 사용되기 때문에 몇 가지 포인트만 짚고 넘어가겠다.

적절한 질문을 만드는 것이 잡음을 줄이고 참가자가 의미 있는 응답을 할 수 있게 돕는 핵심이다. 일부 질문은 분석에 있어 더 많은 수고가 들어가지만 더 자세한 수준의 정보를 제공해 준다. 미리 설정된 질문은 자동화하기 용이하며, 더 적은 시간을 들여 결과를 얻을 수 있다.

무엇을 찾고자 하는가?

첫 번째 할 일은 설문조사를 하는 목표를 정의하는 것이다. 명확한 목표를 갖고 일하는 것은 프로세스의 집중력을 높이는 데 도움을 주며 더 좋은 결과를 가져온다. 세심하게 계획을 세우고 이 시점에서 꼭 필요한 정보를 확정해야 한다.

목적이 불분명한 질문을 수없이 늘어놓는 설문조사는 피해야 한다.

그런 설문조사는 형편없는 결과물을 만들어내고 참가자에게 의미 없는 연습으로 끝나게 된다. 반대로 설문지에 기본적인 목적이 설명돼 있다면 설문조사를 완료하는 노력이 어떻게 회사에게 도움이 되는지를 참가자가 이해하는 데 도움이 되며, 이는 소모한 시간에 명확한 가치를 부여한다.

이어지는 다양한 접근법에 따라서 설문조사를 계획할 수 있으며, 질문 사항은 단기 혹은 장기 목표에 초점을 맞춰 준비할 수 있다. 리서치의 초점을 **장기 계획**에 둔다면, 당신의 목적은 사용자의 기대 사항과 미래의 제품에 대한 그들의 관점을 이해하는 것이다. 이는 앱의 진화를 계획하고 그들의 니즈에 부합하는 신기능을 개발하는 데 도움이 될 것이다. 예를 들어 뮤직 앱을 디자인하는 데 대중 가요에 초점을 맞춰야 할지, 아니면 아마추어 그룹을 더 부각시킬지에 대한 확신이 없다고 가정해보자. 설문조사를 준비하는 것은 사용자가 당신의 플랫폼에서 무엇을 찾으려 하는지를 이해하는 데 도움을 줄 수 있으며, 설문조사 분석을 통해 도출된 결론에 따라 계획은 수정될 수 있다. **단기 계획**을 고려한다면 질문의 목적은 운영상의 액션과 관련성이 더 높다. 이런 종류의 설문조사에서 목표는 정해진 미션과 관계된 액션을 차후에 실행하기 위한 정보를 수집하는 것이다. 이 같은 설문조사는 플랫폼에 변화를 줄지 말지를 결정하는 것처럼 두 개의 옵션 중에 하나를 선택해야 할 때 유용하다. 예를 들어 사용자가 음악을 들을 그룹을 결정할 때 어떤 정보가 가장 중요할지를 선택하는 데 도움을 줄 수 있다. 이를 통해 우리는 음악 장르 혹은 다른 사용자의 평점 정보를 더 부각시키기로 결정할 수 있다. 우리는 사용자가 플랫폼에서 찾길 기대하는 주요 측면이 무엇이고, 사용자가 콘텐츠를 탐색할 때 어떤 영향을 주는지를 이해함으로써 더 적절한 결정을 내릴 수 있다.

참여자 찾기

설문조사 목표에 따라 참가자 범위를 넓히거나 인구 통계, 경험, 브랜드 혹은 제품과의 관련성을 기준으로 수를 줄여 추려낼 수 있다.

사용자 수를 늘리는 게 목표라면 현재 사용자에서 벗어나 외부 사용자로 검색 범위를 넓히는 편이 흥미로울 수도 있다. 잠재 사용자를 위한 흥미로운 신기능을 찾으려면 신규 사용자가 앱을 시험 삼아 써보게 만들 수 있다. 반대로 기존 사용자를 붙드는 게 목표라면 앱에서 적절하게 작동하는 기능에 대한 사용자의 선호와 의견을 자세히 들어보는 편이 개선으로 이어지는 풍부한 공급원이 될 수 있다. 이 데이터는 사용 및 내비게이션 데이터와 함께 개선 영역을 찾을 수 있게 도와줄 것이며, 우리는 내비게이션과 사용성 문제를 해결할 수 있다.

질문 결정하기

우리는 다양한 유형의 질문을 던질 수 있으며, 유형에 따라 더 혹은 덜 자세한 대답을 얻게 된다. 적합한 유형을 선택한다면 분석에 드는 노력을 줄일 수 있거나, 혹은 각각의 대답을 더 상세하게 분석할 필요가 있다면 참여자의 수를 줄일 수 있다.

결과를 분류하기 위해 설문지 시작 부분에 질문을 포함하는 방법이 일반적이다. 이러한 질문을 필터링filtering 혹은 스크리닝screening 질문이라고 부르며, 이를 통해 우리는 나이, 성별 혹은 숙련도 같은 데이터에 기초해서 응답을 분석할 수 있다. 이러한 질문의 목표는 설문조사에 응답하는 사람을 파악하는 것이다.

설문지에 응답하는 사람을 안다면 이 사용자에게 제공되는 질문이 우리의 목표에 유용한 지 여부를 판단할 수 있다. 참여자가 일반적인 기술, 혹은 우리의 앱과 브랜드와의 관계에 서 얻은 경험에 대한 질문을 추가할 수 있다.

참여자가 할 수 있는 대답의 유형에 따라 두 종류의 질문을 만들 수 있다. 질문 종류에 따라 서로 다른 결과를 얻을 수 있다.

개방형 질문

이 질문 유형의 목표는 답변에 대한 조언을 건네지 않고 참여자에 대해 더 많이 알아보는 것이다. 우리는 답변 후보군 없이 주제에 대해 객관적으로 물어보려고 노력한다. 참가자 는 이 질문에 자유롭게 대답할 것이기에 참여자가 어떻게 생각하는지, 그리고 어떤 점이 더 혹은 덜 만족스러워하는지를 더 자세히 알아내기 용이하다.

이러한 종류의 질문이 갖는 장점은 다양한 인사이트와 새로운 아이디어를 얻을 수 있다는 것이고, 단점은 대량의 데이터를 처리하는 데 드는 비용이다. 따라서 이 종류의 질문은 참 여자의 수가 적을 때 더 유용하다.

다음은 개발형 질문의 몇 가지 사례다.

- 우리의 고객 서비스를 얼마나 자주 이용하나요?
- 우리 플랫폼에서 가장 최근에 구매한 경험은 어땠나요?

폐쇄형 질문

이러한 유형의 질문은 참여자 수가 많을 때 분석을 쉽게 한다. 명확한 목표를 가진 질문 을 만들고 응답할 옵션을 제공한다. 참여자는 옵션 중 하나를 선택해 응답한다. 이러한 종 류의 질문 분석은 자동화가 가능하기에 훨씬 신속하게 이뤄진다. 하지만 참여자가 질문 과 관련된 자신의 모든 아이디어를 꺼내 놓을 수 있는 개방형 질문처럼 상세한 정보는 얻 을 수 없다.

다음은 폐쇄형 질문 사례다.

- **질문**: 당신은 지난 주에 우리 앱을 몇 차례나 사용했나요?

  대답:

  1) 5번 이상

  2) 2번에서 5번 사이

  3) 1번

  4) 사용한 적 없음

또 다른 뛰어난 장점은 참여자가 시간이 충분치 않거나 특별히 흥미가 없더라도 응답 가능하다는 점이다. 모바일 폰 같은 환경에서는 긴 답변을 입력하는 게 지나치게 수고스럽고 불만스러울 수 있다. 이런 종류의 질문에서는 사용자가 클릭 한 번으로 선택 가능한 답변을 제공할 수 있다. 이것은 설문을 완료하는 참여자의 수를 늘리는 데 유용하다.

두 가지 유형의 질문을 섞는 경우가 일반적이다. 사용자가 더 자세히 답변할 수 있는 개방형 질문은 선택적 질문으로 포함될 수 있다. 더 많은 정보를 공유하고 싶은 참여자는 이 입력란을 사용해 상세 답변을 적을 수 있다. 이런 식으로 해서 폐쇄형 질문은 신속하게 분석하고, 더 정확한 검토가 필요한 질문은 추후에 분석할 수 있다.

참여자를 배려한 설문지 만들기

설문지를 만들 때 질문에 응답할 사람을 고려해야 한다. 대부분의 사람들이 설문지 채우기를 좋아하지 않는데, 특히 설문지가 길고 복잡하면 더욱 그러하다.

답변을 적으면서 참여자가 편안함을 느끼게 하려면 프로세스를 인간 관계처럼 다뤄야 한다.

- **참여자를 프로세스의 일부로 만들어라**: 제일 먼저 해야 할 일은 설문조사의 이유를 설명하는 것이다. 참가자가 그들의 답변이 어떻게 프로젝트에서 사용될지, 그리고 목표 달성에 어떤 식으로 도움이 되는지를 이해한다면 더 기꺼이 질문에 대답하고 그들의 역할을 진지하게 받아들이게 된다. 설문조사에 응답하는 일은 지루한

프로세스다. 하지만 답변을 토대로 더 좋은 프로젝트를 만들어 내기 위해 팀 전체가 일한다는 사실을 이해한다면 참여자는 더 즐겁게 협조할 수 있다.

- **목표에 집중하고 적절한 질문만 던져라**: 당신이 설정한 목표에 꼭 필요한 사항만 물어봐야 한다. 서로 다른 부문에서 공통된 목표 없이 질문을 추가하는 상황을 피해야 한다. 그래야 설문지가 응집력을 갖게 된다. 선을 넘어선 경솔한 질문을 던져 참여자를 당혹스럽게 할 필요는 없다. 리서치 참여자가 당신의 앱 혹은 서비스의 사용자가 아니라면 우리는 그들을 알지 못하는 낯선 사람들로 대해야 한다.

- **부드러운 단어와 친절한 톤을 사용하라**: 설문지의 톤은 친근하고 명확해야 한다. 공손하고 친절하게 대하는 것은 참여자의 참여도를 높이는 핵심 포인트다. 당신의 앱에서 프로그래밍 언어를 사용하고 복잡한 결정에 관련된다 하더라도 복잡하고 기술적인 단어는 가급적 사용을 피해야 한다. 사용자들은 그들만의 언어가 있으며, 성공적인 경험을 주기 위해서는 그들의 니즈에 맞출 필요가 있다.

▌ 리서치 문서

리서치 단계에서 가장 많이 사용되는 몇 가지 문서^{document}를 살펴본다. 이 문서를 통해 전체 팀이 수집된 정보에 접근하고 쉽게 사용할 수 있으며, 개발 프로세스에 참여한 다양한 사람들이 혜택을 받게 된다. 사용자를 실제 인물로 상상할 수 있다면 사용자 니즈와 연결하기가 더 쉬워진다. 그렇기에 이 문서는 개발팀의 마음 속에 실제 인물을 만들어내려고 노력할 것이다.

사용자로부터 가능한 모든 정보를 수집하고 나면, 우리는 사용자를 니즈와 상황을 갖춘 실제 인물로 분류하고 표현하려고 노력한다. 같은 앱이라도 사용자 각자가 자신의 방식으로 앱을 사용하기 때문에 사용자 경험에 영향을 미치는 다양한 컨텍스트를 이해하려 노력해야 한다. 다양한 유형의 사용자를 염두에 두고 그들 모두에게 효과적인 솔루션을 만들고자 노력해야 한다.

이 문서는 각기 독립적으로 사용할 수 있지만 함께 묶어 전체일 때 더 효과적이다. 퍼소나^{persona}, 시나리오, 사용자 여정^{journey} 같은 문서에 대한 몇 가지 팁을 줄 예정이다. 이들 사이의 관련성을 찾는 것은 사용자가 우리의 시스템과 인터랙션하게 만드는 행동 동기와 상황을 조금 더 깊이 이해하는 데 있어서 핵심 포인트다.

다음은 이 책에서 다룰 리서치 문서다. 대부분의 팀에서 가장 일반적으로 사용되는 문서 중 일부다.

- **퍼소나 문서**: 목표로 설정한 사용자 그룹을 위해 우리는 가상의 캐릭터를 만들고, 그들이 대표하는 그룹의 일반적인 특징에 부합하는 행동 동기, 성격, 상황 등의 세트를 선택하거나 새롭게 지어낼 것이다. 그룹 멤버들의 니즈를 디자인이 충족시킬 것을 목표로, 이 캐릭터를 디자인 태스크의 참고자료^{reference}로 활용한다.
- **시나리오**: 각각의 시나리오에서는 앱을 사용할 때 캐릭터의 사용자 경험에 영향을 주는 동기와 상황이 다양하게 조합되는 경우를 발견하게 된다. 상세화 수준은 프로젝트의 니즈에 따라 다양할 수 있다. 캐릭터가 앱을 언제 그리고 왜 사용하는지를 간단하게 설명할 수도 있고, 태스크의 처음부터 끝까지 캐릭터가 앱을 사용하면서 진행한 모든 단계와 인터랙션을 상세하게 기술할 수도 있다.
- **사용자 여정**: 사용자 여정 문서는 사용자가 특정 태스크를 수행하는 동안의 인터랙션, 감정과 생각에 주로 집중한다. 시나리오와 마찬가지로 상세화 수준은 프로젝트별로 다르다. 프로젝트 개발의 일부 단계에서는 주요 순서와 인터랙션을 다루는 것으로 충분한 반면에, 다른 단계에서는 사용자 경험에 영향을 미칠 수 있는 모든 측면에 대한 정보를 제공해야 한다. 이 문서에서는 태스크가 일반적인 시나리오에서 벗어났을 때 존재할 수 있는 대체 가능한 모든 시나리오를 찾아볼 수 있다.

퍼소나 문서

서로 다른 종류의 사람들은 각기 다른 종류의 솔루션을 필요로 한다. 퍼소나 문서는 쉽게 편집 가능한 문서상에서 사용자 그룹의 특징을 분류하는 데 사용되는 툴이다. 이 문서는 앱 디자인의 대상인 사용자에 대한 명확한 비전을 제공한다. 사용자 리서치 단계의 요약본 역할을 수행하며, 팀이 저마다 다른 니즈를 가진 수백만 명의 다양한 사용자를 떠올리는 대신에 캐릭터의 제한적인 세트에 집중해서 일을 진행할 수 있게 해준다.

우리는 사용자 시나리오 설명에서 퍼소나를 기초적인 캐릭터로 사용할 것이다. 이 캐릭터들은 각기 다른 목적, 목표와 기술을 갖고 있기 때문에 그들이 우리의 앱이나 소프트웨어를 사용하면서 원하는 목표를 달성할 수 있도록 다양한 디자인 솔루션을 갖춰야 한다.

퍼소나 문서를 어떻게 만들어야 할까?

보통 퍼소나 문서는 유사한 관심사, 목표, 어려움을 가진 한 무리의 사람들에 대해서 우리가 알고 있는 정보를 요약한 한 두 페이지 분량의 문서다. 이 문서는 디자인 솔루션을 통해 해결하려는 태스크와 관련해 사용자로부터 알아낸 정보에 초점을 맞춘다. 퍼소나 문서는 마케팅 분야에서도 마케팅 활동의 전략을 짜는 방법으로 사용된다. 디자인 솔루션을 개발하는 목적에서는 인구 통계와 사회적 지위가 우리의 분류에 영향을 줄 수 있으나, 사람 혹은 그룹이 우리의 시스템이나 플랫폼과 인터랙션하는 방식을 변화시킬 수 있는 모든 측면에 주목할 필요가 있다.

플랫폼에서의 사용자 행동에 정말로 영향을 미치는 요소를 찾아내 그 특징을 바탕으로 그룹을 만들어야 한다. 예를 들어 교육 플랫폼을 위한 퍼소나를 작성한다면 컴퓨터를 다뤄본 사용자의 경험이 시스템과 인터랙션하는 핵심 기술이 될 수 있다. 유사한 목표와 어려움을 가진 사람들을 같은 그룹으로 분류해야 한다. 예를 들어 동일한 플랫폼상에서 기술 사용에 매우 익숙한 젊은 사용자들과 아마도 연령대가 다소 높으면서 새로운 기술집약적인 툴에 익숙지 않은 또 다른 그룹의 사용자들로 구분할 수 있다. 그룹의 공통적인 특성에 부합하는 가상의 인물이 각 그룹을 대표하게 된다. 솔루션을 적절하게 조정함으로써 우리는 두 개 그룹 모두에게 만족스러운 결과를 얻어내고 공통의 목표를 달성할 수 있다.

템플릿 예제를 통해 이해도 높이기

퍼소나 문서는 작업 그룹이나 프로젝트의 니즈에 맞춰 다양한 방법으로 표현될 수 있다. 하지만 공통적으로 준수하는 기본 사항이 있다. 각 프로젝트의 요구 사항에 따라 수정해서 사용할 수 있도록 매우 일반적인 섹션이 포함된 다운로드 가능한 템플릿을 소개한다.

퍼소나 문서 예제

(자료 출처: https://pixabay.com/en/man-red-hair-beard-red-beard-1848452/, nastya_gepp)

이 템플릿은 Asset_A6462_A02_A01_Persona_Template이며 코드 묶음에서 다운로드 받을 수 있다. 이 책과 함께 제공된 코드 파일에 포함돼 있으며, 필요에 맞게 수정해서 쓰길 바란다.

인구 통계

이 섹션에서 우리는 캐릭터에게 나이, 성별 같은 몇 가지 세부 정보를 부여한다. 이 사람이 디자인 솔루션을 사용하면서 어떻게 행동하고 느낄지를 팀에서 더 잘 이해할 수 있게 하기 위해 퍼소나에게 어느 정도의 성격을 부여하고자 한다. 퍼소나 문서에서 설명된 속성과 나머지 데이터에 부합하는 캐릭터를 만들려고 노력해야 한다. 예를 들어 해당 분야에 대한 전문 지식을 갖춘 사람은 숙련된 전문가가 되기까지 많은 시간이 필요하기 때문에 분명 나이가 많아야 할 것이다.

인구 통계 값의 예제는 다음과 같다.

- 나이
- 성별
- 학력 수준
- 모국어

사진

사진은 퍼소나 문서에서 소개된 사람을 팀에서 상상하는 데 도움이 될 수 있다. 각각의 퍼소나가 사용자 그룹을 대표하긴 하지만 퍼소나를 통해 실제 사람을 떠올리는 것이 목표다. 왜냐하면 그 사람이 목표를 달성하기 위해 어떻게 행동하고 어떤 감정을 느끼는지, 그리고 해당 과정 속에서 어떤 좌절과 어려움을 겪었는지를 팀 전체가 이해할 수 있도록 퍼소나가 도와줄 수 있기 때문이다. 문서에 설명된 여러 요소에 부합하는 사진을 찾아야 한다.

실제 리서치 참여자의 사진 중에 하나를 골라서 사용할 필요는 없다. 저렴한 가격 혹은 무료로 사진을 구할 수 있는 웹 사이트가 있다. Pixabay나 Unsplash에서 사진을 찾을 수 있다(https://pixabay.com/, http://unsplash.com/).

설명

어떤 사람들은 가상의 인물을 자세히 묘사한 이야기가 없어도 퍼소나 문서 뒤에 사용자를 상상할 수 있지만, 어떤 사람들은 설명을 보면서 영감을 얻는다. 설명의 목적은 읽는 사람의 마음 속에 캐릭터를 창조하는 것이다. 문서의 나머지 부분에서 수집한 정보의 핵심을 포착하려고 노력해야 한다. 경우에 따라서는 실제 사용자 혹은 영화 등장인물에서 영감을 찾는 것이 도움이 될 수 있다. 하지만 종합적인 목표는 이 문서가 대표하는 사용자 그룹의 행동 동기와 목표를 이해하는 것이라는 점을 염두에 둬야 한다.

사용자가 느낀 불만이나 목표에 따옴표를 추가하면 현실감을 더할 수 있지만, 대부분의 경우에는 굳이 필요치 않다.

분야 및 기술적 지식

특정 분야에 대한 전문지식은 사용자가 시스템과 프로세스 자체에 대해 갖고 있는 지식과 일치한다. 회사에서 오랜 시간 일해온 사람은 태스크를 완료하기 위한 방법과 단계에 대한 깊은 지식을 아마도 갖고 있을 것이다. 기술적 지식은 탄탄한 분야에서 쌓은 기술을 의미한다. 예를 들어 누군가가 컴퓨터를 사용하거나 인터넷에서 검색을 하는 수없이 많은 경험을 쌓았을 수 있다.

사용자마다 얼마간의 기술적 지식과 분야와 관련된 경력을 지니고 있으며, 사용자가 시스템을 사용할 때 이 두 가지가 함께 작동하게 된다. 특정 분야에서의 경력이 많은 사용자는 전문 용어를 더 쉽게 이해하고, 학습된 절차에 따라 문제를 해결하려고 노력할 것이다.

점진적 노출progressive disclosure 기법을 사용해 고객의 전문지식 수준에 맞춰 시스템을 조정할 수 있다. 고급 사용자에게는 더 복잡한 툴을 제공하고, 신규 사용자에게는 기능의 수를 줄인 툴을 먼저 노출시킨 후에 시스템에서의 진척에 따라 기능을 늘려나갈 수 있다.

목표

각각의 사용자는 각기 다른 종류의 태스크를 수행하기 위해 우리의 시스템과 인터랙션한다. 퍼소나, 즉 각각의 사용자 그룹이 가진 목표를 명확하게 파악할 수 있다면, 특정 목표를 위해 시스템이 사용될 때의 효율성을 평가할 수 있다. 우리의 시스템이 일부 목표를 위해서 다른 것보다 더 효과적으로 작동하려면 우리는 목표 사용자를 더 명확히 파악해야 한다.

목표의 예는 다음과 같다.

- 동료의 연락처 정보 얻기
- 비즈니스를 위한 더 많은 선례와 데이터 흐름 생성시키기
- 기술 서비스 지원받기
- 이해관계자를 위해 실적 분석하고 요약본 만들기

불만

기술은 최근 몇 년 사이에 급진적으로 발전했지만, 사용자들은 컴퓨터를 사용해서 태스크를 수행하는 방법을 아직 배우는 중이다. 매일같이 기술을 접하는 사용자라고 하더라도 어떤 태스크는 너무 복잡하거나 혹은 지루하다고 생각할 수 있다. 그들의 불만이 무엇이고, 그것이 시스템에서의 진행에 어떤 영향을 미치는지를 이해하는 것이 이 단계에서 리서치의 핵심 포인트다. 시스템이 왜 사용하기 어려운지, 혹은 왜 사용자는 시스템이 더 좋아지거나 더 빨라져야 한다고 느끼는지를 파악한다면, 우리는 시스템이 인터랙션하는 방식을 새롭게 디자인하거나 개선할 수 있다.

불만 사항의 예는 다음과 같다.

- 간단한 태스크인데 프로세스가 너무 복잡하거나 길다.
- 시스템에서 쓰는 언어가 실무에서 쓰는 언어와 다르다.
- 필요할 때 도움말이나 안내가 없다.
- 시스템이 매번 바뀐다.

행동 동기

사용자가 우리의 플랫폼을 사용하게 이끄는 행동 동기를 이해하는 것은 사용자에게 만족스러운 경험을 만들기 위한 도구를 얻는 셈이다. 다양한 사람들이 인터랙션하는 프로세스에서 그들은 각기 다른 관심사를 갖는다. 예를 들어 어떤 사람은 다른 이에게 줄 선물을 사기 위해 온라인 스토어에서 물건을 구입하는 반면에, 스토어를 운영하는 판매자는 월말 매출 할당량을 채우기 위해 애쓰고 있을 수도 있다. 그렇기에 우리는 그들 각각에게 시스템 상태에 대한 정보를 적절한 방식으로 제공할 수 있을 것이다.

행동 동기의 예는 다음과 같다.

- 사업 수익 증대시키기
- 팀원들과 친해져서 합심해서 일하기
- 업무를 잘 해서 월급 받기
- 모든 사람이 세상의 지식에 접근할 수 있게 만들기

시나리오

UX 디자인 측면에서 시나리오는 퍼소나 문서에서 소개된 사용자 그룹이 태스크를 완료하기 위해 앱을 사용하는 컨텍스트를 설명한다. 시나리오는 사용자가 왜 앱을 열고 어떤 종류의 기능을 사용하는지를 주로 다뤄야 한다. 하나의 퍼소나가 다양한 태스크를 위해 서로 다른 시나리오에서 앱을 사용할 수도 있다.

사용자가 앱을 사용하면서 시간을 투자하는 이유를 개발팀이 이해하는 것은 쉬울 수 있다. 사용자 주변 상황과 이유를 더 자세히 알 수 있다면, 앱을 사용하면서 사용자가 겪게 되는 어려움과 문제점을 시각화하기가 더 쉬워진다. 예를 들어 정기 진단을 위한 예약을 할 때와 응급 상황에서 의사를 찾으려고 할 때는 사용자가 건강 앱을 사용하는 경험이 크게 다를 수 있다. 응급 상황의 경우에는 일반적인 상황에서는 어렵지 않은, 상대적으로 간단한 태스크에도 스트레스를 받고 어려움을 겪을 수 있다.

시나리오 문서를 통해 우리는 서둘러 솔루션 구상으로 넘어가는 대신에 문제점을 명확히 드러낼 수 있다. 시나리오는 이후에 가능한 솔루션을 탐구해야 할 컨텍스트를 설정해준다. 상위 레벨의 관점을 갖고 일하는 것은 문제에 대한 더욱 명확한 시선을 제공하며, 사용자 니즈를 해결할 다양한 가능성을 팀이 평가할 수 있게 해준다.

시나리오는 유스케이스use case를 매우 표면적인 관점에서 표현하거나, 사용자 인터랙션을 세밀하게 분석할 수 있다. 시나리오가 아주 구체적이라면 사용자 여정에 담기는 정보와 중복될 수도 있다. 주된 차이점은 전달하려는 정보의 유형이다. 시나리오 문서는 사용자의 행동을 이끌어내는 상황에 더 집중하는 반면에, 사용자 여정은 사용자가 시스템과 인터랙션하면서 거치는 다양한 단계와 감정에 주목한다.

시나리오의 예는 다음과 같다.

- 존은 인터넷에서 쇼핑을 즐기는 30세의 남성으로, 아마존 혹은 이베이 같은 웹 사이트에 익숙하다. 그의 행동 동기는 저렴한 가격에 좋은 제품을 찾는 것이다. 배송기간에는 크게 신경 쓰진 않지만 빨리 오면 더 좋긴 하다. 존은 주로 모바일 폰으로 주문을 하며, 구입 전에 유튜브에서 리뷰를 찾아보곤 한다.
- 마가렛은 인터넷으로 물건을 사본 적이 없지만, 인터넷에서 가격이 더 저렴하다는 점은 알고 있다. 저렴한 기획전을 찾고 싶지만 그녀가 아는 것이라곤 구글로 검색하는 방법밖에 없다. 너무 많은 옵션이 검색 결과에서 나온다면 어떤 물건을

골라야 할지 알 수 없기 때문에 쉽고 간단한 방법을 원한다. 주로 노트북을 사용해서 인터넷에 접속하며, 대체로 직장에서 다른 일을 하면서 인터넷을 쓰기 때문에 크게 신경쓰지는 않는다.

일련의 시나리오를 완성하고 나면 디자인팀은 다양한 사용자 니즈를 염두에 두고 솔루션을 만들 수 있다. 모든 니즈가 하나하나씩 시스템에서 점검될 수 있으며, 팀은 더욱 자신감 있게 결정을 내릴 수 있다.

대개 시나리오는 퍼소나 문서와 연결되기에 프로세스에서 포함되는 모든 상황이 더 쉽게 이해될 수 있다. 퍼소나와 시나리오를 함께 들고 있다면 사용자가 시스템과 어떻게 인터랙션할지를 쉽게 상상할 수 있고, 팀은 사용자가 겪게 되는 한계와 어려움을 파악할 수 있다. 또한 팀은 전체 프로세스에 영향을 줄 수 있는 외부 요소를 알아내고 가능한 솔루션을 예상할 수 있다.

사용자 여정

사용자 여정은 사용자가 특정 태스크를 완료하는 과정을 보여준다. 사용자가 플랫폼 내/외부에서 거치는 모든 단계를 기술하며, 매 순간 사용자가 갖는 생각과 감정을 추가할 수 있다.

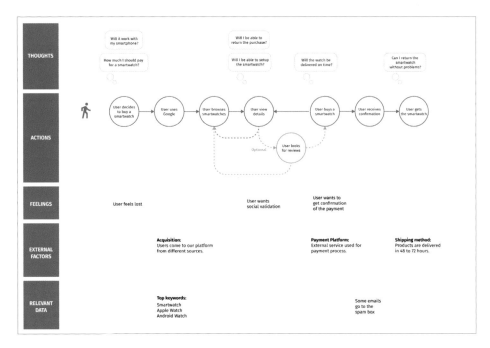

사용자 여정 사례

사용자 여정은 다양한 기법을 사용해서 제작 가능하며, 기법 중 일부는 특정 프로젝트에서 다른 기법보다 더 효과적일 수 있다. 스토리보드 제작을 선호하는 디자이너가 있는 반면 이야기를 선호하는 디자이너도 있다. 사용자가 태스크를 완료하기 위해 거치는 프로세스에 대한 명확한 그림을 보여준다면 어떤 기법을 사용하건 상관이 없다.

예를 들어 어떤 사용자는 신던 신발이 낡아서 아마존에서 구입하려고 한다. 이 사용자는 아마존에 들어가서 가능하면 저렴한 가격에 새 신발을 찾으려 한다. 좋은 제품을 사길 원하기에 호의적인 구매 후기를 읽고서 구매에 확신을 가진다. 그는 각각의 신발에 대한 모든 정보를 살펴보고 나서 신발을 사기로 마음 먹는다. 신용 카드로 결제하고, 이메일을 보면서 결제 관련 정보를 확인한다.

사용자 여정 만들기

사용자 여정을 만들기 위해서 다음 단계를 밟아야 한다.

1. **주요 단계를 정의하기**: 지나치게 많은 세부 사항은 제외하고, 일반적인 이벤트 전개 과정을 보여주는 단계를 확인한 후에 태스크를 완료하기 위해 필요한 핵심 포인트에 집중해야 한다.

2. **단계 확정하기**: 태스크 완료까지 상세히 설명하는 중간 단계를 추가하고, 여러 차례에 걸쳐 수행돼야 하는 행동이 발생하거나 사용자가 결정을 내리기 위해 거쳐야 하는 단계가 있는 경우에는 일시적인 흐름 신설을 검토한다.

3. **감정과 생각 추가하기**: 이제 사용자가 다양한 행동을 취할 때 가질 수 있는 생각과 감정을 추가한다. 예를 들어 불확실한 시기에 우리가 사용자의 생각을 이해할 수 있다면 유용한 정보를 제공하기가 더 쉬워질 수 있다.

4. **부수적인 데이터 추가하기**: 다음으로 프로세스를 더 깊숙이 이해하는 데 도움이 된다고 생각되는 노트를 추가한다. 이 섹션에서는 더 기술적인 시각에서 태스크 완료를 이해하는 데 도움을 줄 기술 노트도 추가할 수 있다.

경쟁자 분석

새로운 앱을 만드는지, 혹은 기존 앱을 개선하는지와 상관없이 리서치 단계에서 경쟁 앱을 써보는 일은 가치 있고 비용이 크게 들어가지 않는 리서치 툴을 제공한다.

경쟁 앱을 대상으로 사용자 테스트를 진행하는 것은 기능적인 프로토타입을 갖는 가장 저렴한 방법 중 하나다. 실제 개발에 시간을 투자하지 않고도 우리의 제품을 개발하는 데 도움이 되는 다량의 정보를 뽑아낼 수가 있다.

기능 분석

이미 동일한 태스크를 수행하는 수많은 앱이 출시된 분야에서 경쟁해야 한다면, 경쟁 앱 기능 분석은 차별화 요소에 초점을 맞추는 데 도움을 줄 것이다.

기능 분석은 다양한 상세화 수준에서 진행될 수 있다. 우선 경쟁 앱에서 이미 개발 진행 중인 기능이 무엇인지 파악하는 것이 흥미롭다고 생각할 수도 있다. 경쟁 앱에서는 개발하지 않지만 우리 판단에는 매력적인 기능에 집중할 수도 있다. 이렇게 해서 우리는 명확한 차별화 요인을 갖춘 특별한 제품을 만들 수 있다.

더 상세한 수준에서는 특정 유형의 태스크를 수행하는 데 거치게 되는 조작 흐름을 분석해 이보다 더 효율적이고 간단한 툴을 만들 수 있다.

용어 분석

동일한 기능이나 프로세스도 분야에 따라서 다른 이름으로 불릴 수 있다. 앱의 목표 사용자에 맞춰 용어를 사용한다면 사용자는 더 빨리 학습하고, 더 빨리 상황에 대한 제어권을 갖게 된다.

특정 분야에서 일반적으로 사용되는 용어를 완벽하게 분석하기 위해서는 사용자가 앱에서 수행하는 태스크의 목록을 만들어야 한다. 세부 태스크를 적고 나면 안내, 버튼과 메시지에서 사용되는 용어를 순서대로 분석하고 이들을 일렬로 정렬할 수 있다.

가능한 많은 앱을 분석하면 다른 용어보다 더 많이 반복해 사용하는 사용자에게 더 친숙한 용어를 발견할 수 있다.

최신의 테스트 기법을 사용하면 동일한 버튼이나 레이블에 다양한 용어를 적용시켜 사용자와 함께 테스트해볼 수 있다. 해당 결과를 갖고 우리는 연구에서 설정한 목표에 근거해 더 좋은 전환율을 보이는 용어를 선택할 수 있다.

목표 사용자, 지원 사용자, 그리고 미지원 사용자

작성된 모든 문서를 바탕으로 플랫폼 솔루션에서 지원하는 사용자와 지원 범위에서 벗어나는 사용자에 대한 더욱 심화된 분석을 진행할 수 있다.

솔루션을 개발할 때 모든 잠재 고객의 니즈를 만족시키기는 매우 어렵다. 따라서 누구를 위해 이 일을 하는가를 아는 것이 필수적일 수 있다. 우리는 사용자를 세 개의 그룹으로 분류할 수 있으며, 이 분류는 디자인을 개발할 때 그들의 니즈에 집중하는 것의 중요도를 결정하게 된다.

- **목표 사용자**: 우리에게 가장 중요한 그룹이다. 이 그룹에 포함된 모든 퍼소나의 니즈는 가급적 충족돼야 한다. 우리는 이 그룹의 사용자에게 영향을 미치는 시나리오를 연구하고, 그들이 필요로 하는 모든 태스크가 우리의 디자인 솔루션에서 완료될 수 있도록 해야 한다.
- **지원 사용자**: 이 그룹에는 비록 우리 플랫폼의 주요 목표는 아니지만 프로젝트를 디자인할 때 고려해야 하는 사용자가 있다. 목표 그룹의 니즈에 영향을 주지 않으면서 지원 사용자의 니즈를 충족시킬 수 있는 가능성이 있다면, 우리는 해당 태스크를 포함하려고 노력할 것이다.
- **미지원 사용자**: 그 외 모든 사람이 이 그룹에 속한다. 앞서 언급했듯이 모든 유형의 사용자가 가진 니즈를 만족시키기는 불가능하다. 따라서 우리는 솔루션을 디자인할 때 일부 사용자는 염두에 두지 말 것을 팀에 이해시킬 필요가 있다. 이로 인해 일부 좋은 아이디어가 전체 프로젝트 입장에서 적절하지 않다고 판단될 수 있다.

▌ 실용적으로 진행하기

리서치 실시는 리소스 혹은 예산의 부족으로 인해 처음에는 실행 불가능할 수도 있다. 하지만 계획된 프로세스 중 일부는 많은 양의 리소스를 투입하지 않고도 진행 가능하다.

문제를 제대로 파악하지 못하면 적절한 솔루션을 제공하기가 매우 어렵다. 솔루션을 제공해야 하는 태스크에 대한 상세 연구를 수행하기 어렵다면, 적은 수의 사용자 그룹의 행동을 분석해 봐야 한다. 현장 조사는 항상 생산적이며 사용자가 생각하는 방식을 이해하고, 특정 상황의 사용자에게 적절하지 않은 솔루션을 방지할 수 있도록 도와준다.

경쟁사 연구는 디자인 부서 외에 모든 부서에도 매우 유용하다. 특정 유형의 솔루션이 갖는 효과에 대한 흥미로운 인사이트를 제공하며, 재미있고 경쟁력 있는 제품으로 시장에 포지셔닝할 수 있도록 도와준다.

참여자 모집하기

실험 참여자의 수를 결정할 때 몇 가지 요소를 고려해야 한다. 의미 있는 결과를 만들어 낼 수 있도록 감당할 수 있는 만큼의 그룹만 만들어야 하며, 동시에 한정적인 예산을 염두에 둬야 한다.

디자인은 반복적인 프로세스라는 점을 명심하자. 15명의 사용자를 모집할 수 있는 예산이 준비된다면 전체 사용자를 한 번에 부르지 말고, 5명씩 3번에 나눠 앞선 차례에서 확인한 것을 통해 조정하면서 진행하는 편이 더 적절하다.

가능하다면 참여자 모집 프로세스를 위해 전문적인 서비스를 제공하는 업체와 계약하는 것이 좋다. 그들은 이 분야에서 전문가이며, 많은 시간을 절약해줌으로써 당신이 다른 곳에 신경을 쓸 수 있게 해줄 수 있다. 그리고 당신이 기법을 발전시키고 결과를 분석하는 데 사용 가능한 양질의 자료를 제공해준다.

참여자 모집의 목적은 목표 그룹 내의 사용자들을 최대한 넓게 포함시키는 것이다. 플랫폼 내에서 범위가 큰 그룹을 대표할 수 있는 사용자를 포함하려고 노력해야 한다. 이를 위해서 우리는 인구 통계 데이터, 숙련도, 기술적 역량 및 플랫폼과의 인터랙션에서 중요하다고 판단되는 모든 측면을 고려해야 한다.

선입견 방지하기

사용자와 이야기할 때는 중립적이어야 한다. 믿을 만한 정보를 얻기 위한 유도형 질문은 피해야 한다. "이 텍스트가 너무 길다고 생각하세요?"라고 묻는다면 사용자의 대답이 제품의 부정적인 측면으로 흐를 수 있다.

사용자도 물론 자신의 선입견에 영향을 받을 수 있다. 쉽게 찬성하거나 마음씨가 착한 경향을 보이는 사용자는 부정적인 피드백을 공유하는 경우를 불편하게 생각할 수 있다. 사용자가 편안함을 느끼고 여유를 가질 수 있게 해줘야 한다.

사용자는 자신의 미래 행동을 예측할 수 없다. 그들에게 미래에 대한 의견은 묻지 말아야 한다. 과거의 활동에 대한 질문을 하는 것이 현재 행동과 관련된 답변을 얻는 데 도움을 준다. 예를 들어 앱이 출시된다면 얼마나 자주 여행을 다닐지를 묻는 대신에, 작년에 몇 차례 여행을 다녀왔는지를 물어볼 수 있다.

흔적 찾기

사용자가 모든 이야기를 말해줄 수는 없다. 어떤 측면은 대수롭지 않게 여길 수도 있다. 뻔해 보이는 질문을 주저할 필요는 없다. 사람들은 자신이 무엇을 하는지에 대해 말하기를 좋아하며, 당신이 추정한 것은 예상과 다를 수도 있다.

많은 경우에 차이가 있을 수 있다.

사용자의 주변 환경에서 단서를 찾는 일은 중요하다. 예를 들어 정보를 기억하기 위해 포스트잇을 사용하는 사용자는 정보를 옮기는 더 편리한 방법을 알지 못하는 사실을 보여주는 것일 수 있다. 사용자들은 해결책을 찾기 전까지는 문제가 무엇인지 알지 못할 수도 있지만, 당신이 제공한 솔루션을 통해 문제를 해결하면 사용자 경험이 더 유려해질 것이다.

▌ 요약

2장에서 우리는 효과적인 솔루션을 만들기 위해 사용자의 멘탈 모델에 대한 연구를 진행해야 하는 필요성에 대해 이야기했다. 다시 말해서 패턴과 관례를 찾아내는 것이 이후 단계에서 디자인 솔루션을 탐색할 때 더 좋은 결정을 내리는 데 어떤 도움을 주는지를 다뤘다.

우리는 또한 몇 가지 유용한 리서치 기법과 리서치 결과를 보여줄 수 있는 문서를 소개했다. 전체 팀은 이 정보를 통해 많은 이득을 얻을 것이며, 더 사용자 친화적인 앱을 개발할 수 있다.

3장에서는 선택 가능한 솔루션을 탐색하고, 아이디어를 신속하고 효율적으로 전달할 수 있게 해주는 스케치 기법에 대해 다룬다.

03

아이디어 탐구하기
- 스케치하기

"디자인은 실용적인 상상력이다. 가능성을 상상하고 그것을 현실로 만들어준다."

– 마티아스 두아르테Matias Duarte

디자인 문제에 솔루션이 하나뿐인 경우는 극히 드물다. 예를 들어 편하게 앉기처럼 인간의 기본적인 니즈는 역사 전반에 걸쳐 다양한 방법으로 접근돼 왔다. 이처럼 다양한 솔루션에는 소파와 의자 같이 서로 다른 종류의 제품이 포함되며, 각각의 제품에도 다양한 변형이 있다.

다양한 의자 디자인은 편하게 앉는 문제에 대한 솔루션이 한 가지 이상이라는 점을 보여준다
(출처: https://www.flickr.com/photos/bygenejackson/3112404581/, 진 잭슨(Gene Jackson)).

뛰어난 사용자 경험을 디자인하기 위해서는 다양한 가능성을 탐구해야 한다. 앱의 기본적인 아이디어부터 각 화면의 세부 사항에 이르는 각각의 문제는 매우 다양한 방법으로 해결할 수 있다. 열린 마음으로 디자인 결정에 접근하는 일은 더 혁신적인 솔루션을 찾는 데 도움을 준다. 당신의 직관이 반드시 최선은 아니다. 최초의 아이디어를 이미 염두에 두더라도, 다른 대안을 고려하지 않고 사전에 정의된 방향으로 급하게 뛰어드는 것은 반드시 피해야만 한다.

문제에 대한 가능한 모든 솔루션은 **디자인 공간**design space을 정의한다. 디자이너로서 당신은 사용자에게 최적의 솔루션을 찾아 이 공간을 항해하게 된다. 효과적인 탐색을 위해 다음과 같이 프로세스를 진행한다.

- **신속하게**: 가능한 많은 옵션을 탐구하고, 효과가 없을 솔루션에는 많은 시간을 투자하지 말아라.
- **체계적인**: 덜 눈에 띄지만 정말 좋은 솔루션을 발견하는 것을 방해하는 사각지대를 피하라.

스케치는 디자인 탐구를 돕는 기본 도구다. 3장에서는 가능한 솔루션을 신속하지만 체계적인 방식으로 탐구하는 작업을 스케치가 어떤 식으로 도와주는지를 학습한다. 또한 당신이 탐구한 아이디어를 개선하기 위해 어떻게 커뮤니케이션하고 상의해야 하는지 이해하게 될 것이다.

▌ 스케치 마인드셋 받아들이기

스케치는 당신의 아이디어를 시각화하고 이를 검토하는 것을 도와주는 데 사용되는 기본적인 기법이다. 스케치는 당신의 마음 속에 있는 추상적인 아이디어를 더 구체적인 형태로 바꿔 놓는다. 이 프로세스는 목표 사용자가 당신의 솔루션을 어떻게 사용하는지, 그리고 솔루션이 다양한 디자인 목표를 충족시키는지를 자세히 살펴볼 수 있게 해준다.

펜과 종이는 스케치에 가장 흔히 사용하는 도구다. 이들의 단순함은 아이디어를 담아내고 이러한 과정을 반복 수행하는 데 이상적이다. 또한 스케치 프로세스에 있어서 가장 낮은 진입 장벽을 표현하기도 한다. 당신은 어디서든지, 혼자 혹은 다른 이와 함께 스케치할 수 있다.

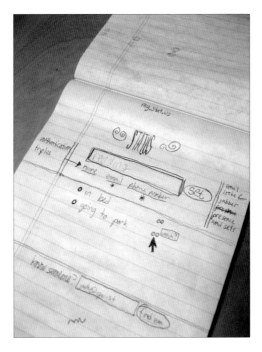

잭 도르시(Jack Dorsey)가 스케치한 stat.us라는 이름의 마이크로 블로그 서비스(이는 후에 트위터가 된다)에 대한 최초 아이디어(출처: https://www.flickr.com/photos/jackdorsey/182613360/, 잭 도르시)

스케치는 우리의 시각 처리 역량을 활용하고, 제한된 작업 메모리의 확장을 위해 종이를 사용한다. 하지만 시각적인 기술은 어린이들이 표현을 위해 사용하는 기본 방식임에도 불구하고 사용에 불편함을 느끼는 성인들이 있다. 게다가 스케치를 하기 위해서는 연습이 필요하다.

스케치는 당신이 뛰어난 디자인 솔루션을 찾는 데 다양한 방법으로 도움을 준다.

- **솔루션에 대해 더 깊이 생각하기**: 스케치는 전에는 고려하지 않았던 더 좋은 아이디어를 떠올리는 데 도움을 주며, 솔루션을 차별화시키는 요소가 무엇인지를 분석할 수 있게 해준다.
- **실험하기**: 비교적 적은 노력이 들어가는 스케치는 빈번한 실험을 가능하게 해준다. 아주 적은 시간을 들여서 과감한 아이디어를 검토할 수 있다.

- **커뮤니케이션하기**: 스케치는 잠재적인 접근법을 시각적으로 표현하기 때문에 다른 사람과 논의를 통해 피드백을 얻을 수 있게 한다. 스케치는 역사적인 기록으로도 유용하다. 향후에 재검토할지도 모르는 폐기된 계획을 담아두거나 다른 누군가가 유사한 아이디어를 제안할 때 예상되는 문제점을 설명하기에도 유용하다.

스케치 프로세스는 반복적이다. **아이디어 발상** 사이클과 **아이디어 통합** 사이클을 결합시킨다. 아이디어를 발생시킬 때에는 양에 집중하면서 가능한 다양한 아이디어를 탐구한다. 아이디어를 통합할 때에는 양이 아닌 질에 집중하며, 가장 유망한 아이디어를 찾아내기 위해 아이디어를 평가한다. 우리는 프로세스를 반복하면서 수많은 아이디어를 폐기하고, 몇 가지 아이디어를 선택하게 된다.

스케치 기초

스케치는 아이디어의 본질적인 측면을 시각적으로 담아낸다. 스케치를 할 때에는 정확성, 완벽성 혹은 미적인 아름다움을 목표로 하지 않는다. 단순성과 명확성에 초점을 맞춘다. 아이디어가 어떻게 작동하는지에 대한 가장 핵심적인 측면을 명확하게 표현해야 한다.

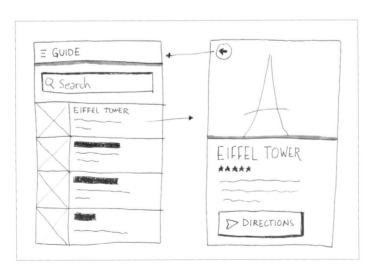

리스트와 상세 보기 사이의 내비게이션을 보여주는 스케치

스케치는 그림과는 다르다. 최소한의 기본적인 요소만을 사용해 아이디어를 효과적으로 커뮤니케이션한다.

- **간단한 형태**: 선, 사각형, 원과 삼각형이면 대부분의 아이디어를 커뮤니케이션하기에 충분하다. 이러한 기본 형태를 조합해 사용자 인터페이스 구성 요소를 문제없이 재현할 수 있다.
- **텍스트**: 제목, 레이블 혹은 단락은 사용자가 찾는 콘텐츠를 예로 드는 데 도움을 준다. 텍스트 크기, 색상, 굵은 서체 혹은 밑줄 긋기처럼 텍스트 스타일을 조정하는 작업은 그러한 텍스트의 의도를 커뮤니케이션할 수 있게 해준다.
- **주석**: 화살표와 텍스트 노트는 인터랙션, 전환 효과 혹은 구체적인 설명이 필요한 관련 있는 세부 사항 기술을 도와준다.
- **그림자**: 그림자나 선 채움을 사용하는 것은 일부 요소의 공간적인 관련성을 명확히 하는 것을 도울 수 있다. 버튼은 살짝 들어올린 것처럼 표현되는 반면에, 입력 박스는 양각으로 도드라져 있다. 그림자는 명확성을 추가할 때만 사용될 수 있는 선택 요소이며, 시간이 거의 들지 않는다.

이러한 구성 요소를 갖고, 당신이 좋아하는 모바일 앱을 골라서 앱의 핵심 부분을 표현할 수 있다. 이것은 당신의 스케치 기술 향상에 좋은 실습이 된다. 아직 존재하지 않는 솔루션을 표현하는 것은 3장의 후반부에 다룰 몇 가지 다른 문제를 일으킨다.

스케치 도구

검은색 펜 혹은 마커, 그리고 종이만 있으면 스케치를 시작할 수 있다. 연필도 사용 가능하지만, 연필은 지울 수 있기 때문에 크게 중요하지 않은 세부 사항을 수정하는 데 시간을 낭비할 여지가 있다. 그러한 수정은 진행 속도를 늦출 뿐이다.

스케치 툴은 작은 케이스 안에 모두 들어간다. 자, 파란색 연필, 검은색 펜, 검은색과 회색 마커만 있으면
대부분의 스케치에 충분하다.

스케치는 흑백으로 그려도 충분하다. 다른 텍스트 색상 혹은 하이라이트 처리를 위해 파란색과 빨간색 펜이 있다면 도움이 된다. 마찬가지로 연필 혹은 회색 마커는 그림자를 추가하거나 일부 요소를 덜 강조하는 데 유용하게 사용할 수 있다.

완벽한 직선을 그릴 필요는 없다. 조심스럽고 부드러운 움직임이 보이는 선 긋기로도 스케치의 명확성을 얻는 데 충분하다. 손으로 그린 것 같은 선도 정말로 괜찮다. 도움이 필요하다면 명함이나 자를 이용할 수 있다.

어디에든 스케치를 할 수 있다. 다양한 포맷은 컨텍스트에 따라 유용할 수 있다.

- 공책은 모든 스케치를 함께 보관하기에 유용하며 갖고 다니면서 나중에 찾기에도 편리하다. 매끈한 종이 페이지는 스케치에 집중하기에 유리하며, 격자 무늬 혹은 밑줄이 있는 공책을 사용하는 방법도 고려해볼 만하다.
- 낱장의 종이를 사용하는 것은 사용하는 지면의 유연성을 제공한다. 종이를 접고, 자르고, 다양한 조각을 재배치할 수 있다.

- 포스트잇에 스케치를 하는 것은 작은 공간에 스케치를 보관할 수 있으며, 분류하기에 용이하다.
- 화이트보드 위의 스케치는 다른 사람들과 아이디어를 논의할 때 유용하다. 이 경우에는 좋은 아이디어를 잃어버리지 않도록 사진으로 남겨둔다.

대부분의 경우 스케치는 종이 위에서 이뤄지지만, 스케치 프로세스에서 유용하게 사용 가능한 디지털 툴도 있다. 스케치를 디지털로 공유하거나 체계화하고 싶다면, 종이로 스케치를 한 다음에 결과물을 스캔하거나 사진을 찍을 수도 있다.

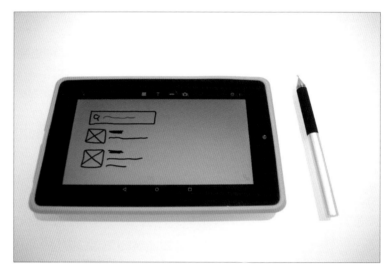

스타일러스 펜이 지원되는 태블릿은 종이 스케치의 디지털 대안이 될 수 있으며, 다수의 드로잉 앱을 사용해 스케치할 수 있다.

디지털 툴을 사용해 바로 스케치할 수도 있다. 그래픽 태블릿이나 디지털 태블릿은 종이 위에서 그리는 느낌과 유사한 스타일러스 펜을 지원한다. 스케치 프로세스를 지원할 수 있는 페인팅 혹은 드로잉 용도의 다양한 앱이 있다.

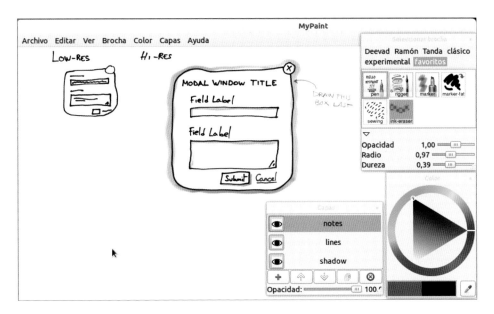

MyPaint 스크린샷(출처: MyPaint 스크린샷)

디지털 툴은 무제한의 아트 보드 혹은 멀리 떨어진 동료에게 실시간으로 공유하기 같은 디지털 도구의 특별한 장점을 제공해줄 수 있다. 다양한 변형안을 커뮤니케이션하기 위해서 디지털 툴을 사용해 기존 솔루션의 스크린샷을 배경으로 놓고 그 위에 스케치할 수도 있다. 하지만 이러한 모든 부가적인 기능은 너무 많은 옵션을 제공하고, 집중을 방해하거나 세부 사항을 놓치게 만드는 위험을 일으킬 수 있다.

▌ 신속하게 결과물 만들기

스케치할 때 당신은 디자인 영역으로 빨리 넘어가고 싶을 수 있다. 세부 사항을 놓치지 말아야 하는데, 일정에 기한을 추가하는 것은 탐구하는 속도를 빠르게 유지시켜 줄 수 있다.

초점 맞추기

스케치를 하는 동안에는 신속한 진행에 필수적이지 않은 과정은 무엇이든 건너뛰어야 한다. 명확성을 제공하기 위해서는 아이디어의 핵심 요소 혹은 관련 컨텍스트를 덧붙여주는 요소에 집중해야 한다.

탐구를 통해 해결하려는 문제를 명확히 해야 한다. 문제의 명확화는 관련이 없거나 나중에 정리해도 되는 세부 사항 속에서 당신이 길을 잃는 것을 방지해준다. 탐구에 앞서 다음 내용을 먼저 작성하는 편이 바람직하다.

- 문제 정의서를 적을 수 있다. 문제를 개방형 질문으로 표현하는 것은 다양한 질문을 이끌어낼 수 있다. 예를 들어 "어떻게 해야 휴가 여행지를 빨리 선택할 수 있지?" 같이 당신의 문제를 정의할 수 있다.
- 문제와 관련된 컨텍스트가 담긴 사용자 시나리오를 부분적으로 작성할 수 있다. 사용자가 신발을 구입하는 내용의 시나리오가 이미 있다면, 스케치에서 보여줘야 하는 제품에 대해서 생각하는 데 시간을 투자할 필요가 없이 그냥 시나리오를 사용하면 된다.
- 솔루션을 통해 얻으려는 디자인 목표를 작성해라. "신속하게 조작하기" 같이 솔루션의 기본 속성을 정의하면 향후 경쟁 솔루션과 비교 시 체크리스트로 활용할 수 있다.

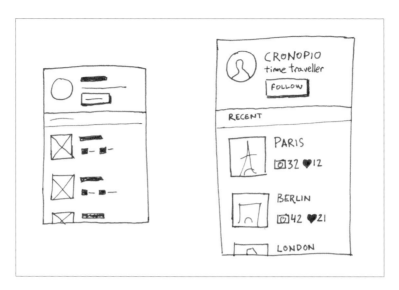

동일한 아이디어를 서로 다른 구체화 수준으로 표현한 두 개의 스케치. 구체화 수준에서 정답이란 없다.
당신이 찾으려는 측면에 따라 달라질 뿐이다.

스케치에 포함시키려는 측면이라 하더라도 얼마나 자세히 다룰지는 결정해야 한다. 스케치의 다양한 측면은 서로 다른 구체화 수준으로 표현될 수 있다. 예를 들어 단락을 표현하기 위해 실제 텍스트 카피를 적거나 혹은 그 대신에 몇 개의 평행선을 그릴 수 있다. 아이디어를 이해하는 데 있어 얼마나 관련이 있는가에 기초해서 이러한 요소의 적절한 정확도를 고려해야 한다.

결정은 속도를 늦출 수 있다. 두 가지의 가능성 있는 솔루션을 두고 주저한다면, 둘 중에 하나를 선택하는 데 시간을 쏟는 대신에 두 가지 모두를 스케치해보는 편이 나을 수도 있다.

크레이지 에이트 기법을 사용해 시간관리하기

크레이지 에이트CrazyEights[1] 기법을 사용해서 탐구의 시간을 제한할 수 있다. 이 기법은 짧은 반복을 거치고 서둘러 앞으로 나아갈 수 있도록 도와준다.

---

1 종이를 접어 8칸을 만든 후 5분 동안 8개의 스케치를 하는 기법 – 옮긴이

먼저 문제를 하나 골라 디자인 목표를 명시하는 것에서 시작한다. 문제는 체크아웃 프로세스의 단계 정의 같이 대략적일 수도 있고, 체크아웃 서식에서 배송일자를 선택하는 상세 메커니즘처럼 더 구체적일 수도 있다. 구체화 수준과 관계없이 초점을 맞춰야 하는 문제는 단 하나다. 문제가 정의되면 탐구를 시작할 수 있다.

종이를 8등분으로 접은 다음, 적어도 서로 다른 8가지 방법으로 이슈를 해결하려고 노력해보라. 타이머를 5분으로 맞춰라. 처음에 연습할 때에는 몇 분을 더 추가해도 괜찮다. 시간 제한으로 인해 세부 사항을 고민하지 못하고 시간이 종료될 때까지 계속해서 그 다음 솔루션을 스케치하게 된다.

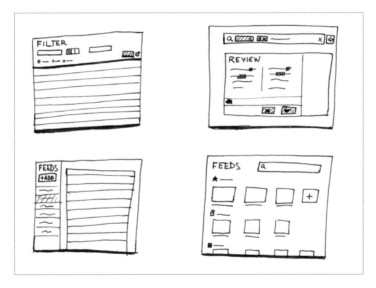

크레이지 에이트 탐구의 일부분. 세부 사항을 추가할 시간이 없기 때문에 스케치의 정확도는 떨어질 수 밖에 없다.

최종적으로는 디자인 목표와 비교해 솔루션을 평가한다. 당신은 효과적으로 작동할 것 같은 측면, 그렇지 않은 측면, 그리고 더 구체화하고 싶은 영역을 확인하길 원한다. 이에 근거해서 가장 유망한 솔루션을 선택하고 또 다른 실습 차례에서 이를 반복할 것이다.

크레이지 에이트 기법은 팀 단위에 적합하지만 개인이 사용하는 경우에도 유용하다. 세션을 한 시간 내로 마칠 수 있게 일반적으로 열 명 이내로 구성된 그룹에서 이 기법을 사용하면 더 많은 아이디어를 얻고, 다양한 사람들로부터 피드백을 받을 수 있다. 혼자 스케치하는 경우에도 외부의 피드백을 듣는 것은 항상 도움이 된다.

▌ 탐구 체계화하기

아이디어는 언제든 떠오를 수 있다. 놀라운 아이디어가 샤워 중, 숲 속에서 걷는 중, 혹은 자는 동안에 갑작스레 떠오를 수 있다. 하지만 스케치 프로세스에서는 좋은 아이디어가 갑자기 튀어나오길 바랄 수는 없으며, 당신이 생각해내야 한다.

탐구를 더 잘 구조화한다면 더 많은 아이디어를 탐구할 수 있을 뿐만 아니라 가능성의 영역을 더 많이 살펴볼 수 있고, 흥미로운 아이디어를 놓칠 확률을 줄일 수 있다.

디자인 탐구 세션은 브레인스토밍 실습과는 다르다. 브레인스토밍은 다수의 사람들이 머리 속에 떠오르는 아이디어를 크게 말하는 반면에, 디자인 탐구에서는 일반적으로 참여자들은 아무런 말 없이 체계적인 방식으로 다양한 가능성을 탐구한 후에 다른 이들과 이를 공유하게 된다.

문제 분해하기

다양한 아이디어를 스케치할 때는 구체적인 시나리오를 한 번에 하나씩 선택하는 것이 유용하다. 이렇게 하면 당신은 다음 시나리오로 넘어가기 전에 하나의 구체적인 컨텍스트를 집중적으로 탐구할 수 있다. '출장' 시나리오에 집중한다면 '가족 스키여행' 시나리오로 넘어가기 전까지는 '운동 장비 사용법'을 무시할 수 있다.

가능한 많은 시나리오와 퍼소나를 탐구할 수 있지만, 한 번에 하나씩 살펴보는 것은 불필요한 산만함을 줄여준다.

특정 시나리오에 집중하더라도 탐구 가능한 다양한 측면이 존재한다. 보통 이러한 측면을 사전에 확인하고 나서 한 번에 하나씩 초점을 맞추는 편이 더 편리하다.

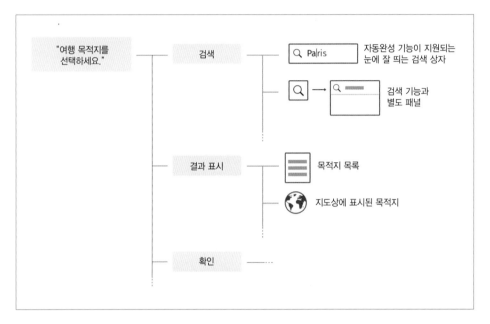

문제를 몇 개의 단계로 분해하고, 각각의 단계를 지원하는 방법에 대한 다양한 아이디어를 탐구한다. 검색 기능을 눈에 띄게 강조하는 방법과 검색 결과를 보여주는 방법, 혹은 성공적인 선택을 커뮤니케이션하는 방법은 당신이 하나씩 차례대로 탐구할 수 있는 다양한 측면 중 일부다.

이러한 분해는 다양한 기준에 기초할 수 있다.

사용자가 거치는 행동 혹은 생각의 관점에서 문제를 단계의 순서를 토대로 수평으로 분해할 수 있다. 예를 들어 '여행 목적지 선택' 시나리오에서 사용자는 목적지를 검색해 결과를 살펴보고, 다른 단계에서 선택에 대한 피드백을 얻게 된다. 각각의 측면에 대해서 다양한 솔루션을 탐구할 수 있다.

모든 단계에 걸쳐 존재하는 다양한 레이어의 관점에서 문제를 수직으로 분해할 수 있다. 레이아웃, 단어 선택, 시각적인 스타일, 혹은 다양한 단계가 결합되는 순서에 초점을 맞출 수 있으며, 이들 각각은 개별적으로 탐구할 만한 가치가 있을 수 있다.

탐구를 체계화하기 위해 디자인 공간을 나누는 방법은 다양하다. 리소스에 따라 몇 개의 측면을 탐구할지 결정할 수 있다. 하지만 가능한 방향을 사전에 파악해두는 것은 당신의 방향성 탐색의 불규칙성을 줄여줄 수 있다. 다수의 아이디어를 탐구하고 나면 가장 유망한 아이디어를 하나의 솔루션으로 통합할 수 있는 방법을 찾아야 한다.

충돌 요소 파악하기

제약은 부정적으로 인식할 수도 있지만 창의적인 솔루션을 이끌어내는 데 도움을 준다. 제약이 없다면 당신이 무엇을 찾는지 알기 힘들 수 있다. 의자를 디자인해야 하는데 해당 의자가 사무실에서 업무용으로 사용되는지, 혹은 야외 테라스에서 식사용으로 쓰이는지 모른다고 가정해 보자. 의자가 겹쳐 쌓아올리기 쉽고 방수가 되는지 여부가 중요한지에 대한 디자인 결정을 확정하기 위해서는 의자의 사용처 정보와 관련 제약 사항이 필요하다.

가능성 있는 솔루션을 스케치하다 보면 상충되는 측면과 마주칠 수 있다. 예를 들어 여행 요약 동영상을 제작하는 앱을 디자인할 때 '사용자 제어'와 '자동화'가 충돌하는 경우를 발견할 수 있다.

이러한 충돌 요소를 명확하게 드러내는 것은 당신이 탐구를 하는 데 도움을 줄 수 있다. 이러한 충돌 요소를 완전 자동화 솔루션부터 모든 것을 수동으로 제어해야 하는 솔루션에 이르는 다양한 가능성의 스펙트럼으로 생각할 수 있다. 이를 통해 당신은 다수의 중간 단계를 탐구하고, 당신의 컨텍스트에 맞는 적정한 균형을 찾을 수 있다. 그 선택이 꼭 스펙트럼의 정 가운데일 필요는 없다.

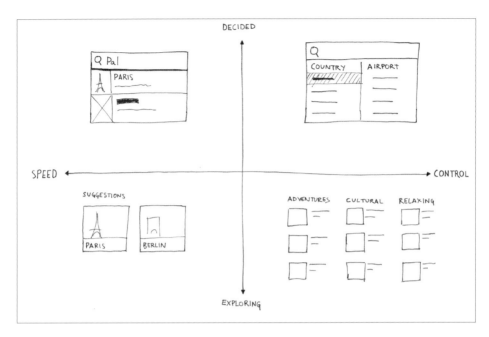

2개의 상충하는 측면의 짝으로 탐구의 축을 정의한다. 단일 축을 따라 중간적인 솔루션을 탐구하거나 2개 이상을 조합해서 살펴볼 수 있다.

이 같은 탐구 축을 시각화할 수 있다. 이것은 디자인 공간에서 덜 명확한 영역을 탐구하게 만드는 빈틈을 찾아내는 데 매우 유용하다.

여행 예약 앱을 만들 때 사용자는 각기 다른 방식으로 여행 목적지를 찾을 수 있으며, 일부는 충돌되는 측면을 드러내서 보여주기도 한다. 예를 들어 다음은 이 경우에 사용 가능한 2개의 축이다.

- **속도 vs. 컨트롤**: 목적지 검색은 (가능한 한 자동으로 발생되는) 시스템이 주도하는 프로세스가 될 수 있으며, 또는 사용자가 다양한 옵션을 선택하면서 제어할 수도 있다.
- **결정된 vs. 탐색적인**: 사용자는 이미 목적지를 결정했기에 바로 선택할 수도 있고, 아직 여러 후보지를 고려할 수도 있다.

각각의 탐구 축은 대립하는 솔루션뿐만 아니라 다수의 중간적인 솔루션이 존재하는 것이 가능하다는 점을 보여주는 옵션의 단계적 차이를 보여준다. 다수의 축이 정의되면 이들 축이 어떻게 교차될 수 있는지를 떠올려보는 것이 흥미로워진다. 이것은 당신이 뻔하지 않은 새로운 조합을 탐구할 수 있게 해준다.

▎ 아이디어 커뮤니케이션하기

아이디어가 추상적으로 논의되면 사람들마다 다르게 해석해 오해를 불러일으킬 가능성이 매우 높아진다. 예를 들어 스케치를 사용해 아이디어를 더 구체적으로 담아낸다면, 이 같은 오해를 방지하는 데 도움이 될 수 있다. 스케치는 아이디어를 커뮤니케이션하는 데 매우 유용하다. 하지만 스케치 그 자체를 커뮤니케이션하는 것은 아니다.

좋은 디자인 솔루션을 스케치하고 스케치를 공유하는 것만으로는 충분하지 않다. 충분히 커뮤니케이션해야 한다. 최적의 솔루션이라고 하더라도 개발되지 않는다면 의미가 없기 때문에 당신은 커뮤니케이션을 통해 많은 사람을 설득해야 한다.

- 당신의 디자인을 어떻게 개선할지에 대한 피드백을 제공하는 다른 디자이너들
- 제품을 개발하고, 아이디어를 실제로 어떻게 구현할지를 고민하는 사람들
- 솔루션이 예산 내에서 개발 가능할지를 검토할 클라이언트 혹은 매니저 같은 의사결정권자
- 어떤 점이 효과적인지에 대한 의견을 공유해주는 사용자들

제안된 솔루션의 장점을 설명하는 일은 디자이너의 업무 중 큰 부분을 차지한다. 당신은 이 부분을 책임감 있게 수행해야 하며, 디자인 솔루션을 명확하게 커뮤니케이션하고 더 나은 솔루션으로 이어지는 생산적인 논의를 진행해야 한다.

디자인 프로세스의 처음부터 끝까지 디자인에 대해 논의할 것이다. 이 섹션에서는 탐구 단계에서의 초기 논의에 대한 몇 가지 조언에 초점을 맞춘다. 탐구 단계에서 당신의 아이디

어는 더 무너지기 쉬우며 너무 빨리 폐기될 수 있는 위험성을 가진다.

스토리보드 만들기

스케치만 덩그러니 제공되면 아이디어가 더 넓은 스토리에 어떻게 들어맞는지를 이해하기가 힘들 수 있다. 이 경우 스토리보드가 유용한 기법이다.

이 스토리보드는 차량 공유 앱과 인터랙션하는 사용자를 보여준다. 거리에서 차량을 확인하는 어려움과 비록
시끄럽지만 받아들일 수 있는 솔루션을 제시하고 있다.

스토리보드는 오랜 시간 동안 영화 산업에서 주로 사용돼 왔다. 스토리의 뼈대를 설명하기 위해 이미지를 순서대로 보여주는 것이 기본 아이디어다. 만화책과 유사한 방식으로 몇 개의 스케치를 결합해 당신의 시나리오를 보여줄 수 있다.

삽입된 스케치는 디자인하는 제품뿐만 아니라 컨텍스트도 포함할 수 있다. 예를 들어 사용자가 앱을 통해 택시를 호출하고 난 뒤에 택시가 도착하는 순간을 묘사할 수 있다.

비평 세션 준비하기

초기에 아이디어를 공유하는 작업은 탐구 프로세스를 위한 귀중한 조언을 제공한다. 피드백을 수렴하기 위해서 팀 내 다른 사람들에게 솔루션을 공유하는 비평 세션critique session을 준비할 수 있다. 하지만 스케치 몇 장만 그들에게 내던지고 나서 의미 있는 피드백을 받길 기대할 수는 없다. 4명이 넘는 그룹에서는 대화가 본론에서 벗어나지 않도록 당신의 노력이 필요하다.

스케치를 보여줄 때 관중들은 매우 표면적인 측면에 주목하기 쉽다. 그들은 함축적인 의도를 고려하지 않고 당장 즉각적으로 눈에 보이는 것에 집중하기 마련이다. 이런 경우에는 특정 버튼의 배치 같이 사소한 내용에 대한 비생산적인 대화로 흐르거나 주제에서 벗어나 옆길로 새게 된다.

더 생산적인 대화를 하기 위해서는 대화를 올바른 방향으로 이끌고 가야 한다. 먼저 관중들에게 기본적인 컨텍스트를 설명한 후에 시작해야 한다.

- **대상 사용자의 퍼소나를 소개하라**: 특정 유형의 사용자에게 초점을 맞추려는 이유를 설명한다.
- **해결하려는 시나리오를 설명하라**: 해결이 필요한 문제 영역을 강조한다.
- **디자인 목표를 명확히 하라**: 솔루션을 통해 달성하려는 바를 명시한다.

관중들에게 질문을 던지면서 그들이 최초 컨텍스트를 이해하고 동감하는지 확인해야 한다. 다른 문제가 더 중요하다고 생각하듯이 관중들 중에 상이한 기대치를 가진 사람이 있는지를 이런 과정을 통해 확인할 수 있다.

이 사진 속 스케치는 IxDA 인터랙션 컨퍼런스에서 우리가 준비한 워크샵 참여자들의 다양한 아이디어를 담고 있다. 우리는 스케치를 다른 공간에 붙여 놓고 논의를 계속해서 이어나갔다.

솔루션을 보여주기에 앞서 당신이 얻으려는 피드백의 구체적인 유형을 설명하라. 예를 들어 기본적인 아이디어, 정보의 명확성, 프로세스의 유동성, 혹은 또 다른 측면 중에 사람들이 무엇에 주목했으면 하는지에 대한 생각을 밝혀야 한다.

그리고 나면 관중들이 솔루션을 확인할 준비가 될 것이다. 이제 피드백을 요청할 수 있다. 물론 다양한 종류의 피드백을 얻겠지만, 당신이 관심 있어 하는 유형의 피드백을 구체적으로 요구해보자.

그들의 피드백을 받을 때 피드백이 목표로 하는 수준을 확인하라. 피드백이 문제 컨텍스트, 당신의 접근 방식, 혹은 특정 기능 중에 무엇에 대한 것인지를 알아내기 위해 후속 질문을 던질 수 있다.

실제 조치를 취하기 위해 피드백을 가설로 바꿔 놓는다. 예를 들어 "검색 버튼을 상단으로 옮겨주세요."라는 말을 들었다면, 그 말 뒤에 숨은 의도는 검색을 더 눈에 띄게 만들어달라는 뜻이며, 검색이 진입 시점에 가장 많이 사용되거나 선호되는 기능이라고 가정할 수 있다.

검색을 더 눈에 띄게 만드는 방법 찾기처럼 대안적인 솔루션을 발견하기 위해 가설을 검토하자. 혹은 특정 목표 사용자에게 그러한 가설이 실제로 맞는지를 리서치를 통해 검증하라. 사용자는 검색 기능을 선호하는가? 혹은 제안된 접근 방식에서는 검색 기능을 찾기 어려운가?

▌ 실용적으로 진행하기

아이디어를 스케치로 구체적으로 담아내고 논의하는 작업은 디자인을 향상시킨다. 하지만 프로세스가 생산적으로 유지되도록 노력해야 한다. 아이디어 탐구의 속도를 높여주기 위한 몇 가지 고려 사항은 다음과 같다.

완벽은 선(善)의 적이다

당신의 스케치는 미술관에 전시되는 것이 목표가 아니다. 스케치는 세련되지 않고 진화 중인 아이디어를 담기 때문에 미완성으로 보인다. 주석을 달거나 일부 요소를 부각시키는 것처럼 당신의 아이디어를 더 효과적으로 스케치에 반영하기 위해서 시간을 투자할 수는 있지만, 단순히 미적으로 좋아 보이게 하는 데에는 시간을 쏟을 필요는 없다.

만약 당신이 완벽주의자라면 직선으로 쭉 뻗지 않은 선에 익숙해지는 연습을 해야 한다. 신속하게 나아가면서 시간을 아껴야 나중에 가장 유망한 솔루션의 세부 사항을 다듬는 데 시간을 투자할 수 있다는 점을 명심해야 한다.

제일 좋은 아이디어를 미리 정하려고 애쓰지 마라. 아이디어를 탐구할 때는 나쁜 아이디어를 두려워해서는 안 된다. 나쁜 아이디어는 다음 번 반복에서 정말 좋은 아이디어를 찾을 수 있게 해준다. 또 다른 반복을 위해 아이디어를 분석하고 무엇이 효과적이고 무엇이 효과적이지 않은지 확인하려 노력해야 한다.

경직된 대기업이나 디자인 업무가 다소 낯선 조직 같은 환경에서 스케치는 진지하게 받아들여지지 않을 수 있다. 그렇다고 해서 스케치 소개를 멈춰서는 안 되며 점진적인 방법으로 진행해야 한다. 개별 대화에서 당신의 설명을 뒷받침하는 자료로 스케치를 사용하면서, 당신 주변의 사람들이 스케치에 더 친숙해지게 만들 수 있다. 스케치가 가져다 주는 가치에 대해 사람들이 더 많이 알게 되면 스케치를 프로세스에서 더 중요한 부분으로 옮기고, 더 많은 사람들을 디자인 비평이나 크레이지 에이트 같은 활동에 참여시킬 수 있다.

이것은 영감에 대한 것이 아니다

디자인 작업은 창의적인 영감inspiration이라는 개념과 종종 연관되곤 한다. 마치 좋은 아이디어가 마술처럼 디자이너에게 떠오른다고 생각하듯이 말이다. 이 같은 수동적인 관점은 당신 혹은 이 분야의 디자인에 대한 전반적인 인식에 도움이 되지 않는다.

디자인은 문제 해결을 다룬다. 문제 해결을 위해 당신은 사용자의 니즈를 깊숙이 이해하고, 다양한 가능성을 탐구하며, 주어진 컨텍스트에서 어떤 것이 효과적으로 작동하는지를 검증해야 한다. 당신의 직관이나 취향도 물론 도움이 되겠지만, 그것에 의지할 수는 없다.

3장에서 소개된 기법을 통해 사용자에 대해 알고 있는 지식을 바탕으로 디자인 영역을 체계적으로 탐구하고, 다양한 가설을 확인할 수 있다. 이 프로세스를 설명해주는 것은 당신의 아이디어를 접하는 사람들이 이 아이디어가 느닷없이 튀어나온 것이 아니라는 점을 이해하는 데 도움을 줄 것이다.

대화를 디자인 목표와 연결하기

스케치는 특정 컨텍스트에서의 사용자 니즈에 대한 구체적인 솔루션을 표현한다. 컨텍스트에 대한 이해가 없는 사람들은 자신의 개인적인 의견이나 그들이 상상한 시나리오에 기초한 피드백을 제공한다. 사람들이 그림에서 무엇을 좋아하는지에서 그들 혹은 사용자가 무엇을 기대하는지로 대화를 옮겨갈 필요가 있다.

논의를 디자인 목표와 연결하기 위해 지속적인 노력을 기울여야 한다. 비평 세션에서 언급했듯이 솔루션을 보여주기에 앞서 목표를 먼저 설명하는 과정이 중요하다. 덧붙여서 솔루션을 설명하고 피드백을 수렴할 때 대화를 디자인 목표와 세심하게 연결시켜야 한다.

솔루션을 부분적으로 설명하는 작업은 피해야 한다. 개별 조각으로 설명한다면 관중들은 각각의 조각들이 사용자 니즈를 어떻게 지원하는지를 이해하는 데 어려움을 겪게 된다. "검색 바는 여기 있다."라고 말하는 대신에, "사용자가 가장 많이 찾는 기능이 검색이라는 데이터에 기초해서 우리는 신속하게 검색하는 방법을 제공했다."라고 표현할 수 있다.

목표와 연결된 디자인의 컨텍스트를 보여주는 노력을 기울이더라도, 너무 상세하거나 개인적인 의견에 기반한 피드백을 얻게 될 수도 있다. 그러한 경우에는 사람들이 낸 피드백을 재해석할 필요가 있다.

당신의 팀에 속한 누군가가 버튼에 아이콘을 추가해달라는 식의 디자인에 있어서 구체적인 수정을 요청한다면, 당신은 해당 제안이 해결하려는 근본적인 이슈를 이해해야 한다. 그러한 수정이 어떤 식으로 사용자가 목표를 달성하는 데 도움을 줄 수 있을지에 대한 질문을 통해 이슈와 제안된 솔루션을 좀 더 좋은 방향으로 분리할 수 있다. 그리고 어쩌면 이러한 이슈는 또 다른 대안책으로 더 손쉽게 해결할 수도 있다.

누군가가 질문하는 것을 막지 말아야 한다. 자신이 멍청한 질문을 한다고 느끼지 않게 만들어야 향후에 그들로부터 더 많은 피드백을 얻을 수 있다. 당신은 그들이 우려하는 것의 근본 원인에 대한 솔직한 관심을 표현하고자 할 것이다.

트레이드오프를 가시화하라 - 모든 것을 강조할 수는 없다

스케치를 보여줄 때 서로 상충되는 요구 사항을 받을 수도 있다. 사람들이 전체 그림을 보지 못하고 특정 관점에만 초점을 맞출 때 이런 일이 자주 발생한다.

예를 들어 무언가를 눈에 띄게 만들면 나머지는 덜 부각된다. 책의 모든 문장에 하이라이트 표시를 하듯이 모든 요소를 동시에 두드러지게 만들 수 없다는 점을 사람들도 안다. 하지만 특정 요소를 더 눈에 잘 띄게 만들어달라는 요청을 흔히 받게 될지도 모른다. 이런 경우에는 무언가를 더 강조한다는 것이 그 외 나머지를 덜 강조한다는 사실을 의미한다는 개념을 커뮤니케이션하는 것이 중요하다. 이는 특정 요소를 강조하는 것의 숨겨진 비용을 강조한다.

탐구 과정에서 확인한 충돌이나 모순을 드러내서 강조하는 것은 적절한 균형을 찾는 데 도움을 줄 수 있다. 이는 최적화와 지원 사이의 차이점을 일깨워줄 것이다. 가장 일반적이거나 중요한 경우에 맞게 솔루션을 최적화하려는 경우, 자주 사용하지 않는 경우도 주요 경우를 최대한 지원하는 데 방해가 되지 않는 범위에서 지원해야 한다.

우선 순위가 아직 명확하지 않더라도 충돌 요소를 드러내는 것은, 피드백이 조정되는 스펙트럼상의 적정 포인트를 모든 사람이 더 잘 이해하도록 만드는 데 도움이 될 것이다.

▌ 요약

3장에서 우리는 스케치를 정해진 디자인 문제에 대한 가능한 솔루션을 탐구하는 데 강력한 툴로 소개했다. 탐구를 체계적으로 진행하면서도 결과물을 신속하게 만들어내는 방법에 대한 조언을 제공해 당신이 혁신적인 아이디어를 발견할 수 있게 도왔다.

아이디어 발굴 외에도 스케치를 기반으로 아이디어를 설명하고 논의하는 방법에 대한 도움말을 제공했다. 이를 통해 당신은 관객들의 피드백에 따라 조치를 취하고 아이디어를 개선할 수 있다.

4장에서는 각각의 모바일 플랫폼에서 권장하는 모바일 패턴을 재사용이 가능한 솔루션으로 소개한다. 모바일 플랫폼에서의 공통적인 구성 요소를 이해하는 것은 반복되는 문제점을 사용자에게 친숙한 방법으로 해결하는 데 도움을 줄 수 있다.

04

모바일 패턴 – 웹앱, 안드로이드, iOS 우수 사례

"단순함은 궁극의 정교함이다."

– 레오나르도 다 빈치[Leonardo da Vinci]

오랫동안 정보에 대한 접근은 주로 데스크톱 컴퓨터를 통해 이뤄졌다. 이는 디지털 디자인의 진화를 오늘날까지 막아왔다. 온라인 세상으로 접속하는 주요 플랫폼으로써 모바일의 등장은 우리가 제품을 디자인하는 방식을 변화시켰다. 어떤 프로젝트든 사용자를 더잘 지원하기 위해서는 모바일 기기가 제공하는 다양한 옵션을 이해하는 것이 무엇보다 가장 중요하다. 다수의 사용자는 작은 스크린을 터치하는 동작을 통해 우리의 서비스에 접근하며, 이는 그들이 인터페이스와 인터랙션하고 콘텐츠가 보여지는 방식에 큰 폭의 영향을 미치게 된다.

원래 모바일 폰은 전화를 걸고 단문의 텍스트 메시지를 보내는 기본적인 태스크 지원을 목적으로 했다. 그때 제조사의 목표는 기기의 크기를 가능한 작게 만드는 것이었다. 구글 플레이Google Play와 앱 스토어App Store 같은 앱 마켓이나 플랫폼이 성장하기 전에는 일부 모바일 폰에서만 인터넷 접속이 가능했으며, 그 경험은 그다지 직관적이지 않았다. 일부 웹 페이지는 모바일에 맞춰 각색돼 데스크톱 버전의 극히 일부만을 제공했다. 터치스크린 방식의 스마트폰이 등장하면서 모바일 폰에서의 웹 페이지 접속의 성장은 폭발적으로 증가하기 시작했다(http://thenextweb.com/mobile/2011/12/06/the-history-of-the-smartphone/).

터치스크린 덕분에 물리적 키보드에 대한 니즈는 사라졌고, 디스플레이 영역의 크기는 3.5인치 이상으로 커졌다. 그 결과 만족스러운 사용자 경험을 제공할 수 있는 모바일에 특화된 제품을 만들 수 있게 됐다.

오늘날 대부분의 대기업은 모바일 사용자에 대해 크게 2가지 접근법에 집중한다. 모바일 웹 브라우저를 통해 서비스에 접근하는 사용자와 스마트폰에 설치된 앱을 사용하는 사용자다. 2가지 옵션 모두 장단점을 갖고 있다. 앱의 경우 기기의 모든 기능을 사용할 수 있지만 앱 설치라는 추가 단계가 필요하다.

웹앱을 제작할 때 일반적으로 다양한 플랫폼의 사용자를 목표로 하게 된다. 따라서 다양한 모바일 운영체제와 각양각색의 스크린 크기에서 접속하는 사용자들을 만족시키는 경험을 디자인해야 한다.

덧붙여 사용자가 모바일 브라우저로 당신의 콘텐츠에 접근한다면 브라우저 컨트롤이 일부 공간을 점유하기 때문에 콘텐츠를 보여줄 공간이 줄어들 수 있다. 콘텐츠의 메뉴와 컨트롤은 시각 레벨에서 두 번째로 밀리게 된다. 콘텐츠 브라우징을 시작하면 브라우저 컨트롤이 잠시 사라지지만, 특정 제스처를 취하거나 콘텐츠 흐름과 반대 방향으로 움직이면 컨트롤이 다시 표시될 것이다. 하지만 새로운 하이브리드 모델은 모바일 프로그래밍의 2가지 모델 간 차이점을 흐릿하게 만들기 위해 노력하는 중이다.

프로그레시브 웹앱progressive web app은 모바일 기기에서 웹 페이지를 방문할 때의 사용자 경험을 변화시키는 새로운 트렌드다. 이 웹앱은 2가지 세상 모두를 최대한 활용하고자 한다.

웹 페이지이면서 검색 엔진에서도 보이지만 네이티브^{native} 앱의 다양한 장점을 갖고 있다 (https://en.wikipedia.org/wiki/Progressive_web_app).

사용자가 모바일 기기에 설치하지 않고도 앱을 사용할 수 있기 때문에 앱에 접근하는 단계의 수가 줄어들어 전환율을 높일 수 있다.

▌웹앱 접근법 – 반응형, 적응형, 가변형

사용자가 갖고 있을법한 아주 다양한 모바일 기기를 지원하고자 한다면, 당신의 웹 사이트 혹은 웹앱은 서로 다른 유형의 스크린과 해상도에 맞춰 조정해야만 한다.

이 책에서는 다양한 스크린 크기에 맞춰 웹 페이지를 조정하는 몇 가지 대표적인 디자인 기법에 관해 이야기한다. 각각의 기법은 각기 다른 방식으로 문제에 접근하려는 것이며, 기법을 이해하는 것은 프로젝트 유형에 맞는 적합한 기법을 선택하는 데 도움을 줄 수 있다.

반응형 동작

반응형^{responsive} 동작을 하는 페이지는 미디어 쿼리를 사용해 웹 페이지를 구성하는 요소의 위치와 크기를 관리한다.

미디어 쿼리는 스크린 크기 같은 사용자 기기의 속성에 기초해 다양한 스타일을 결정하는 CSS 명령이다. 다음 예제에서는 미디어 쿼리를 사용해서 콘텐츠 크기를 스크린 크기에 맞춰 조정하고, 640픽셀이나 그 이하의 스크린 폭에서는 콘텐츠를 꽉 차게 하며, 1024픽셀보다 넓은 스크린에서는 콘텐츠를 더 좁게 만든다.

```
@media only screen and (min-width:1024px) {
    .content {
        width: 80%;
    }
```

```
    }
@media only screen and (max-width:640px) {
    .content {
        width: 100%;
    }
}
```

미디어 쿼리를 이용해서 다양한 기기에 맞는 각기 다른 레이아웃을 쉽게 정의할 수 있다. 사용자가 데스크톱에서 접속하면 콘텐츠를 3단으로, 모바일에서 접속하면 동일한 콘텐츠를 좌우로 꽉 차게 1단으로 표시할 수 있다.

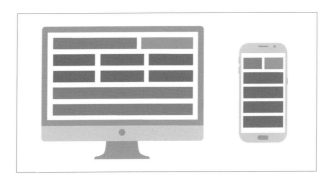

반응형 예제 – 데스크톱 경험(왼쪽)은 스마트폰(오른쪽)에서 레이아웃이 변경된다. 데스크톱에서는 3단으로 나눠졌던 보라색 요소는 모바일 버전에서는 전체 폭을 점유한다.

유동형

유동형fluid 페이지는 요소의 크기를 퍼센트로 정의한다. 이렇게 하면 콘텐츠가 작은 스크린에서 보여질 때, 요소는 큰 스크린에서 점유했던 공간과 동일한 퍼센트의 공간을 작은 스크린에서 차지하게 된다. 아주 간단한 페이지에서는 이러한 유형의 솔루션이 효과적일 수 있지만, 웹 페이지가 복잡하고 다수의 요소를 갖고 있을 때에는 이러한 솔루션을 사용해서 경험을 적절하게 조정하기가 힘들다. 이 기법이 가진 단순성으로 인해 이메일에 종종 사용된다.

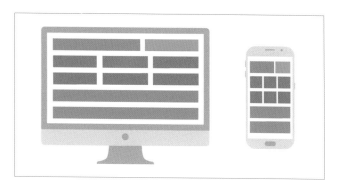

유동형 예제 – 데스크톱 경험(왼쪽)은 모바일에 맞춰 요소가 확장된다(오른쪽).

적응형

적응형adaptive 동작을 하는 페이지는 미디어 쿼리를 사용해 전체 경험을 사용자가 웹 페이지에 접속하는 기기에 맞게 조정한다. 이 기법은 사용자가 접속하는 기기의 성능에 따라 완전히 상이한 페이지를 제공하는 편이 더 낫다고 생각할 때 아주 유용하다. 예를 들어 데스크톱 컴퓨터로 보험을 알아보는 사용자에게는 표와 그래프가 등장하는 복잡한 웹 페이지를 제공할 수 있다. 이와 동시에 스마트폰으로 접속하는 사용자에게는 약간의 단계와 요소가 있는 보험 검색 앱을 보여줄 수 있다.

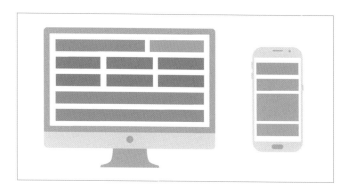

적응형 예제 – 데스크톱 경험(왼쪽)은 스마트폰에서 완전히 변형된다(오른쪽).

하이브리드

다수의 기업에서는 각 솔루션의 장점을 활용하는 혼합된 전략을 사용한다. 기능성이 필수적이지 않은 콘텐츠 페이지에서는 유동형이나 반응형처럼 유연한 접근법을 사용할 수 있으며, 기능성이 중요한 애플리케이션 영역에서는 접속에 사용되는 기기의 제약에 맞춰 사용자 경험을 조정할 수 있다.

프론트엔드 프레임워크

아마도 가장 인기 있는 디자인 기법은 반응형 동작일 것이다. 지난 몇 년간 몇몇의 HTML/CSS 프레임워크는 프론트엔드 개발자의 프로그래밍 태스크 수행을 훨씬 쉽게 만들어줄 것처럼 보여졌다.

개발자에게 정확한 스펙^{specification}을 제공하기 위해 이러한 프레임워크가 기능하는 방법을 이해하는 것은 디자이너에게 도움이 된다. 그리드^{grid} 시스템은 디자인의 레이아웃 측면을 커뮤니케이션할 수 있는 공통 레퍼런스를 제공한다.

이 책을 쓰는 시점에서 가장 많이 사용되는 2가지 대표적인 프레임워크는 이메일용 간략 버전도 제공하는 저브 파운데이션^{Zurb Foundation}과 처음에는 2명의 트위터 직원이 개발했지만 지금은 오픈 소스^{open source}로 공개된 부트스트랩^{Bootstrap}이다. 2가지 모두 세로열^{column} 사용에 기초를 두며, 사용법을 알려주는 수많은 튜토리얼과 예제는 물론 프레임워크를 지원하는 강력한 커뮤니티를 갖고 있다.

CSS3에서 새로운 레이아웃 모드인 Flexbox(https://www.w3schools.com/css/css3_flexbox.asp), 그리드 기반의 평면적인 레이아웃 시스템을 소개하는 CSS Grid(https://www.w3.org/TR/css%20-grid-1/) 같이 발전된 형태의 표준도 살펴볼 만하다.

세로열 디자인

2가지 프레임워크 모두 12열의 디자인을 지원한다. 콘텐츠를 스크린에 펼쳐놓고 웹앱에 접속하는데 사용되는 기기의 스크린 크기에 맞춰 조정하는 것이 간편한 방법이다. 12라는 숫자는 1, 2, 3, 4, 6으로 나눌 수 있으며, 다양한 목적에 맞게 사용할 수 있다.

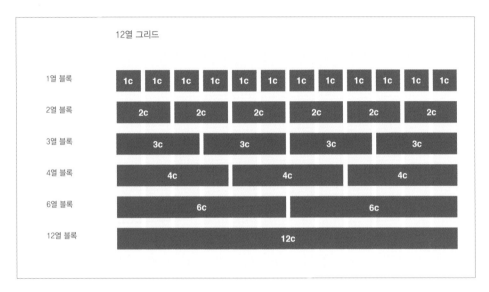

12열 그리드 레이아웃 시스템

구성 요소는 데스크톱, 태블릿 혹은 모바일 폰에서 접속했을 때 한 세트의 세로열 크기를 점유할 것이다. 데스크톱을 먼저, 모바일을 나중에 디자인할 수도 있고 그 반대 순서로 시작할 수도 있다. 사용성을 확보하고 콘텐츠를 지나치게 잘리거나 늘린 것처럼 보이지 않으려면 데스크톱에서 4열의 폭을 차지하던 구성 요소가 모바일에서는 12열을 사용해야 한다는 점을 고려해야 한다.

다음 사례에서는 데스크톱에서 보일 때에는 6열을 차지하는 2개의 텍스트 블록이 모바일에서는 12열 전부를 차지하는 모습을 확인할 수 있다. 모바일에서 전체 디스플레이 폭을 사용하는 것은 텍스트가 지나치게 압축돼 가독성이 떨어지는 경우를 방지해준다.

데스크톱과 모바일 폰에서 세로열의 반응형 동작

공식적으로는 잉크Ink로 알려진 이메일용 저브 파운데이션에서는 이 기법을 사용해 데스크톱과 모바일 둘 다에서 매끄럽게 작동하는 이메일을 디자인할 수 있다. 모든 이메일 리더가 미디어 쿼리를 지원하지는 않지만 다수의 리더가 이를 지원하고 있으며, 2016년에는 지메일Gmail도 이 그룹에 합류했다(https://developers.google.com/gmail/design/).

모바일 애플리케이션 디자인 패턴

시간이 흘러가면서 다양한 패턴이 대다수의 모바일 사용자에게 표준이 됐다. 이러한 패턴을 사용하는 솔루션 디자인은 사용자에게 자연스러운 경험을 만드는 효과적인 방법이다.

다른 패턴은 그리 보편적이지 않으나, 이들을 파악하는 것은 특정 컨텍스트에서 어떤 솔루션이 효과적인지, 그리고 사용자에게 어떤 아이디어를 테스트해야 할지를 이해하는 데 도움을 줄 수 있다. 사용자 경험을 개선하는 일은 테스트하고, 사용자 의견을 듣는 과정을 통해 반복적으로 진행되는 프로세스다.

이제 다음으로 가장 일반적인 디자인 패턴을 살펴본다. 이 패턴은 사용자 인터페이스, 그리고 애플리케이션 작동과 관련될 수 있으며 2개 그룹으로 나눈다. 이러한 구분은 각각의 유용성을 이해하고 활용할 수 있게 돕기 위한 의도로 이뤄졌다. 하지만 일부 분류는 주관적일 수 있다.

모바일 사용자 인터페이스 디자인 패턴

이 섹션에서는 사용자 인터페이스와 관련해 가장 흔히 사용되는 디자인 패턴을 다룬다. 또한 패턴이 효과적인 이유와 각각의 장단점을 분석할 것이다. 이 패턴은 디자이너가 마주치게 되는 일반적인 문제에 대한 솔루션을 제시한다.

내비게이션

당신의 앱에는 사용자가 돌아다닐 수 있는 다양한 부분, 툴 혹은 공간이 있을 것이다. 길이나 빌딩 같은 실제 공간이라면 명확한 신호로 내비게이션을 쉽게 해주는 일은 사람들이 길을 잃지 않게 하는 데 필수적이다. 앱의 내비게이션 디자인은 매우 복잡할 수 있다. 요소의 위치, 숫자와 동작 같은 측면을 모두 결정해야만 한다. 내비게이션 메뉴는 자주 사용되는 인터페이스 항목 중 하나이기에 상세 메뉴 하나하나가 사용자 경험에 영향을 미친다. 가장 일반적인 메뉴 유형은 슬라이딩 드로어, 상단 메뉴, 하단 메뉴 그리고 메뉴 생략이다.

슬라이딩 드로어

슬라이딩 드로어sliding drawer는 '햄버거 메뉴'로 알려져 있기도 하다. 햄버거 메뉴가 있는 앱 디자인은 아마도 간단한 옵션일 것이다. 사용자가 메뉴 아이콘을 클릭하면 열리는 트레이tray에 모든 요소가 담겨 있으며, 보통 3줄로 표현된다. 이 접근법은 주요 스크린 공간의 대부분에 사용자가 찾는 콘텐츠를 배치하지만, 내비게이션 옵션은 모두 숨겨둔다.

이러한 메뉴 유형의 장점 중 하나는 초기 경험을 복잡하게 만들지 않으면서 무한대의 요소를 담을 수 있다는 점이다. 이 유형은 데스크톱 버전의 모든 요소를 그대로 제공할 수 있기 때문에 웹 페이지의 모바일 버전을 만드는 데 있어서 매우 인기가 좋다. 또한 태그와 폴더를 제공하는 이메일 브라우저처럼 복잡한 앱에서 매우 유용하다.

하지만 이 솔루션이 스마트폰을 사용해 당신의 앱에 접속하는 사용자에게 가장 효과적인지, 혹은 그들의 니즈에 맞춰 맞춤화된 다른 경험이 훨씬 더 효과적인지 여부를 신중하게 분석해야 한다.

슬라이딩 드로어 메뉴는 다수의 섹션이 동일한 중요도를 가진 앱이거나 사용자가 특정 섹션에서만 주로 시간을 보내는 앱의 경우에는 좋은 솔루션이 될 수 있다.

그럼에도 불구하고 앱에서 가장 중요한 섹션의 우선 순위를 매기고 콘텐츠를 깔끔하게 정리할 수 있다면, 메뉴를 열기 위해 탭tap하지 않고도 항상 표시 가능한 탭 바tab bar 혹은 하단 내비게이션 같은 메뉴 유형을 사용할 수 있다. 모바일 우선주의는 솔루션에서 정말로 핵심 요소에 중점을 두기 위해서 모바일 사용자부터 시작하기를 추천한다(http://www.lukew.com/resources/mobile_first.asp).

덧붙여 앱에 메뉴 항목이 많다면 섹션과 그룹을 만들어서 이들을 논리적인 구조로 정리할 수 있다. 각각의 메뉴 항목에 넉넉한 공간을 남겨두는 방법의 또 다른 장점은 측면에 추가 정보를 표시할 수 있다는 것이다. 예를 들어 앱 런칭 혹은 지난번 버전 이후에 추가된 항목의 숫자나 섹션을 표시할 수 있다.

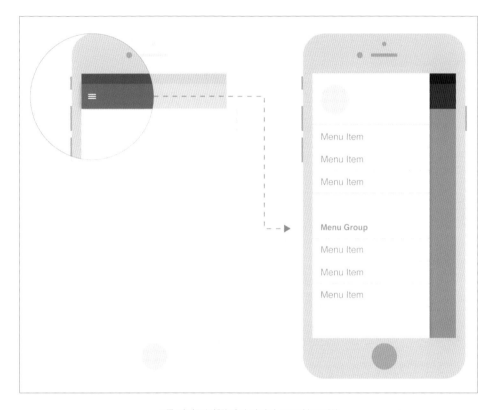

3줄 아이콘(왼쪽)과 슬라이딩 드로어(오른쪽)

상단 탭

상단 영역의 메뉴는 대부분의 언어가 위에서 아래 방향으로 적어 나가듯이 사용자가 일반적으로 읽어나가는 방향을 사용해서 정보를 표시한다. 이러한 배치는 모바일 인터페이스에 친숙하지 않은 사용자에게 특히 유용할 수 있다.

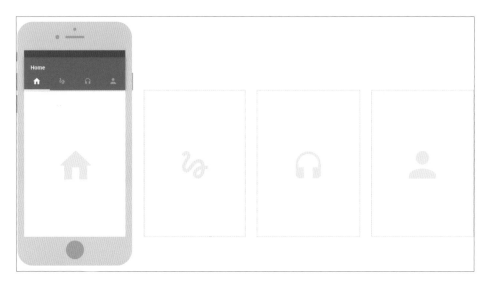

상단 영역 메뉴에 표시된 탭은 앱을 4개의 주요 섹션으로 분할한다.

이 메뉴 유형은 웹앱과 네이티브 앱 둘 다에서 사용되며, 안드로이드 앱에서 훨씬 보편적이다. 햄버거 메뉴와 함께 사용 가능하며 일반적으로 햄버거는 기본 메뉴, 상단 메뉴는 메뉴 항목의 선택이나 활성화된 화면을 하위 섹션으로 분할하는 용도로 사용된다.

하단 메뉴

이 유형은 iOS 앱에서 가장 흔히 사용되는 레이아웃이다. 안드로이드에서는 지난 몇 년간 이 방식이 그다지 인기가 없었으나, 최근에는 안드로이드 iOS 2개 버전 모두에서 하단 메뉴를 사용하는 앱이 많아졌다.

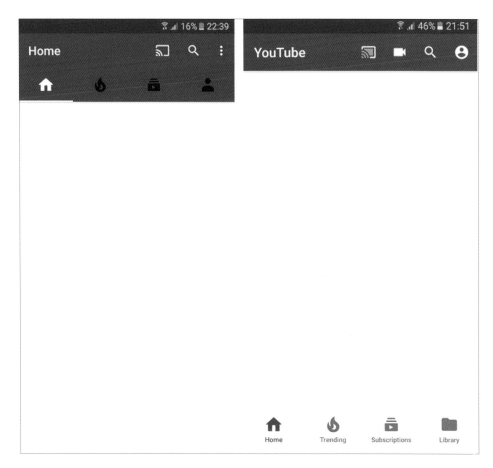

유튜브(YouTube) 같은 일부 앱에서는 서로 다른 버전의 메뉴를 테스트 중이다. 상단 메뉴(왼쪽)와 하단 메뉴
(오른쪽). 유튜브 앱의 스크린샷을 콘텐츠 삭제하고 편집(출처: 유튜브 앱 스크린샷)

하단 메뉴는 사용자의 엄지 손가락과 가깝기 때문에 큰 수고를 들이지 않고도 섹션을 쉽게 변경할 수 있다. 이는 스크린 상단에 위치한 메뉴를 능가하는 큰 장점이다. 앱 콘텐츠는 상단의 내비게이션 구조 때문에 밀어서 누를 필요가 없기 때문에 처음부터 사용자에게 더 잘 보인다. 또한 많은 모바일 사용자가 한 손으로 조작하기 때문에 메뉴를 엄지손가락이 닿는 곳에 놓는 것은 사용자 경험을 더 좋게 만들며, 수고를 덜어주고 관여도는 높여준다는 점을 염두에 둬야 한다.

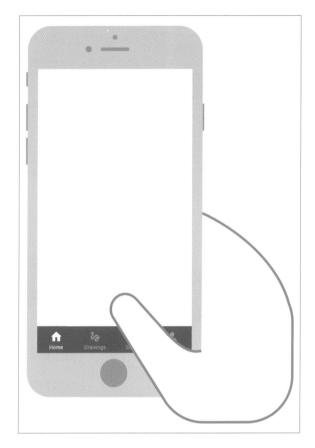

하단 메뉴는 엄지손가락으로 쉽게 조작 가능하다.

하단 메뉴는 모든 섹션이 스크린상에서 항상 표시될 수 있게 최대 5개의 섹션으로 앱 콘텐츠를 분할하도록 디자인된다. 가능하다면 섹션 각각에 터치 가능한 공간을 충분히 확보하는 디자인을 추천한다.

일부 복잡한 앱에서는 더 많은 섹션이 필요하며, 5개 중 하나를 누르면 추가 섹션에 접근할 수 있다. 보통 'more'라는 텍스트나 점 3개가 쉽게 이해할 수 있기 때문에 이 섹션에 많이 사용된다. 하지만 'more' 섹션을 포함하면 사용자가 특정 섹션을 찾기 위해선 추가로 터치해야 한다.

스크린에 기능을 배치해 내비게이션 촉진하기

최근에 모바일 스크린은 일반적으로 커지고 있다. 첫 번째 아이폰은 스크린이 3.5인치였지만, 새로운 아이폰과 안드로이드 기기는 스크린이 5인치 이상이다. 이 때문에 자주 쓰이는 기능을 엄지손가락이 닿는 범위 내에 위치시키는 것이 더욱 중요해졌다.

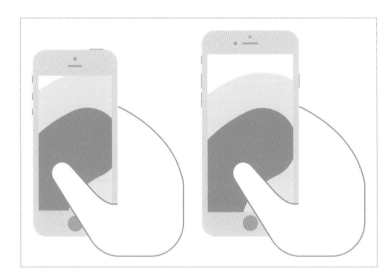

큰 스크린(오른쪽)은 한 손으로 조작할 때 상단 영역을 누르기가 더욱 힘들다.

스티븐 후버Steven Hoober의 조사에 따르면, 49%의 사람들이 모바일 폰을 한 손으로 사용한다고 한다(http://www.uxmatters.com/mt/archives/2013/02/how-do-users-really-hold-mobile-devices.php).

이전 버튼

이전back 버튼을 누르면 데스크톱에서 사용자가 이동한 경로를 저장하는 이동 경로 breadcrumb 같은 방식으로 바로 앞 화면으로 돌아갈 수 있다. 이 버튼은 단계가 많은 복잡한 프로세스, 사용자가 이전 화면에 있던 항목의 상세 보기에 들어갔을 때도 사용된다.

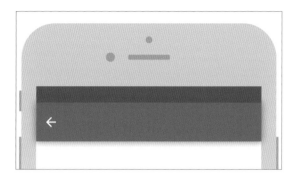

이전 버튼은 상단 왼쪽 모서리에 위치해야 한다.

이전으로 돌아가는 기능은 데스크톱 브라우저와 마찬가지로 상단 왼쪽에 대체로 위치한다. 아랍어 혹은 히브리어처럼 오른쪽에서 왼쪽으로 쓰는 언어의 경우에는 화살표가 오른쪽에 위치하며, 화살표 방향도 오른쪽을 향한다. 안드로이드와 iOS는 이 기능에 대한 아이콘과 스타일 가이드를 제공한다. 스펙 준수는 사용자의 빠른 이해에 도움이 된다.

멀티스크린 태스크

모바일에서는 복잡한 프로세스를 간단한 단계로 나누는 게 일반적이다. 한 화면에서 완료하기에는 너무 복잡한 태스크를 수행하기 위해서 사용자는 몇 개의 화면을 거치게 된다. 이러한 프로세스의 선형적인 성격에도 불구하고, 사용자에게 탐색의 자유도를 제공해야 한다. 사용자는 자신의 실수를 바로잡기 위해, 혹은 나중에 다시 돌아와 마무리 지으려고 미완성으로 남겨두는 경우 앞뒤로 이동할 수 있어야 한다. 작업을 마무리하는 것이 수고스럽고, 중간에 벗어날 때 그동안 만든 콘텐츠가 삭제된다면 이탈하는 행동의 결과를 사용자가 이해할 수 있게 만들어야 한다. 가능하다면 사용자가 나중에 이어서 할 수 있도록 초안을 저장하는 방법이 도움이 될 수 있다.

내비게이션 탐구하기

앱에서 자유로운 내비게이션을 제공해 사용자가 콘텐츠 구조에 관계없이 콘텐츠 간에 자유로이 이동하게 할 수 있다. 웹 브라우저에서 원하는 만큼 이전으로 돌아갈 수 있는 것과 동일한 방식으로, 사용자가 단계를 원하는 만큼 취소^{undo}할 수 있도록 앞서 방문한 화면을 앱에서 관리해야 한다.

사용자가 앞서 지나온 단계를 되짚어가길 원하지 않는다면, 사용자는 새로운 메뉴 옵션을 선택해서 새로운 탐색을 시작할 것이다. 만약 당신의 앱이 사용자가 이전 단계로 되돌아가는 기능을 지원하지 않는다면, 적어도 메뉴에 쉽게 접근 가능하도록 만들어야 한다.

플로팅 버튼

플로팅^{floating} 버튼은 스크린의 다른 요소 위에서 기능을 강조하기 위해 앱에서 흔히 사용한다. 플로팅 액션 버튼^{FAB, Floating Action Button}은 구글의 머티리얼 디자인 스타일 가이드^{Material Design Style guide}에서 소개됐으며, 안드로이드 앱에서 매우 일반적으로 사용한다.

이 요소는 스크린의 여러 영역에서 표시 가능하며 지도에도 많이 사용한다. 일반적으로는 엄지손가락이 닿는 영역과의 근접성을 고려해 스크린 하단에 주로 배치한다. 이 위치에서 현재 화면의 주요 기능에 아주 신속하게 접근할 수 있게 도와준다. 플로팅 버튼은 기본 내비게이션 메뉴가 상단에 위치해 사용자가 다음 동작을 취하기 위해 손을 뻗어야 하는 경우에 특히 유용하다.

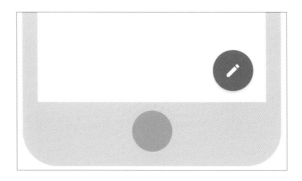

플로팅 버튼이 그림자 효과와 함께 화면 하단 오른쪽에 위치한다.

이 기능을 스크린의 다른 요소보다 눈에 띄게 강조해서 아주 유용하며, 사용자 시선을 사로잡게 만드는 것을 추천한다. 경우에 따라서는 플로팅 액션 버튼은 관련된 기능 세트에 접근하는 기능을 수행하기도 한다. 머티리얼 디자인 가이드에서는 이것을 스피드 다이얼^{speed dial}이라고 부르기도 한다.

알림

잘 사용된 알림은 사용자의 관여도를 매우 효과적으로 높이는 툴이다. 이를 사용하기에 앞서 사용자 승인을 받을 필요가 있다. 알림은 사용자를 불필요하게 방해하거나 아주 짜증나게 할 수 있기 때문에 사용자가 어떤 것에 흥미를 느끼는지를 파악하고, 그들에게 의미 있는 콘텐츠를 제공하는 것이 중요하다.

알림에서의 움직임

인간은 주변 시야를 통해 움직임을 손쉽게 알아챈다. 이 때문에 많은 디자이너는 움직이거나 반짝이는 요소를 알림에 사용한다. 우리의 뇌는 이러한 움직임을 해석하고 주의를 기울인다.

동그라미 힌트

쉽게 받아들이는 디자인 패턴은 무언가에 변화가 생겼음을 알려주는 동그라미다. 이 동그라미는 메뉴 아이템과 탭, 다른 요소 등에서 모두 사용된다. 알림을 남발하면, 특히 사용자 관심을 끌지 못하는 콘텐츠에서는 사용자가 알림에 응답하는 반응을 멈출 수 있다. 계속해서 알림을 보낸다면 사용자가 앱의 알림 허용을 취소하는 경우를 각오해야 한다.

탭에 무언가 새로운 알림이 있음을 동그라미로 표시한다.

내부에 숫자를 표시하거나 동그라미 외에는 다른 요소 없이 사용하는 것이 일반적이다. 내부에 숫자가 있는 경우에 해당 숫자는 사용자가 인터페이스에서 강조 표시가 된 요소를 클릭하면 확인하게 되는 신규 항목의 숫자를 의미한다.

앱 아이콘 알림 숫자 세기

뱃지^{badge} 앱 아이콘이라고 불리며, 모바일 폰의 홈 스크린에서 볼 수 있는 앱 아이콘은 이러한 유형의 동그라미를 숫자와 함께 모서리 중 한 곳에 표시한다. 이 숫자는 마지막으로 앱이 실행되고 나서 도착한 알림의 수를 의미한다.

대화상자

대화상자^{dialog}는 사용자의 신속한 반응을 이끌어 낸다. 대화상자는 사용자가 재빨리 대응하게 하기 위해 다른 행동은 못하게 막는다. 이는 대화상자를 거슬리고 성가시게 만든다. 그렇기 때문에 대화상자는 앱이 사용자의 인터랙션 없이는 진행할 수 없을 때, 혹은 중요한 정보가 삭제되거나 진행 중이던 긴 프로세스가 취소되는 경우처럼 예기치 않은 결과로 이어질 수 있는 행동에 대한 사용자의 확인을 받고자 할 때에만 사용돼야 한다.

대화상자를 사용하기에 앞서 사용자를 방해하지 않을 수 있는 다른 대안은 없는지 고려해봐야 한다.

2가지 옵션을 가진 장애물 같은 알림. 사용자는 앱을 계속해서 사용하기 위해 대화상자와 인터랙션해야 한다.

iOS와 안드로이드 플랫폼 모두 사용자와 인터랙션하고 이와 같은 반응을 얻어내는 각양각색의 디자인 옵션을 갖고 있다. 화면 중앙에 위치하는 대화상자부터 바닥에서 올라오는 옵션까지 다양하다.

플랫폼의 스타일 가이드를 따르는 것은 사용자가 이러한 유형의 대화상자와 인터랙션하는 데 익숙하고, 대화상자의 기능을 금새 알아챌 수 있기 때문에 좋은 생각이다. 이것은 사용자에게 짜증나는 상황을 막는 데 도움을 준다. 만약 자신만의 디자인을 만드는 경우에는 대화상자의 목표를 명확하게 전달하고, 급하지 않은 상황에서는 지나치게 불안을 조장하는 디자인을 피하도록 노력해야 한다.

미니어처가 있는 갤러리

이미지 갤러리는 다량의 항목을 그래픽 방식으로 보여주는 매우 유용한 디자인 요소다. 갤러리는 앱과 모바일 자체 시스템에서 모두 사용되기 때문에 사용자가 이전 경험을 통해 요소의 동작을 예상할 수 있다.

썸네일thumbnail로 보이는 항목은 인터랙티브해야 한다. 갤러리에서 이미지를 작은 사이즈로 보여주고 자세히 보기를 지원하지 않는다면, 사용자는 아마도 이미지와 인터랙션하면 이미지가 확대될 거라고 이해할 수 있다.

화살표

화살표와 화살표가 있는 오브젝트object를 탭핑할 때 사용자가 기대하는 움직임 사이에는 자연스러운 관련성이 있다. 일반적으로 위아래 화살표는 콘텐츠를 스크롤하거나 표시할 때 사용된다. 반면에 좌우 화살표는 스크린 사이에 앞뒤로 움직이는 것을 보여줄 때 주로 사용된다. iOS에서는 메뉴 옵션에서 화살표를 주로 사용한다.

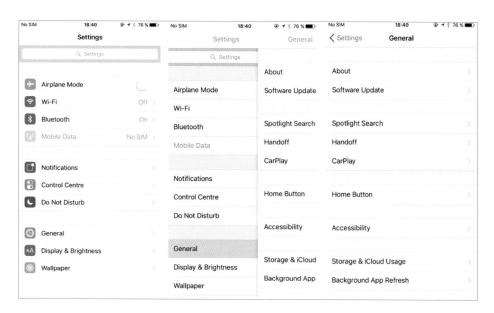

iOS 설정에서는 화살표를 사용해 하위 메뉴에 접근한다. 스크린은 오른쪽에서부터 나타난다. 이전 버튼에서는 반대 방향의 화살표를 표시한다(출처: iOS 설정 스크린샷).

모든 언어가 왼쪽에서 오른쪽 방향으로 읽지 않는다는 점에 주의해야 한다. 오른쪽에서 왼쪽 방향으로 읽는 언어에서는 화살표가 의도한 바와 반대로 해석될 수 있다.

세로와 가로 방향

최근의 스마트폰은 가속도계를 사용해 기기의 방향을 감지할 수 있다. 대다수의 사용자는 모바일을 세로로 사용한다. 일반적으로 세로 방향으로 사용해야 한 손으로 모바일을 사용할 수 있기 때문에 어떻게 보면 당연한 사실이다.

하지만 일부 앱은 가로 방향으로 사용하는 장점을 활용하기도 한다. 뛰어난 조작성이 요구되는 게임 같은 앱에서는 사용자가 가로 방향에서 양손을 모두 사용할 수 있다.

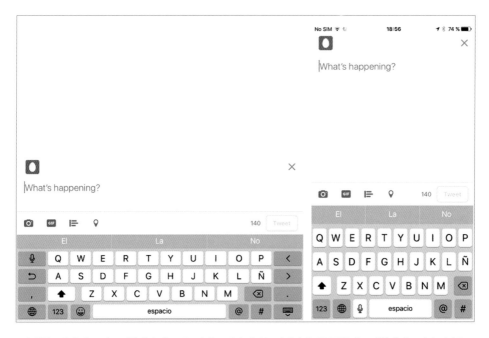

(왼쪽)트위터 앱은 가로 방향에서 키보드는 커지고 입력 영역은 작아지며, (오른쪽)세로 방향에서는 입력 영역은 커지고 키보드는 작아진다(출처: 트위터 앱 스크린샷).

앱에서는 이 같은 방향을 이용해 앱 콘텐츠를 보는 새로운 방식, 혹은 양손으로 사용할 수 있는 새로운 인터랙션 방법을 소개할 수 있다. 트위터 같은 앱은 가로 방향에서 더 큰 키보드와 버튼을 보여주지만, 한 손으로는 사용하기가 어렵다. 다른 비디오 앱에서는 가로보기 모드를 제공해 비디오를 전체 화면과 약간의 컨트롤 버튼으로 보여준다.

사용자 인터랙션

앱에서 관여도를 만드는 것은 점진적인 프로세스다. 처음 사용부터 사용자에게 다양한 수준의 인터랙션과 보상을 제공해야 한다. 보상은 더 적절하게 추천된 결과부터 다른 사용자와의 인터랙션, 혹은 상품에 이르는 다양한 형태로 주어질 수 있다.

가장 흔히 사용되는 몇 가지 인터랙션에 대한 인사이트를 설명한다.

원 탭 인터랙션

사용자가 앱에서 할 수 있는 가장 간단한 행동은 탭이다. 관여도 향상을 목표로 하는 대부분의 앱에서는 이처럼 간단한 기능을 제공한다. 하트 혹은 좋아요[thumbs up] 같은 기능을 쉽게 찾을 수 있다.

일반적으로 사용되는 원 탭(one-tap) 인터랙션 아이콘

이들의 기능성은 매우 효과적이다. 사용자의 간단한 참여 덕분에 앱은 사용자 선호도를 기반으로 향후에 더 좋은 결과를 제공할 수 있다. 추가로 이를 통해 앱의 어떤 콘텐츠가 다수의 사용자 흥미를 끄는지를 알 수 있다.

공유 기능

우리는 본질적으로 사회적이며, 이는 우리가 세상을 바라보는 방식에 영향을 미친다. 사람들은 서로 연결되길 원한다. 소속감은 우리가 종족으로서 진화한 사실과 밀접하게 관계되며, 우리가 앱과 인터랙션하는 방식에도 영향을 미친다. 이는 다양한 방식으로 앱에서 표현된다. 누군가를 팔로우하기, 친해지기, 친구 사귀기, 혹은 콘텐츠 공유하기가 그런 방식 중 일부다.

앱은 그 목적에 따라 각자만의 소셜social 용어를 개발할 수 있다. 공유는 모든 종류의 소셜 앱에서 쉽게 발견되는 기본 용어 중 하나지만, 다양한 방식으로 표현될 수도 있다. 각각의 플랫폼에서는 이 기능에 대해 자신만의 디자인 패턴을 개발해왔기 때문에 같은 기능이지만 서로 다른 아이콘을 사용할 수 있다. 하지만 이 모두가 사용자에게 효과적인 방법은 아니다.

안드로이드에서는 연결된 3개의 점이 가장 일반적인 아이콘인 반면에, iOS 사용자는 위로 향하는 화살표가 있는 박스 형태에 익숙하다. 또한 iOS에서 전에 사용된 오른쪽으로 향하는 화살표가 있는 박스나 일부 구글 제품에서는 머티리얼 디자인에서 사용된 오른쪽 방향의 화살표도 발견할 수 있다.

일반적으로 사용되는 공유 아이콘

사용할 아이콘을 정할 때 몇 가지 요인을 고려해야 한다. 한 가지 옵션은 모든 사용자를 하나의 그룹으로 쳐서 그들이 더 잘 받아들이는 아이콘을 찾는 것이고, 또 다른 옵션은 각각의 플랫폼에서 가장 효과적인 아이콘을 사용해 사용자 그룹별로 맞춤화된 경험을 제공하는 것이다.

댓글과 후기

댓글comment은 사용자와의 인터랙션을 형성한다. 타임라인 안에서 우리는 대화가 어떻게 전개됐고 참여했는지를 분석할 수 있다. 이러한 유형의 인터랙션을 포함시키는 것은 제품 혹은 동영상에 신뢰성을 부여하며, 사용자 주의를 사로잡고 그들이 플랫폼과 인터랙션할 수 있도록 끌어당긴다.

사용자 주의를 사로잡고 싶다면 댓글을 단 사람의 이미지를 포함시켜야 한다. 사람들은 말보다 이미지를 더 잘 기억한다. 이것을 그림 우월성 효과Picture Superiority Effect(https://en.wikipedia.org/wiki/Picture_superiority_effect)라고 부르며, 다른 사람의 이미지를 보여줄 때 매우 효과적이다.

부차적인 기능

데스크톱 솔루션에서 마우스가 구성 요소의 상단에 위치하거나 요소 위에서 오른쪽 클릭을 했을 때 이와 관련된 기능을 보여줄 수 있다. 하지만 모바일에서는 이같이 다양한 유형의 부차적인 기능 제공이 훨씬 더 복잡하다.

삼성 혹은 애플 같은 브랜드는 모바일 스크린에서 인터랙션하는 새로운 방법을 테스트 중이다. 삼성의 에어 뷰Air View 기술은 손가락이 스크린에 닿기 전에 움직이는 동작을 감지할 수 있고, 애플의 3D 터치 기술은 서로 다른 레벨의 압력을 알아낼 수 있다.

또한 소프트웨어 레벨에서 개발자는 사용자 경험의 질을 높이기 위해 다양한 솔루션을 테스트한다. 제스처를 통해 부차적인 기능을 보여줄 수 있는 새로운 옵션을 찾아볼 수 있으며, 길게 탭하는 동작은 가장 많이 사용되는 제스처 중 하나다. 하지만 이러한 제스처는 구성 요소가 넘기기, 확대/축소 혹은 회전 가능하다는 점을 알려주는 간단하고 신뢰할 만한 방법은 아닐 수 있으므로, 일반적으로 사용자가 발견하기 어려우며 별도의 학습이 필요하다.

제스처는 편리한 단축키가 될 수도 있지만, 이를 주요 기능을 지원하는 유일한 방법으로 사용하는 것은 주의해야 한다. 예를 들어 '길게 탭하기'는 그리드 스타일로 보기에서 다중 선택 모드에 진입하는 용도로 사용될 수 있다. 길게 탭하기 제스처 혹은 3D 터치 기능을 사용한다면, 화면상에서 탭으로 접근 가능한 일반적인 메뉴로 동일한 기능을 실행하는 대안을 함께 제공하는 것이 바람직하다. 고급 사용자들은 이와 같은 부가 기능의 혜택을 입고, 일반 사용자들은 동일한 기능을 수행하는 방법을 계속해서 가질 수 있다.

에러 처리

우리는 앱이 작동을 멈추지 않고 사용자가 항상 그들의 태스크를 수행하는 방법을 손쉽게 찾을 수 있도록 노력하지만, 사람과 시스템 모두 문제가 생기는 경우가 발생하기 마련이다. 이런 상황이 발생했을 때 우리가 해야 하는 일은 사용자에게 상황을 적절히 알리고, 문제를 해결하는 데 유용한 정보를 제공하는 것이다.

에러는 사용자에게 방해가 되며 아무도 이를 좋아하진 않지만, 실제 생활에서 지속적으로 발생한다. 이러한 상황을 최대한 인간적으로 다뤄야 하며, 부정적인 상황을 즐거운 경험으로 전환시키려는 노력을 기울일 수 있다.

에러 메시지를 만드는 몇 가지 팁은 다음과 같다.

- **에러를 사용자가 이해하기 쉽게 설명하기**: 사용자는 서버 언어로 말하지 않을뿐더러 코드를 이해하지도 못한다. 다른 사람에게 말하듯이 에러를 표현해야 한다. 사용자를 혼란스럽게 만들고, 문제를 해결하기 더 어렵고 복잡하게 보이게 만들 수 있는 기술적인 용어는 피해야 한다.
- **비례하는 언어를 사용하기**: 모든 에러가 동일하게 심각하진 않으며, 이는 에러 설명에도 반영돼야 한다. 에러 상황을 표현하는 심각성은 사용자의 에러 인지에도 영향을 준다. 이러한 에러가 심각한 결함으로 이어지지 않을 거라고 안심시키는 부드러운 언어를 사용해야 한다.
- **가급적 방해를 줄이기**: 인터페이스 요소를 사용해 문제의 심각성에 맞는 에러를 표시해야 한다. 앱 작동을 방해하는 에러를 사용자에게 알려야 할 때, 에러는 사용자를 방해하고 진행을 위해서 사용자의 액션을 요구할 수 있다. 예를 들어 앱을

지원하는 서버 고장으로 앱이 작동하지 않을 수 있다. 하지만 앱의 전반적인 작동에 영향을 주지 않는 에러는 부분적으로 표시돼야 하며, 사용자가 앱의 다른 영역을 사용하는 것은 허용해야 한다. 일부 앱에서는 앱의 다른 부분에 기능 이상이 있더라도 사용자가 계속해 진행하는 것을 허용한다. 예를 들어 인터넷 접속이 불안정하다고 알리면서도, 사용자가 로컬 콘텐츠나 이미 로딩된 콘텐츠를 둘러보는 동작을 계속할 수 있다.

- **가능하다면 솔루션 제공하기**: 에러 메시지에 무엇이 잘못됐는지를 설명하는 것에 덧붙여 에러 해결 방법을 알려준다면 사용자들은 이를 환영할 것이다. 에러 메시지에 탭이 가능한 기능을 포함시켜서 사용자가 문제 해결 방법을 찾아가게 할 수도 있다. 에러 해결로 사용자를 안내하는 것은 경험을 더 만족스럽게 만드는 데 도움을 주고, 앱이 복잡하다거나 선행 학습이 필요하다는 느낌을 줄여준다.

- **사용자가 찾아보거나 취소할 수 있게 허용하기**: 즉시 해결될 필요가 없는 에러에서는 사용자가 찾아보면서 상세 정보를 얻거나, 취소하고 문제를 나중에 해결할 수 있게 해야 한다. 정상적으로 작동하려면 앱의 특정 섹션에서 사용자의 조작이 필요하다는 점을 알릴 수 있다. 문제 해결을 위해 더 자세한 정보를 얻고자 사용자가 몇 가지 동작을 취했더라도 나중에 해결하기로 결정할 수도 있다. 가능하다면 사용자의 내비게이션 이력을 남겨둬서 사용자가 앞서 했던 태스크를 복구할 수 있게 해야 한다.

오버레이 팁

사용자에게 새로운 흐름을 디자인할 때 목표는 따로 설명이 필요 없다. 물론 이는 쉽지 않거나 어쩌면 불가능할 수도 있다. 적절한 타이밍에 등장하는 도움말 메시지는 사용자가 길을 잃는 것을 막아줄 수 있다.

오버레이overlay 팁을 사용해 최근에 앱에 추가된 신기능을 설명하거나, 사용자가 써본 적 없는 기능을 강조할 수 있다. 지속적으로 개선된 앱은 살아있는 앱이지만, 변경은 사용자가 기능을 찾지 못할 확률을 줄여나가면서 신중하게 진행해야 한다.

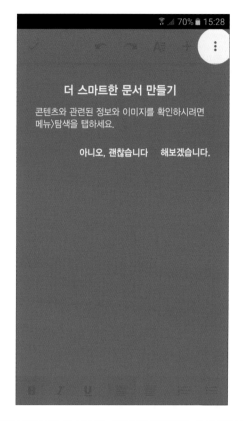

새로운 아이콘을 찾았을 때 표시되는 메시지는 사용자가 인터페이스를 이해하도록 도와주지만, 환영 프로세스에 지나치게 많은 정보를 담는 것은 사용자에게 번거로울 수 있다.

방어벽

방어벽roadblock은 사용자에게 메시지를 보여주는 대화상자의 한 종류다. 방어벽은 전체 화면을 점유하며, X 혹은 건너뛰기를 제공해 메시지를 읽고 싶지 않은 사용자는 창을 닫을 수 있다. 다른 방해와 마찬가지로 아주 신중하게 사용해야 한다.

사용자에게 신기능을 소개하는 방어벽 메시지(출처: 링크드인 앱 스크린샷)

목적이 무엇이든 간에 읽는 순서상 메시지의 끝 부분에 버튼을 두는 것이 바람직하다. 여러 개의 옵션 중에 하나를 선택해야 하는 게 아니라면, "**알겠습니다**^{Got it}" 혹은 "**OK**" 라고 버튼에 적는 것이 다음 동작에 대한 사용자의 혼란을 막는 데 도움이 된다. 사용자의 행동을 유도하는 경우에는 사용자에게 행동을 강요하지 않고 방어벽을 벗어날 수 있게 하는 옵션을 포함시키는 것이 좋다. 예를 들어 프로세스를 이어가고 싶지 않은 사용자가 선택할 수 있도록 "**나중에 할게요**^{Not now}"라고 적힌 버튼을 사용할 수 있다.

이 기법은 보여줘야 하는 메시지가 매우 중요하거나 혹은 사용자에게 쉽게 받아들여지며 결과적으로 사용자 경험을 개선시킬 때 유용하다. 늘 그렇듯 실제 사용자에게 테스트해보는 방법이 가장 좋다. 최근의 분석 기법을 사용하면 이러한 요소가 어떻게 작동되는지 볼 수 있으며, 심지어 텍스트를 다르게 하면 해당 효과가 어떤지 비교 분석도 가능하다.

콘텐츠 내부 메시지

사용자 인터랙션을 덜 거슬리게 하는 옵션은 **콘텐츠 내부 메시지**in-content message다. 이 기법은 앱의 콘텐츠 섹션 사이에 메시지를 통합하는 방법으로 이뤄진다.

예를 들어 뮤직 앱을 디자인한다면 뮤직 선곡 목록 사이에 취향이 유사한 다른 사용자와 연결하는 메시지를 소개할 수 있다. 적절한 위치를 찾고, 메시지를 지나치게 많이 보여주지 않는 것이 콘텐츠 자체를 의미 없게 만들 수 있는 과도한 방해를 막는 비결이다.

콘텐츠 내부 메시지는 콘텐츠 섹션 내부에 표시된다.

이 기법은 지난번 버전에서 새롭게 추가한 신기능을 사용자가 사용하기 위한 첫 단계를 내딛도록 돕거나, 혹은 그들이 일반적으로 찾아본 적 없는 앱의 특정 영역을 소개해준다. 앱 맞춤화, 나아가 사용자 경험을 개선하기 위한 새로운 사용자 데이터를 수집하는 용도로 이 기법을 사용할 수도 있다.

콘텐츠 상단에 메시지 표시하기

방어벽 메시지와 콘텐츠 내부 메시지의 중간 단계로 콘텐츠 상단, 혹은 포스트잇 형태로 놓인 메시지가 있다. 방어벽만큼 거슬리지는 않지만, 눈에 쉽게 띄고 사용자가 기대하는 결과를 방해하긴 한다.

사용자에게 전달하려는 메시지가 사용자 경험에 큰 영향을 미칠 때에는 이 유형의 메시지를 사용하는 방법이 편리하다. 이러한 유형의 인터랙션에서 사용자가 갖게 되는 인식은 그들이 대인관계에서 갖는 인식과 매우 유사한 논리를 따른다. 메시지가 앱에 더 원활한 적응과 맞춤화된 사용자 경험처럼 가치 있는 것을 제공한다면, 사용자는 해당 쓰임새를 더 잘 이해할 수 있다.

트위터 앱의 콘텐츠 상단에 표시되는 콘텐츠 내부 메시지. 메시지 박스를 강조하기 위해 스크린샷 편집
(출처: 트위터 앱 스크린샷)

다른 모바일 사용자 인터페이스 디자인 패턴

이 섹션에서 다룬 2개의 플랫폼과 다른 모바일 플랫폼의 스타일 가이드를 주의 깊게 읽어 보길 바란다.

스타일 가이드에는 앱에서 사용 가능한 예제와 아이디어가 가득하며, 앱을 디자인할 때 모든 디자이너가 마주치게 되는 공통 문제점을 해결해줄 수 있다. 가이드에서는 많은 디 자인 패턴이 폭넓게 다뤄지고 연구되며, 좋은 사용자 인터페이스를 만드는 방법의 예제와 피해야 하는 전형적인 에러의 목록을 제공한다.

그러나 각각의 앱은 저마다 특색이 있고, 사용자 그룹마다 디자인 솔루션에 대해 서로 다르게 반응한다. 따라서 당신의 디자인에 대해 반복적인 테스트 진행을 추천한다. 사용자 들은 그들의 행동을 통해 당신의 디자인 솔루션이 효과적인지 아닌지를 말해줄 것이다. 디 자인 가이드 준수가 인터페이스를 명확하고 자연스러운 방식으로 정리하는 데 도움을 주 긴 하지만, 사용자가 선호하는 세부 사항을 찾는 것은 테스트와 학습을 통해 얻어내야 하 는 과제다. 모든 실수나 잘못은 궁극적인 솔루션으로 한 걸음 더 가까이 데려다 줄 것이다.

모바일 디자인 행동 패턴

이 섹션에서는 몇 가지 행동 디자인 패턴과 이를 사용해 특정 프로세스를 최적화하거나 사 용자 경험을 더욱 효과적으로 조정하는 방법을 다룬다. 프로젝트마다 특성이 다르기 때문 에 상황에 맞는 패턴 선택이 디자인 프로세스의 핵심 결정 요소다.

세심하게 계획된 디자인 패턴은 다양하며, 스스로 이를 읽어보고 연구하는 것은 사용자를 이해하는 지름길이다. 수천 개의 앱에서 새로운 인터페이스를 끊임없이 테스트하기 때문 에 사용자들이 가장 자주 접하는 인터페이스를 잘 알고 있는 것은 디자이너가 가져야 할 필수적인 도구다.

점진적인 노출

이 기법은 앱의 기능성을 사용자의 전문적인 기술 수준에 맞게 조정하는 것으로 이뤄진다. 경험이 적은 사용자들은 앱의 간소화 버전을 보게 되는 반면, 고급 사용자들은 더 많고 복잡한 기능 세트를 접하게 된다. 모든 사용자가 자신의 니즈에 맞는 앱을 보게 만들어야 한다. 신규 사용자는 시간이 지나가면서 전문가가 되고 새로운 기능을 발견하게 된다.

동일한 기법을 다른 변수에도 적용할 수 있다. 예를 들어 제공된 기능의 전체 세트를 활용하는 사용자들에게는 더 많은 인터랙션을 요구할 수 있는 반면, 앱을 가끔 이용하는 사용자에게는 더 높은 관여 수준을 얻어내기 위해서 이와는 다른 대우를 제공할 수 있다.

느긋한 로그인

앱에서 사용자 등록은 서서히 전개된다. 이전에는 콘텐츠에 접근하려면 등록을 필수적으로 요구하는 것이 일반적이었지만, 최근에는 사용자가 앱과 접하는 처음 몇 초간의 순간을 대단히 중요하게 여기기 때문에 콘텐츠를 보기 전에 장애물을 추가하면 사용자 등록 프로세스에서 전환율이 떨어질 수 있다. 그 때문에 많은 앱에서 유연한 사용자 등록을 활용하면서 익명의 방문자가 앱을 사용하고 콘텐츠 읽어보기를 허용하고, 꼭 필요한 경우에만 등록을 요구한다.

사용자 등록을 필수화하기에 적절한 시점인지를 판단하는 몇 가지 방법이 있다. 어떤 앱에서는 사용자가 플랫폼과 인터랙션하길 원할 때 사용자 등록을 요구한다. 반면 다른 앱에서는 미등록된 익명의 사용자들이 그들 자신의 의지로 가입을 결정할 때까지 앱과 인터랙션하는 것을 허용한다.

일부 인터랙션은 특정 사용자와 결부될 때 더 큰 신뢰성을 얻게 되기 때문에 어떤 시스템을 사용할지에 대한 선택은 앱의 본질에 기초를 둔다. 리뷰의 경우 이름과 사진이 함께 있는 리뷰가 익명의 리뷰보다 더 신뢰할 수 있고 영향력이 클 것이다. 하지만 '좋아요' 같은 인터랙션은 익명의 사용자와도 완벽하게 작동한다.

아래로 밀어서 리프레시하기

이것은 널리 사용되고 쉽게 인식되는 디자인 패턴이다. 데스크톱에서 F5 버튼을 눌러 웹페이지를 업데이트하듯이, 사용자는 스크린을 아래 방향으로 잡아당김으로써 결과가 업데이트되리라고 예상한다.

사용자 제스처에 시각적 피드백을 추가하려면 일종의 스피너spinner를 포함시켜 스크린 상단이 늘어나는 동안에 사용자의 손가락 움직임을 따르게 한다.

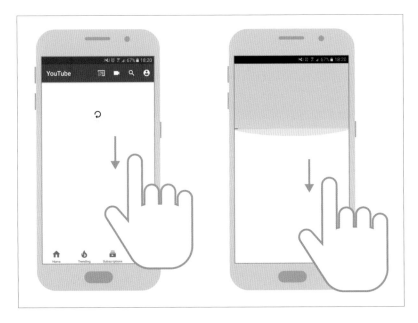

아래로 내리는 스피너(왼쪽)와 사용자에게 보이는 피드백(오른쪽). 사용자 인터페이스에 초점을 맞추기 위해
콘텐츠는 삭제한 스크린샷(출처: 유튜브 스크린샷)

본래 이러한 종류의 기능을 지원하지 못하는 앱에서도 이 디자인 패턴을 사용해 사용자가 업데이트해보도록 유도할 수 있다는 점이 중요하다. 이 경우에는 사용자 제스처가 인식됐지만 결과가 생성되진 않는다는 사실을 알려주는 힌트를 추가하는 것이 편리하다.

일부 앱에서는 사용자가 아래로 내릴 때 길어지는 그림자를 추가하거나, 동일한 효과를 내기 위해 화면 상단을 늘리기도 한다.

검색 추천

적합한 검색 시스템을 제공할 때 사용자의 멘탈 모델에 맞게 앱을 제대로 구조화하는 것이 중요하다. 유튜브처럼 콘텐츠가 많은 앱에서는 메뉴를 통한 브라우징으로는 모든 콘텐츠에 도달하기가 현실적으로 불가능하다.

사용자가 돋보기 혹은 검색 상자를 탭하는 순간, 검색 프로세스의 사용자 경험에 공을 들이기 시작할 수 있다. 일반적으로는 사용자가 자신이 수행하는 태스크에 집중할 수 있도록 스크린의 다른 항목을 제거하는 것이 좋은 아이디어다.

가능하다면 사용자 입력을 줄이기 위해 지능적인 제안을 해야 한다. 예를 들어 비디오 앱에서 공통 카테고리나 일반 대중이 관심을 가질 결과를 제공할 수 있다. 사용자가 동일한 콘텐츠를 몇 차례 검색한 앱에서는 이전 검색이라는 제안을 제공할 수 있다.

구글 맵(왼쪽)과 트립어드바이저(오른쪽)는 공통 카테고리를 제안한다
(출처: 구글맵, 트립어드바이저 스크린샷).

사용자가 무언가 적기 시작하는 순간 단어 제안과 결과를 우리가 가진 정보와 함께 제공할 수 있다. 사용자가 자신이 찾던 정보를 재빨리 찾는다면 우리는 그들의 입력 수고를 덜어줄 수 있다.

검색 결과가 없다면 사용자가 새로운 검색 여정을 시작할 수 있게 전환 옵션을 제공하는 것이 좋은 아이디어다.

상호성

어떤 행동은 인간의 본성과 관련성이 높으며, 이들 중 하나가 상호성^{reciprocity} 효과다. 누군가에게 호의를 베풀면 상대방은 일반적으로 은혜를 갚아야 한다는 마음을 갖는다. 이러한 행동 유형이 어떻게 수 천년 동안 인간들이 공동의 이익을 위해 협동하고 생존할 수 있게 만들었는지를 상상하기란 어렵지 않은 일이다.

상호성은 앱의 가상 세계에서도 적용된다. 플랫폼이 무언가 가치 있는 것을 준다는 느낌을 받으면 사용자는 플랫폼과 더 인터랙션하고 싶은 느낌을 갖게 된다.

우리는 이 행동을 이용해 사용자가 앱과 인터랙션하게 만들 수 있다. 사용자의 수고를 부탁하기에 앞서 그들에게 가치 있는 무언가를 제공한다. 그리고 나서 인터랙션을 요구하면 사용자는 기꺼이 참여하려 할 것이다. 예를 들어 사용자가 저녁을 하러 외출했을 때 좋은 음식점을 추천한다면, 사용자는 그 후에 기꺼이 음식점에 대한 의견을 남기려고 할 것이다.

▌ 안드로이드와 iOS 차이점

처음에는 각각의 플랫폼이 매우 다른 스타일을 갖고 있었다. 최근에는 두 플랫폼 모두 무난한 요소와 최소한의 인터페이스를 사용하는, 공통적이고 더 단순한 스타일로 나아가는 중이다. 하지만 각각의 플랫폼 사용자에게 더 친숙한 경험을 원한다면 디자인 변경으로 적용 가능한 작은 차이가 있다.

166

각각의 플랫폼 스타일 가이드를 읽어보고 이해하는 것은 매우 중요하다. 안드로이드에서는 머티리얼 디자인 가이드(https://material.io/guidelines/), 애플에서는 **iOS 휴먼 인터페이스 가이드라인**(https://developer.apple.com/ios/human-interface-guidelines/overview/design-principles/)을 확인할 수 있다. 두 가지 모두 콘텐츠 구조화 및 인터페이스 디자인의 일반적인 문제점에 대한 솔루션을 제공한다. 앱의 시각적 아이덴티티identity와 스타일 가이드라인 적용 사이에서 균형을 찾아야만 한다.

물리적 버튼

iOS 시스템은 애플 제품에만 사용되는 반면에 구글에서 공급한 안드로이드 시스템은 다양한 회사에서 다수의 기기에 적용된다.

iOS 기기는 스마트폰의 전면에 동그란 버튼이 하나 있는 게 특징이다. 이 버튼은 기기의 터치스크린 아래 부분의 중앙에 위치한다. 이전으로 돌아가기, 혹은 가상 키보드 숨기기 같은 기능은 앱 자체에서 처리된다.

하지만 안드로이드 기기에서는 이와 다른 형태를 확인할 수 있다. 삼성 같은 브랜드에서는 홈 버튼, 이전 버튼, 기능 버튼으로 구성된 3개의 버튼을 사용하며, 일부는 물리적이고 다른 일부는 촉각적 형태이며 기기 전면부의 스크린 하단에 위치한다. 모토로라 같은 다른 브랜드에서는 디스플레이 자체에 버튼이 통합된 기기를 생산한다. 검색 버튼을 추가해 4개 버튼이 제공되는 안드로이드 스마트폰도 있다. 이러한 형태는 안드로이드 사용자가 이전 버튼을 사용해 단계를 취소하거나 키보드를 닫는 동작처럼 안드로이드 사용자가 당신의 앱과 인터랙션하는 방식에 영향을 미친다.

이러한 차이점이 와닿지 않는다면, 각각의 체제로 운영되는 기기를 적어도 하나씩은 광범위하게 사용해보기를 추천한다. 두 개의 시스템에서 동일한 앱의 차이점을 제대로 인식하는 것은 최고의 회사에서 개발자들이 사소한 조정을 어떻게 해결하는지, 그리고 어떤 순서로 경험을 모든 사용자에게 더 친숙하게 만드는지를 살펴보는 데 도움을 줄 것이다.

스크린 밀도와 기능

각양각색의 스크린과 하드웨어 기능을 가진 모바일을 대상으로 하는 개발이 이제는 상당히 일반적인 일이긴 하지만, 당신의 디자인과 기능성은 다양한 해상도와 영상 비율에 맞춰 조정될 필요가 있다. 다양한 기기에서 최종 앱을 테스트하는 것은 솔루션의 품질을 보장하기 위해 필수적이다.

iOS의 경우에는 애플 기기에서 앱을 테스트하면 되지만, 안드로이드의 경우에는 다양한 제조사에서 나오는 기기에서 테스트해야 한다. 제조사는 그들의 목표 고객에 맞는 서로 다른 시장 기준에 따라 제품을 생산하고, 그들만의 독특한 니즈에 맞춰 운영체제를 변경할 수 있다.

우리의 최종 고객이 각기 다른 운영체제 버전을 사용할 수도 있으며, 이는 사용자 인터페이스의 구성 요소에 영향을 미칠 수 있다. 시스템 자체 구성 요소를 사용하면 사용자 경험이 사용자의 기존 지식과 더 잘 통합될 수 있긴 하지만, 가변성의 요소가 늘어난다는 점은 고려돼야만 한다.

UI 구성 요소

다음은 UX를 향상시키는 UI 구성 요소 중 일부다.

- **메뉴**: iOS는 스크린 하단에 앱 메뉴를 제공하는 방법이 특징인 반면에, 안드로이드 개발자는 앱 개발에서 더 많은 유연성을 갖는다. 메뉴를 하단과 상단 양쪽 모두에 탭 혹은 드로어 형태로 제공하는 앱 찾기는 어렵지 않다. 최근의 트렌드에서는 다수의 앱이 안드로이드에서 하단 메뉴를 포함하며, 구글도 머티리얼 디자인 가이드라인에서 이러한 트렌드를 이미 고려해왔다.
- **룩앤필**look and feel: 머티리얼 디자인 가이드는 그림자로 표시하는 가상 높이, 플로팅 액션 버튼, 혹은 중력 감지와 관련된 움직임 같은 요소가 특징이다. iOS는 일반적으로 그림자 사용에 더 조심스러우며, 반투명한 효과와 평평한 스타일을 조합해 메뉴와 대화상자에 사용한다.

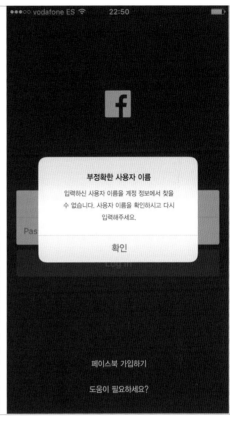

안드로이드(왼쪽)와 iOS(오른쪽)에서의 페이스북 앱 대화상자(출처: 페이스북 앱 스크린샷)

- **아이콘**: 앱이 다양한 플랫폼에서 지원되는 경우 각각의 플랫폼에 맞춰 아이콘과 그래픽 세트를 개발할지, 아니면 하나의 시각 스타일로 모든 플랫폼을 대응할지를 결정할 필요가 있다. 선도 기업들이 운영하는 앱에서 2가지 접근법을 확인할 수 있다.

  플랫폼별로 차이를 두지 않은 앱에서는 단순한 단색 아이콘 혹은 두꺼운 선과 함께 속이 빈 아이콘을 사용하며, 이러한 유형의 아이콘은 다양한 스크린 사이즈와 해상도에서도 매우 잘 작동한다. 아이콘을 플랫폼에 맞춰 조정하는 앱은 iOS에서 더 얇은 아이콘을 주로 쓰며, 반전된 단색 아이콘을 사용해 탭 바와 일부 기능에서 선택된 상태를 표시한다. 안드로이드에서는 단색과 굵은 테두리에 빈 아이콘을 쓰며, 색상과 불투명도를 이용해 다양한 상태를 표시한다.

다양한 플랫폼을 대상으로 프로젝트 개발이 진행된다면 플랫폼 자체의 기본 스타일과 당신의 브랜드 아이덴티티 사이에서 균형을 찾아야만 한다. 프로젝트 특성에 따라 사용자가 기기를 바꿔가며 앱을 사용할 수도 있다. 일반적인 시각 디자인을 제공하면 사용자가 다른 기기를 쓸 때도 더 쉽게 기능을 인지할 수 있다.

다양한 앱이 플랫폼에 맞게 아이콘을 조정하는 방법 – 사용자 인터페이스 요소를 강조하기 위해 스크린샷 편집
(출처: 링크드인, 인스타그램, 페이스북 스크린샷)

- **폰트**: 앱에서 사용할 폰트 선택은 사용자 경험의 특징에 큰 영향을 미친다. 모바일 스크린에서의 가독성은 사용자 인터페이스의 모든 구성 요소 사이에 간격을 분배할 필요가 있기 때문에 더 복잡할 수 있다.

  폰트 선택은 브랜드 이미지에 영향을 받을 수도 있으므로, 우리는 기능성과 디자인 사이에서 균형을 찾을 필요가 있다.

2개의 운영체제 모두 좋은 가독성을 지닌 최적화된 폰트를 갖고 있으며, 최적화가 미흡한 폰트 그룹이 가독성을 크게 해치는 시나리오를 만드는 경우를 피하려면 최적화된 폰트를 사용하는 것이 적절하다.

> **Roboto**
> Lorem ipsum dolor sit amet, consectetur adipiscing elit.
>
> **Helvetica Neue**
> Lorem ipsum dolor sit amet, consectetur adipiscing elit.
>
> **SF UI Display**
> Lorem ipsum dolor sit amet, consectetur adipiscing elit.

Roboto, Helvetica Neue, SF UI 디스플레이 폰트는 멀티스크린 환경에 매우 적합하다.

▌ 실용적으로 진행하기

디자인 솔루션을 구현할 기술을 직접 아는 것은 중요하기 때문에 적어도 운영체제별로 하나의 기기를 갖고 있어야 한다. 가능하다면 기기와 친숙해지고 하루 종일 개인적으로 써보자. 다양한 현상은 특정 태스크를 수행할 때가 아니라 우연히 발견되기 때문이다.

다양한 솔루션 탐구하기

앱이 다양한 플랫폼에 맞춰 어떻게 조정되는지를 연구하고 비교해야 한다. 운영체제는 수많은 디자인 패턴을 적용하고 복잡한 문제를 해결하기 때문에 안드로이드와 iOS 둘 다를 꼼꼼하게 분석해야 한다.

솔루션을 개발하는 목표에 따라서 자신의 솔루션을 분석하고 평가한다. 어떤 솔루션은 대규모 사용자 그룹에게 적절한 반면, 다른 솔루션은 소규모 혹은 특정 그룹에게 더 도움이 될 수 있다. 최종적으로 앱을 사용할 목표 사용자 그룹에 맞게 솔루션을 조정해야 한다.

▎ 요약

4장에서는 웹앱이 어떻게 미디어 쿼리를 사용해 다양한 스크린 사이즈에 맞게 조정되는지를 확인할 수 있었다. 또한 공통 디자인 패턴이 어떻게 앱 디자인 프로세스에서 되풀이되는 전형적인 문제점을 해결하는 데 도움을 주는지를 배울 수 있었다.

현재 시장을 지배하는 2개의 주요 모바일 플랫폼 간의 차이점에 대해서도 다뤘다.

5장에서는 디자인 솔루션의 세부 사항을 와이어프레임과 목업으로 어떻게 제공하는지, 그리고 정확한 스펙 파일을 어떻게 만드는지를 설명한다.

05

솔루션 구체화하기
– 와이어프레임과 목업

"간략하게 설명할 수 없다면 제대로 이해하지 못한 것이다."

– 알버트 아인슈타인Albert Einstein

아이디어 탐구 초기 단계에서는 신속한 드로잉이 가장 효과적인 도구지만, 솔루션을 더 상세히 기술할 필요가 있다. 더 구체적인 디자인 솔루션을 와이어프레임을 사용해 도식적으로, 혹은 목업mockup을 통해 더 실감나는 방식으로 표현할 수 있다. 각각의 기법은 특정 목표를 충족시키기에 적절하며, 당신이 해결해야 하는 문제의 유형에 따라 둘 중 하나를 선호할 수도 있다.

어떤 팀에서는 스케치를 상세한 와이어프레임으로 옮기는 것에서 아무런 장점도 찾지 못할 수 있다. 그들은 스케치 상태에서 아이디어를 논의하는 상황을 편안하게 여기며, 바로 목업 제작으로 들어간다. 다른 팀에서는 기능성과 동작을 아주 상세하게 살펴보기 위해

와이어프레임을 사용하며, 그래픽의 시각적 측면은 다음 단계를 위해 남겨둔다. 2가지 툴에 모두 익숙해지는 것은 당신과 당신의 팀에 가장 적합한 방법을 찾는 데 도움이 된다.

▎ 와이어프레임 이해하기

와이어프레임wireframe은 뼈대만 있는 선을 사용해 스크린을 기술적으로 표현한 것으로, 사용자 인터페이스 블루프린트blueprint라고도 알려졌다. 와이어프레임 내부의 구성 요소 유형은 각기 명확히 구분되는 방식으로 표현돼야만 한다. 와이어프레임을 디자인할 때 특정 시각적인 스타일을 따를 필요는 없지만 명확하고 이해하기 쉽게 그려야만 한다.

예를 들어 기능 요소는 버튼 형태, 아이콘, 밑줄 그은 텍스트로 표현할 수 있지만, 이 경우에는 색상도 사용할 수 있다. 스크린의 기본 구조는 기능 요소와 구분되는 선 혹은 다양한 색상 영역으로 표현할 수 있다.

사용자가 스크린 간의 이동을 위해 사용하는 전환과 제스처 표현도 물론 가능하다. 다양한 와이어프레임이 연결되면 플로차트와 유사한 모습을 제공하기 때문에 와이어플로wireflow라고 부르기도 한다.

와이어프레임은 다양한 부서의 사람들 간 커뮤니케이션 툴로 매우 유용할 수 있다. 와이어프레이밍 프로세스는 모든 종류의 플랫폼에 적용 가능하며, 와이어프레임을 목적에 따라 다양한 수준으로 만들 수 있다.

테스트용 텍스트와 박스를 채워서 **낮은 구현 수준**low-fidelity**의 와이어프레임**을 제작할 수도 있다. 이것은 스크린의 구조와 스크린 간의 주요 전환을 아주 기본적인 방식으로 표현하는 데 유용하다. 이 정도의 상세화 수준으로 와이어프레임을 만들면 스케치를 그리는 것과 거의 유사한 결과물이 나오긴 하지만 선이 더 깔끔하다. 따라서 기법의 선택은 당신이 어떤 기법과 툴을 더 편하게 생각하는지에 좌우된다.

와이어프레임의 구체화 수준을 높이면 **높은 구현 수준**^{high-fidelity}**의 와이어프레임**에서 앱의 기능성을 분리시킬 수 있다. 이 와이어프레임은 향후에 목업을 사용해 더 자세히 다룰 수 있는 시각적 디자인 측면을 제외한 앱의 기본 구조를 정확하게 담아낼 수 있다. 이를 위해서는 와이어프레임에 앱의 동작을 명확하게 보여줄 수 있는 콘텐츠와 구성 요소, 그리고 사용자가 앱 내에서 다양한 기능을 둘러보고 실행시키기 위한 인터랙션을 포함시켜야 한다.

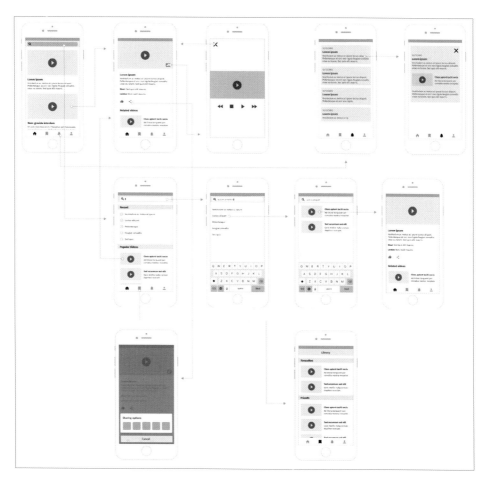

어도비 일러스트레이터(adobe illustrator)를 사용해 다양한 스크린이 연결된 워크플로를 표현한 와이어프레임 예제

▌ 기능 스펙 문서로써의 와이어프레임

와이어프레임을 기능 사양서 툴로 사용할 때에는 가능한 상세하게 정의해야 한다. 와이어프레임을 보게 되는 모든 개발자가 앱의 조작 흐름, 다른 스크린으로 이동하는 제스처, 레이아웃과 컨트롤 상태, 스크린 사이에 생기는 전환에 대한 명확한 견해를 가질 수 있어야 한다.

전환 중에 일부 유형은 아이콘이나 작은 드로잉으로 표현할 수 있으며, 어떤 전환은 원하는 최종 결과물을 개발자에게 보여주기 위해 간단한 프로토타입이 필요하다. 이러한 프로토타입에서는 구성 요소가 움직이는 순서와 시간 같은 요인을 보여줄 수 있다.

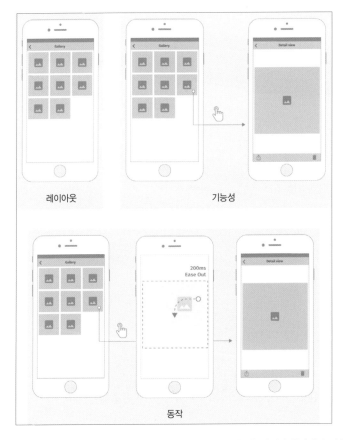

이 이미지는 다양한 상세화 수준을 보여준다. 레이아웃에서 시작해서 기능성, 나아가 동작까지 기술할 수 있다.

176

디자인 세부 사항은 목업과 함께 다른 유형의 문서에서도 명시될 수 있다. 디자인의 상세 버전에 대해 각각 다른 문서를 사용하는 것은 시각적으로 다를 바 없는 스크린의 디자인 측면을 반복하지 않도록 도와준다.

레이아웃

레이아웃은 앱의 기본 구조와 스크린에서 각각의 아이템item이 다른 것과 어디에서 관련이 있는지를 정의한다. 버튼이 스크린의 상단 혹은 하단에 위치하는지, 혹은 탭 바에 포함되는지가 와이어프레임에 명시돼야 한다. 기능을 분리할 수 있도록 폰트font 그룹 같은 측면은 다른 종류의 문서에 기술할 수 있다. 우리가 표현하는 그림에 명확한 체계를 제공하기 위해서 제목이나 버튼이 다른 요소보다 커야 하는지도 표현해야 한다. 와이어프레임의 중요 요소를 강조하기 위해 색상을 사용할 수도 있다. 색상은 더 많은 주의를 기울일 필요가 있는 영역으로 독자의 초점을 끌고 가는 데 매우 유용하다.

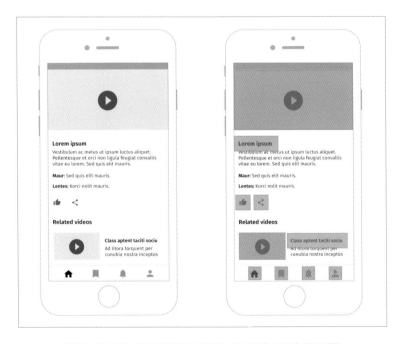

색상을 사용해 와이어프레임에서 조작 가능한 영역을 표현한다(오른쪽).

제스처

앱은 다양한 유형의 제스처에 반응한다. 이러한 제스처는 손 아이콘 혹은 레이블과 함께 표현 가능하다. 이런 방법으로 역동적인 인터랙션은 정지 이미지로 표현되고, 2개의 스크린 사이의 전환이 무엇때문에 이뤄지는지를 기술할 수 있다. 내비게이션 외에도 단일 스크린에서 일어나는 인터랙션을 표현할 수 있다. 사용자가 이미지를 확대할 수 있다거나 포스터치force touch[1], 혹은 길게 누르기를 통해 접근 가능한 기능을 알려줄 수 있다. 당신의 프로젝트에서 자유롭게 사용하고 편집 가능한 제스처 세트를 링크 Asset_A6462_A05_A01_Gestures_Assets.ai에서 확인할 수 있다.

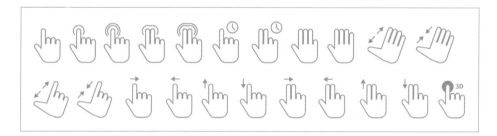

제스처 세트

전환

앱을 디자인할 때 다양한 요소와 스크린이 등장하고 사라지는 방식을 선택한다. 무슨 일이 벌어졌는지 사용자가 인지하는 데 영향을 주는 이동 궤도trajectory, 속도, 지속시간, 타이밍 같은 요소를 정의해야 한다. 이러한 변수를 조정해 자연스럽고 예측 가능한 움직임을 얻을 수 있다.

---

1 터치스크린을 누르는 힘의 강도를 인식해 동작하는 기술 – 옮긴이

궤도

가장 단순한 선은 직선이다. 직선상에서 이동하는 것은 단일 축에서 움직이는 요소에서 효과적이다. 예를 들어 완전히 수평적인 움직임을 사용해 스크린의 한쪽에서부터 시작되는 새로운 뷰^{view}를 소개할 수 있다.

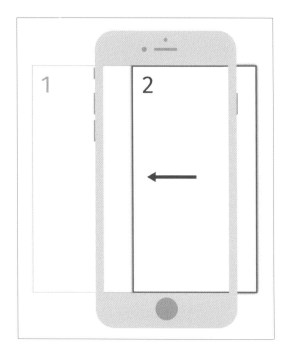

2번 스크린은 오른쪽에서 왼쪽으로의 수평적 이동을 통해 1번 스크린을 대체한다.

쉽고 신속해야 하는 동작을 화려한 움직임을 넣어 궤적을 복잡하게 만드는 일을 피해야 한다. 결과적으로 이해하기 훨씬 어려워지기 때문이다. 필요한 경우, 혹은 복잡한 프로세스에 포함되는 동작을 설명하는 목적으로 정교한 궤적을 사용해 사용자 시선을 사로잡을 수 있다.

화면상의 카드 위치를 바꾸는 일 같은 일부 움직임에서는 궤적에 경미한 곡선을 적용하면 더욱 자연스러운 효과를 낼 수 있다. 현실에서 사물은 무게가 있고 중력이 작용하기 때문에 우리의 뇌가 그러한 움직임에 더 익숙하다.

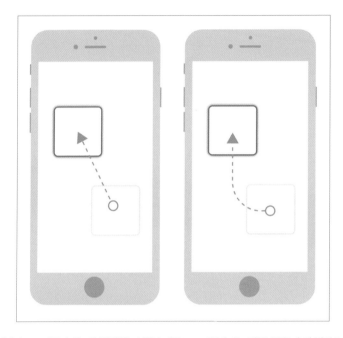

구성 요소를 대각선으로 이동시키는 것(왼쪽)보다 곡선 궤적으로 이동시키는 편(오른쪽)이 더 자연스러울 수 있다.

복잡한 전환은 구성 요소가 제각각 움직일 때 혼란스러울 수 있다. 움직이는 요소의 숫자 혹은 전환 전후 상태의 형태는 사용자의 인지에 영향을 미친다. 각각의 요소가 독립적으로 움직인다면 모든 움직임이 사용자의 주목을 끌기 때문에 전환 만들기가 너무 복잡해서 진행할 수 없게 된다. 우리는 다양한 기법을 사용해 전환을 더 자연스럽고 재미있게 만들 수 있다. 당신이 찾는 완벽하고 우아한 전환 방법을 찾기 위해 다양한 타이밍과 조합을 시도해보기를 항상 추천한다.

일반적으로 전환 중에 요소가 서로 함께 움직이는 방법의 구조화를 통해 애니메이션의 복잡성을 감소시키는 시도를 할 수 있다. 사용자의 주목을 집중시킬 항목을 선정한다면 전환은 깔끔하게 정리될 것이며, 사용자는 무엇에 주목해야 하는지를 명확하게 알아챌 수 있다. 나머지 요소는 이 전환에 맞춰 따라가야 하며, 일부 요소가 형태나 위치가 크게 변하는 것 같은 경우에는 페이딩fading[2] 효과를 사용해서 스크린상의 궤적이 서로 겹쳐서 산만하게 보이는 것을 막을 수 있다.

타이밍

가끔 단일 요소의 전환은 한 번의 단계로 처리할 수 있다. 하지만 이러한 전환은 구성 요소의 다양한 값에 영향을 줄 수 있으며, 사용자의 주의와 관심이 하나의 초점에 머무른다면 다양한 요소를 동일한 전환으로 이동시킬 수 있다. 체계적이지 못한 방식으로 다수의 요소가 이동하는 것은 스크린의 다양한 영역에서 자극을 보내기 때문에 우리의 주변 시야를 산만하게 만들 수 있다.

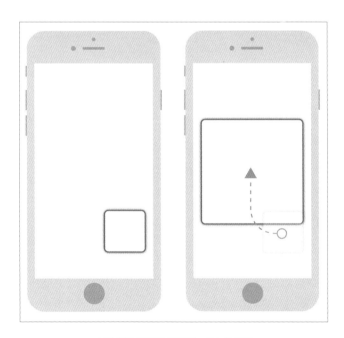

이동 중에 크기가 변경되는 요소의 전환

2 점점 또렷해지거나 흐릿하게 만드는 기법 – 옮긴이

동시에 이동하면서 궤적이 겹치는 몇 개의 구성 요소가 전환에 포함되고, 이들 중 일부는 원하지 않는 방식으로 사라진다면 이것이 실제 세상에서는 어떻게 이동할지 맞춰보려고 노력해봐야 한다. 사용자들은 자연스럽게 실제 세상에서의 물리학이 디지털 세상에서도 적용되리라 기대하는데, 예를 들어 구성 요소가 다른 요소를 관통해 지나간다면 이를 예측할 수 없다고 받아들일 것이다.

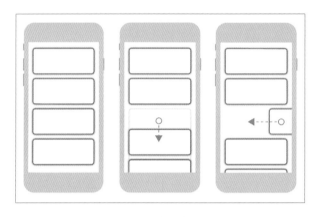

2단계의 전환 – 첫 번째로 구성 요소가 이동해서 공간이 생기면, 두 번째 움직임으로 새로운 요소가 위치한다.

앞선 예제에서 새로운 구성 요소는 스크린에 등장해서 목록의 3번째 위치를 차지한다. 5개의 요소를 동시에 이동시키면 신규 요소와 충돌하거나 신규 요소가 최종적으로 위치하는 자리를 현재 차지하는 요소와 서로 겹치게 될 것이다. 신규 요소를 등장시키기 전에 목록에서 공간을 만듦으로써 더 정돈된 이동을 할 수 있다. 첫 단계에서는 공간을 만들고, 두 번째 단계에서 신규 요소가 스크린상에 위치를 잡는다.

시스템이 프로세스를 수행하려면 얼마간의 시간이 소요되지만, 사용자는 자신이 제스처를 취했을 때 사용자 인터페이스에서 즉각적인 반응이 일어나길 기대한다는 점을 염두에 둬야 한다. 만분의 몇 초 만에 리액션reaction을 보여주면 사용자는 해당 변화를 즉각적으로 인지하며, 이는 더욱 만족스러운 조작 경험으로 이어진다. 다른 영역에서는 탭으로 선택된 영역을 강조하는 동시에 버튼 색상을 바꾸거나, 탭이 된 위치를 중심으로 확대되는 효과를 사용할 수 있다.

지속시간

매우 느린 전환은 사용자가 인지하지 못할 수도 있다. 재빠른 움직임을 알아채는 것이 우리의 본성이기 때문에 빠른 움직임은 쉽게 눈에 띈다. 하지만 이것을 남용하게 되면 사용자에게 스트레스를 줄 수 있다. 또한 우리의 인지에는 한계가 있기 때문에 아주 빠른 움직임 중 일부는 자세히 파악하지 못하고 단순한 반짝임으로 해석될 수 있다. 사용자가 변화를 즐겁고 쉽게 이해 가능한 방식으로 인지할 수 있도록 균형을 찾아야만 한다.

전환의 이상적인 속도는 이동하는 길이와 연관된 구성 요소의 수 같은 다양한 변수에 달려 있다. 모바일 폰에서는 대다수의 사용자에게 적절한 평균 시간은 200~500밀리초다. 단일 요소가 짧게 이동하는 전환은 200밀리초(2/10000초) 가량, 여러 단계를 거치거나 더 긴 거리를 이동하는 요소는 대략 500밀리초(5/10000초)에 이른다.

하지만 나이든 사람은 더 느린 인지 능력을 보이는 것처럼 사용자 그룹에 속한 사람들이 저마다 다른 인지 능력을 가진 경우에는 시간을 조정해야 할지를 평가해봐야 한다.

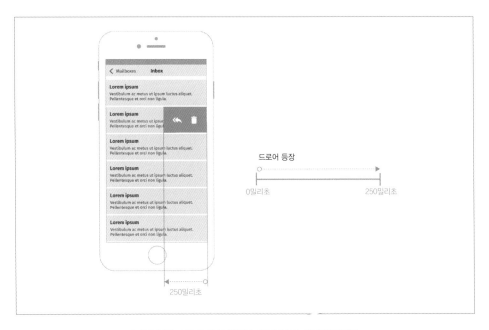

2개의 근접 포인트 간의 전환은 250밀리초 안에 전개된다.

사용자의 스와이프swipe에 반응하는 간단한 전환은 사용자 움직임을 쫓아서 신속하게 이뤄져야 한다. 그래야 사용자가 통제감과 반응성을 느낄 수 있다.

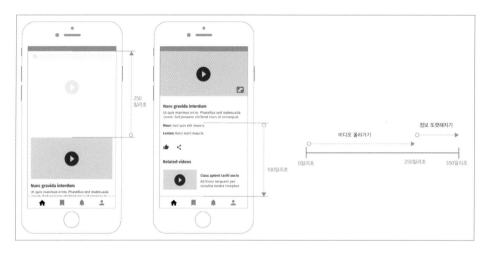

단계가 있는 복잡한 전환은 더 긴 시간이 소요될 수 있다.

바로 앞의 예제에서 전환은 맨 먼저 선택된 항목을 최종 위치로 이동시키고, 전환이 완료되거나 콘텐츠가 보여질 공간이 마련되면 점점 또렷해지는 효과와 함께 콘텐츠가 스크린 상에 표시되는 두 번째 전환이 일어난다.

속도

실생활에서 사물은 유형별로 서로 다르게 이동한다. 정차 없이 선로에서 달리는 기차는 거의 일정한 속도로 움직인다. 하지만 정차해야 하는 역에 도착할 때에는 점진적으로 브레이크를 밟으면서 속도를 줄인다. 사물이 움직일 때에도 이와 마찬가지로 한 가지 속도로만 이동하진 않는다. 사람이 무언가를 들어올릴 때, 일반적으로 거의 다 들어올려서 정확함이 요구될 때보다 초반에 속도가 더 빠르다.

대다수의 프레임워크는 앱에서의 전환이 사용자에게 더 자연스럽게 느껴질 수 있도록 다양한 유형의 이동movement을 지원한다.

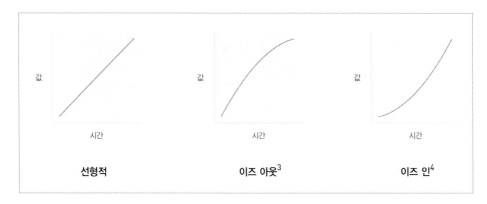

모션 디자인에서는 베지어 곡선(Bezier Curve)을 사용해 시간별 물체의 속도를 표현한다.

시간에 따른 값의 증가는 일반적으로 베지어 곡선으로 표현한다. 대표적인 예제가 처음에는 속도가 느린 이즈 인Ease In, 끝부분에서 속도를 줄이는 이즈 아웃Ease Out, 중간 지점보다 처음과 끝 부분이 느린 이즈 인-아웃Ease In-Out이다. http://easi ngs.net/에서 몇 가지 예제를 더 찾을 수 있다. 애니메이션 동작을 상세하게 기술해야 할 때 이 기능이 매우 유용하다. 이러한 유형의 곡선은 다양한 개발 환경에서 폭넓게 지원되기 때문에 보통 개발팀에서는 이를 프로젝트에 적용할 방법을 갖고 있다.

▮ 목업

목업은 제품 최종 디자인의 모형이다. 목업을 제작할 때에는 와이어프레임에 기술한 것과 동일한 기능을 담아야 하며, 기능이 동작 가능함을 보여주는 적절한 시각적 특성과 행동 유도성affordance를 제공해야 한다.

디자인이 시각적으로 효과적이어야 하지만, 해당 기능성을 명확하게 표현해서 사용자가 쉽게 이해하도록 돕는 것이 훨씬 더 중요하다.

---

3 점차 속도가 줄어들면서 정지되는 것 – 옮긴이
4 움직이는 속도가 점점 빨라지는 것 – 옮긴이

앱 목업(출처: https://www.pexels.com, https://pixabay.com)

목업의 시각적 처리를 고려할 때 구성 요소의 체계를 명확하게 표현하고, 작동하는 요소를 정지 상태로 고정된 콘텐츠와 분명하게 구분 지어야 한다. 색상을 선택할 때는 작동 요소와 중요 콘텐츠를 강조하기 위한 특정 색상을 따로 골라 둔다. 링크, 섹션, 제목은 디자인에서 확실하게 표현돼야 하며, 주석은 특정 속성이나 치수를 설명하는 데 유용하다.

실제 콘텐츠로 디자인 테스트하기

목업은 실제 개발에 앞서 제품을 표현하는 데 효과적인 도구다. 목업에서 실제 콘텐츠를 사용하는 것은 코드로 옮겨졌을 때 깜짝 놀라는 경우를 방지하기 위해 중요하다. 목업에 지나치게 초점을 맞추면 보기엔 좋지만 실제 앱 콘텐츠를 반영하지 못하는 사진을 사용하거나, 실제 앱에 들어가는 콘텐츠보다 더 복잡하거나 더 균일화된 콘텐츠를 쓰게 될 수도 있다.

기존 앱을 다시 디자인한다거나 현재 콘텐츠를 새로운 형태로 보여주는 경우처럼 실제 콘텐츠를 활용할 수 있다면 더 현실감 넘치도록, 실제 콘텐츠를 넣은 디자인으로 테스트를 진행해야 한다. 신규 앱의 경우에는 제약 내에서 나중에 소개될지도 모르는 다양한 종류로 구성된 콘텐츠로 디자인을 테스트해야 한다. 사용자가 특정 유형의 행동을 취할 것으로 가정해서는 안 된다. 이 단계에서는 시장에 출시된 유사한 앱의 콘텐츠를 사용할 수도 있지만, 유명 앱을 레퍼런스로 활용하면 앱과의 관계 형성 단계에서 초기 앱 적응 단계보다 훨씬 더 복잡하고 어려운 콘텐츠를 보여주게 된다.

개발자가 작업에 들어갔을 때보다 디자인 단계에서 레이아웃 문제를 찾는 것이 더 좋다. 디자인 단계에서의 소소한 수정이 이후의 많은 작업을 줄일 수 있다.

다양한 스크린을 위한 스펙과 에셋

디자인에서 개발 단계로 이동하고 나서 정확한 결과를 얻으려면 완벽한 스펙을 제공할 필요가 있다. 이를 위해서 목업과 와이어프레임을 사용할 수 있는데, 그 둘은 서로를 보완해준다.

일반적으로 오브젝트 혹은 텍스트의 경우 색상, 사이즈, 폰트, 정렬 같은 속성을 정의해야 하며, 사용자가 인터랙션할 때 객체 각각의 다양한 상태도 규정해야 한다. 일부 기본 요소가 정의된 스타일 가이드가 있다면 그것을 참조해 기본 요소에 대한 정보 반복을 피할 수 있다.

다양한 특성을 지닌 수많은 종류의 스마트폰으로 인해 다양한 사이즈와 해상도를 가진 기기에서 앱이 구동될 수 있다. 이 때문에 우리의 스펙을 만들어 낼 공통 프레임워크를 갖추는 데 도움이 되는 치수와 용어에 대한 몇 가지 관례를 알아둬야 한다.

유닛 및 픽셀 밀도 이해하기

픽셀^{px, pixel}은 디지털 스크린에서 확인할 수 있는 가장 작은 물리적 정사각형이다. 픽셀은 위치를 지정할 수 있으며, 이미지 혹은 앱에서 그들의 색상을 정의할 수 있다. 인치당 픽셀의 농도가 기기별로 다르기 때문에 픽셀을 기준으로 에셋^{asset}[5]을 정의한다면 우리가 디자인하는 아이콘, 혹은 구성 요소는 그것이 디스플레이되는 스크린에 따라 저마다 다른 사이즈로 옮겨지게 된다. 24×24픽셀의 아이콘은 저밀도 스크린의 모바일에서는 정확한 사이즈로 표시되지만, 고해상도 스크린을 가진 모바일에서는 매우 작게 보인다.

파일이 디스플레이 사이즈를 고려하지 않고 제작되거나, 렌더링 프로세스 중에 크기가 변경된다면 흐릿하게 보이는 효과가 나타날 수 있다. 이 때문에 기기별로 다른 픽셀 밀도 해상도^{pixel density resolutions}에 맞는 에셋을 디자이너가 제공할 수 있는 시스템을 모바일 개발자가 만들어낸 것이다.

안드로이드에서 일반적인 밀도는 다음과 같다.

- ldpi(낮은) ~120dpi
- mdpi(중간) ~160dpi
- hdpi(높은) ~240dpi
- xhdpi(매우 높은) ~320dpi
- xxhdpi(매우매우 높음) ~480dpi
- xxxhdpi(매우매우매우 높은) ~640dpi

더 자세한 정보는 https://developer.android.com/guide/practices/screens_support.html에서 확인 가능하다.

iOS에서의 일반적인 사이즈는 다음과 같다.

- @1x ~160dpi
- @2x ~320dpi
- @3x ~480dpi

---

5 이미지나 코드처럼 디자인 프로세스에서 활용 가능한 다양한 자료 혹은 유닛을 의미한다. – 옮긴이

더 자세한 정보는 https://developer.apple.com/ios/human-interface-guidelines/graphics/image-size-and-resolution/에서 확인 가능하다.

이것은 당신이 이러한 해상도에 적합한 에셋을 제공하면 다양한 기기에서 각자의 해상도에 맞는 정확한 에셋을 사용해, 뛰어나고 매끄럽게 보이도록 만든다는 것을 의미한다. 벡터 포맷에서 기본 해상도로 아이콘을 디자인하고 나서 개별 플랫폼에서 요구하는 해상도에 맞춰 내보낼 수 있다. 포토샵 같은 프로그램을 사용해서 앱 아이콘을 제작할 수도 있지만, 일러스트레이터 같은 벡터 방식의 툴을 통해서 이러한 목적으로 디자인된 기능을 이용할 수 있다. 예를 들어 일반적으로 사용되는 24×24픽셀, 혹은 25×25픽셀 아트보드 사이즈로 아이콘을 디자인하고 나서 다양한 해상도로 내보내는 옵션을 사용해 더 높거나 낮은 밀도로 아이콘을 내보낼 수 있다.

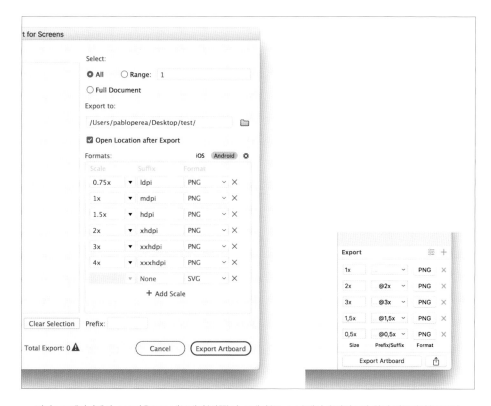

일러스트레이터에서 스크린용으로 내보내기(왼쪽)와 스케치(Sketch)에서 슬라이스와 함께 내보내기(오른쪽)
(출처: 일러스트레이터, 스케치 스크린샷)

다양한 해상도에 맞게 에셋을 제공한 것과 마찬가지로, 각각의 뷰에서 표시되는 모든 요소를 위한 기준^{measure}을 제공할 필요가 있다. 해상도별로 픽셀 사이즈를 규정하는 것은 효과적이지 못한 방법이기 때문에 다양한 픽셀 밀도를 고려한 일반화된 유닛을 사용할 수 있다.

안드로이드에서는 그래픽 요소에 대해서는 **밀도에 영향을 받지 않는 픽셀**$^{dp, density-independent}$ ^{pixel}, 폰트에 대해서는 **가변 픽셀**$^{sp, scaleable pixel}$을 사용하는 반면, iOS에서 일반화된 유닛은 **포인트**$^{pt, point}$다. dp는 중간 밀도의 스크린에서는 1픽셀이지만, 다른 밀도에서는 1픽셀에서 시작해 가변적이며 이는 pt도 마찬가지다. 1픽셀은 보통 해상도의 스크린에서 1포인트(1/72인치)와 동일하다. sp는 dp와 동일하지만 사용자의 폰트 설정에도 영향을 받는다.

예를 들어 48dp 크기의 버튼을 표현한다면 mdpi 스크린의 스마트폰에서는 48px이고, xhdpi(2x) 스크린의 스마트폰에서는 96px로 측정된다. iOS에서도 마찬가지로 44pt 크기의 버튼을 정의한다면 @2x 해상도에서는 88px, @3x 해상도에서는 132px이 될 것이다.

그렇다면 아이폰 7 플러스에서 @3x 에셋을 변경 없이 사용할 수 있다는 뜻일까? 음, 이것은 사실이 아니다. 일부 기기에서는 렌더링 프로세스에서 다운샘플링 혹은 업샘플링을 사용한다. 이는 아이폰 7 플러스가 @3x사이즈를 레퍼런스로 사용하는 정보를 만들지만, 스크린상의 최종 콘텐츠에는 소폭의 조정이 이뤄진다는 것을 의미한다. 예를 들어 아이폰 7 플러스는 1.15(1242/1080=2208/1920=1.15)에 해당하는 다운샘플링 조정을 통해 최종 콘텐츠를 보여준다.

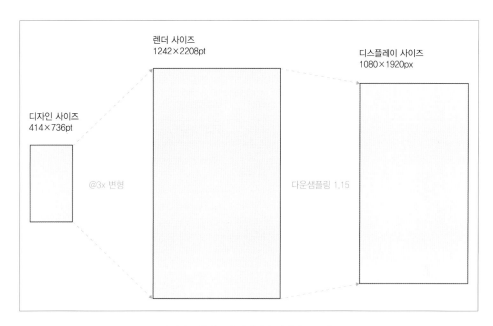

아이폰 7 플러스의 디자인과 렌더링 프로세스

바로 앞의 이미지에서 우리는 아이폰 7 플러스 해상도를 위한 디자인과 렌더링 프로세스를 확인할 수 있다. 414×736pt 크기의 아트보드에서 디자인하면 1242×2208px로 먼저 렌더링되고 나서 다운샘플링을 거쳐 1080×1920px로 디스플레이된다. https://www.paintcodeapp.com/news/ulti mate-guide-to-iphone-resolutions에서 다른 예제를 찾을 수 있다.

스펙 파일

디자인에서 스펙을 생성시키는 다양한 플러그인을 시장에서 찾을 수 있다. 프로젝트에 맞게 일부 수정이 필요하지만 스케치, 포토샵, 일러스트레이터 같은 툴은 이 기능을 수행하는 특정 솔루션을 갖고 있다. 이어지는 예제에서는 특정 주소에서 다운로드 가능하며 무료로 배포되는 2가지 플러그인을 사용한다.

스케치 메저(Sketch Measure)를 기초로 일부 요소를 추가하고 수정한 치수 스펙
(에셋은 https://pixabay.com/en/sports-games-fun-holiday-parks-679594/, maptango3600,
출처: 스케치와 스케치 메저 스크린샷)

스케치 메저는 스케치 툴박스^{Sketch Toolbox} 플러그인에서 손쉽게 다운로드 가능하다. 이 플러그인을 통해 스케치를 최대한으로 활용 가능한 다양한 플러그인을 설치할 수 있다. 스케치 메저를 사용해 거리, 사이즈, 폰트의 치수를 재고 유용하고 잘 정리된 스펙 문서를 아주 쉽게 만들어낼 수 있다. 이 치수는 편집 가능하기 때문에 필요하다면 수정할 수 있다.

http://sketchtoolbox.com/에서 스케치 툴박스, 스케치 메저는 툴박스 혹은 https://github.com/utom/sketch-measure에서 다운로드받을 수 있다.

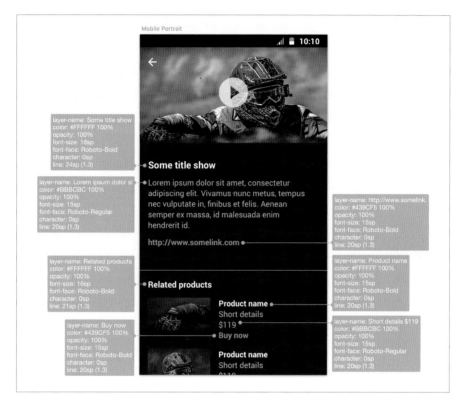

스케치 메저를 기초로 일부 요소를 추가하고 수정한 폰트 스펙
(에셋은 https://pixabay.com/en/sports-games-fun-holiday-parks-679594/, maptango3600,
출처: 스케치와 스케치 메저 스크린샷)

이 예제에서 우리는 치수 표시와 텍스트 속성을 분리해 2개의 문서로 만들었지만, 모든 스펙을 하나의 문서로 만들 수도 있다. 개발팀에서 치수를 쉽게 이해할 수 있는지를 반드시 확인해야 한다.

다음은 포토샵에서 잉크 플러그인을 사용한 예제다. 스케치 메저와 마찬가지로 치수와 텍스트 속성을 표시해준다. 포토샵용 잉크 플러그인은 http://ink.chrometaphore.com/에서 다운로드 가능하다.

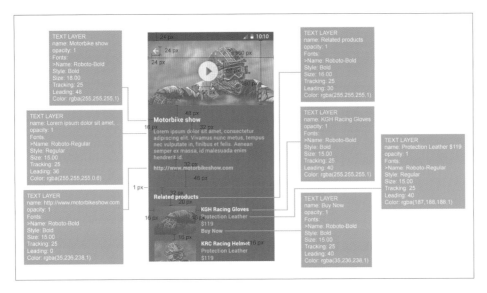

포토샵에서 잉크를 기초로 일부 요소를 추가하고 수정한 폰트 스펙
(에셋은 https://pixabay.com/en/sports-games-fun-holiday-parks-679594/, maptango3600,
출처: 포토샵 잉크 스크린샷)

누락된 일부 변수를 포함시키고자 할 때는 레이어 인스펙터에서 편집 가능한 레이어로 표시되기 때문에 치수를 수정할 수 있다.

자동화된 솔루션

스펙 제작 업무 흐름을 개선시켜줄 수 있는 일부 자동화된 솔루션도 있다. 제플린^{Zeplin}
(https://zeplin.io/) 혹은 인비전 인스펙트^{InVision Inspect}(https://www.invisionapp.com/)는 개발팀을 위한 스펙을 제공하는 소프트웨어와 당신의 디자인을 직접 연결시켜주는 플러그인을 제공한다.

제플린 데스크톱 스크린샷

터치 타깃

터치 타깃^{touch target}은 사용자가 동작을 수행하기 위해 스크린을 탭할 수 있는 영역이다. 적정 사이즈는 7~10mm다. pt와 dp로 사이즈를 정의한 것처럼 안드로이드와 iOS 가이드라인에서는 다양한 디바이스에서 좋은 결과를 얻기 위해 권고 사이즈를 이러한 유닛으로 규정한다. 안드로이드에서는 권고 터치 타깃 사이즈는 최소 48dp×48dp, iOS에서는 44pt×44pt다.

안드로이드에서는 시각적 표현과 관계없이 터치 타깃의 최소 사이즈는 48x48dp다.

버튼 높이가 48dp여야 한다는 뜻은 아니다. 디자인과 디자인의 특성에 달려있다. 예를 들어 터치 타깃의 높이가 48dp 이상이어야 하지만, 높이가 36dp이고 폭이 70dp인 버튼을 사용할 수 있다. 실제 유효 영역을 구성 요소의 시각적 표현보다 크게 잡는 것은 제한된 공간에서 사용자의 손가락으로 작동하기 편안한 컨트롤을 사용해야 한다는, 모바일 기기의 상충되는 요구 사항의 균형을 잡는 방법이 될 수 있다.

좋은 해상도를 가진 이미지

앱에서 사용하는 배경과 이미지는 보여지는 다양한 밀도에 맞게 조정돼야 한다. 앱에서 사용하는 이미지는 벡터^{vector} 혹은 비트맵^{bitmap} 방식이 될 수 있다. 비트맵 이미지는 그리드에서 정돈된 픽셀 색상의 컬렉션이며, 벡터 이미지는 색상이나 형태 같은 속성을 가진 폴리곤^{polygon}을 사용해서 정의된다. 이것은 벡터 이미지가 수학적 스펙 내에서 숫자를 증가시키는 방법을 통해 품질의 손실없이 자유롭게 확대 가능함을 의미한다. 하지만 비트맵은 확대되면 흐릿한 영역이 생길 수 있다. 구글 RAISR 같은 일부 프로젝트에서는 비트맵 이미지의 이러한 품질 손실을 완화시키기 위해 노력하고 있다.

80×80px 이미지   2배로 조정된 80×80px 이미지   160×160px 이미지

비트 맵 이미지의 크기 조절 효과. 그래픽이 2배로 조정되면 흐려짐(가운데)

이미지가 벡터 형식이라면 다양한 벡터 포맷을 사용해서 개발자에게 다양한 밀도에서 표시될 때 적절하게 크기가 조정되는 단일 에셋을 제공할 수 있다. 벡터 정보를 지원하는 일부 포맷으로는 SVG^{Scalable Vector Graphics}와 PDF^{Portable Document Format}가 있다.

이미지가 PNG^Portable Network Graphics, JPEG 혹은 JPG^Joint Photographic Experts Group, GIF^Graphics Interchange Format 같은 비트맵 형식이라면 다양한 해상도에 맞게 조정된 에셋을 제공하는지를 확인해야 한다. 필요 이상으로 큰 이미지는 앱의 소중한 공간을 차지하고, 저급 이미지는 앱을 세련돼 보이지 않게 만들 수 있다.

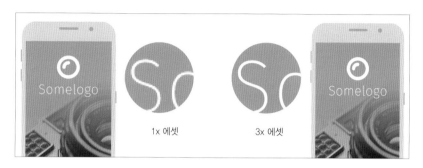

얇은 폰트 로고의 크기 변경 효과. 미세한 부분은 시각적으로 부족할 수 있다
(에셋은 https://pixabay.com/en/camera-photography-lens-equipment-801924/, Unsplash).

복잡한 배경은 로고, 아이콘, 기하학적인 아트워크와 비교할 때 저해상도를 쓰더라도 큰 무리가 없다. 에셋의 품질을 감소시킬 때에는 이 점을 명심하자.

복잡한 배경의 크기 변경 효과는 품질의 차이가 눈에 띄긴 하지만 극명하게 나타나진 않는다
(에셋은 https://pixabay.com/en/spice-chiles-paprika-chili-powder-370114/, Babawawa).

또한 JPG 같은 포맷은 특정 에셋의 용량을 줄여주는 데 유용하다는 점을 유념해야 한다. 프로그램을 통해 전환된 파일이 실제 기기에서 기대한 수준으로 보여지는지를 확인하기 위해 테스트해야 한다. 각각의 스크린 유형에서 색상이 원하는 대로 표시되는지도 확인해야 한다.

픽셀이 완벽한 아이콘

디자인은 사소한 세부 사항에 크게 영향을 받는다. 잘 디자인되고 쉽게 이해되는 아이콘은 앱을 매력적이고 친숙하게 만드는 데 있어서 필수적이다. 우리가 제작한 아이콘은 특정 해상도의 스크린에서 최종적으로 표현된다. 몇몇 기법은 다양한 스크린에서 매끈하게 표현되는 아이콘을 만드는 데 유용하며, 더 세련된 결과물을 가져다 줄 수 있다.

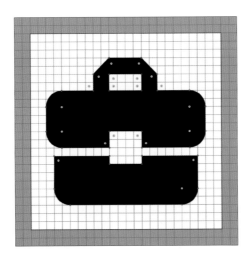

개별 점이 정확한 위치에 자리잡고, 곡선이 90도 각도에서 만들어진 머티리얼 디자인에서 정의된 아이콘
(출처: 일러스트레이터 스크린샷)

우리가 가장 먼저 해야 할 일은 앱에서 사용할 아이콘을 위해 하나, 혹은 몇 가지의 아트보드 사이즈를 선정하는 것이다. 예를 들어 앱의 기본 아이콘을 위해 24×24dp 사이즈를 선택하고, 일부 요소의 특정 상태를 표현하기 위한 부차적인 사이즈로 16×16dp를 사용할 수 있다.

같은 방식으로 라인 두께와 아이콘 그룹 안에서의 동일한 곡선 유형을 고려해야 한다. 이 것은 균일하고 우아한 시각적 결과물을 얻는 데 도움을 준다.

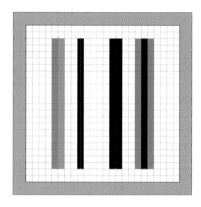

@1x로 내보냈을 때 1px 선은 2px 선과 다르게 표현된다(출처: 일러스트레이터 스크린샷).

벡터 디자인 소프트웨어는 일반적으로 픽셀 레벨의 그리드에서 그림을 그릴 수 있는 옵션 을 제공한다. 폴리곤과 라인을 그릴 때 폴리곤과 라인은 그리드에서 0.5px 단위의 배수가 되는 위치에서 시작하고 끝나야 한다. 라인과 폴리곤 테두리의 사이즈의 따라 정수가 되 는 위치나 중간 픽셀을 사용해 이들을 더 매끄럽게 표현할 수 있다. 일러스트레이터와 스 케치 모두 아트보드의 픽셀이 들어맞는 그리드를 지원한다. 선의 두께가 2px이라면 전체 숫자에서 딱 떨어지는 픽셀 사용을 권장하며, 두께가 1px인 경우에는 중간 픽셀 위치가 렌더링됐을 때 더 좋은 결과물을 얻을 수 있다.

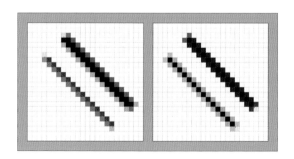

(왼쪽)정확한 위치에서 출발하는 대각선을 그리면 매끄럽게 표현되며, (오른쪽)2개의 픽셀 라인에 무게를 분배해서 렌더링되는 것을 피할 수 있다(출처: 일러스트레이터 스크린샷).

대각선은 처음과 끝점의 위치에도 영향을 받는다. 45도 각도의 배수에서 생성된 라인은 시각적으로 매우 균일한 결과를 만들어낸다.

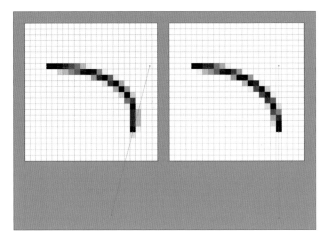

(오른쪽)축을 따라 직선으로 끝나는 곡선은 매끄럽게 표현된다(출처: 일러스트레이터 스크린샷).

벡터 프로그램에서는 방향선을 사용해서 곡선을 그릴 수 있다. 결과로 얻어진 곡선은 그려진 선과 접하게 된다. 이 접선을 그리는 방식은 아이콘의 최종 결과물에도 영향을 미친다. 세로 및 가로 축과 평행한 선에 접하는 곡선은 더욱 매끄러운 결과물을 만들어낸다.

각각의 곡선은 시작선과 종료선에 영향을 받는다는 점을 유념해야 한다. 소프트웨어의 픽셀 미리 보기preview 옵션을 통해 아이콘을 시각화해봐야 한다. 이것은 에셋을 내보내기 전에 최종 결과를 그려보는 데 유용하다.

▌ 실용적으로 진행하기

개발팀과 친밀한 관계를 쌓고 당신이 만든 자료에 대한 피드백을 요청하라. 그들은 당신의 작업 흐름을 개선시켜 줄 수 있는 아이디어를 어디서 찾아야 할지에 대한 실질적이고 유용한 시각을 제공해줄 수 있다.

예를 들면 복잡하다고 생각했던 기능이 기존의 요소와 아주 쉽게 통합될 수도 있다. 반대로 간단하다고 예상했던 기능에 아주 상세한 스펙과 더 많은 노력이 필요할 수도 있다.

새로운 팀과 일하는 경우에는 스펙 자체에 대한 대화를 나누는 것을 추천한다. 초기에 간극을 확인하고 이해하는 과정이 개발 기간을 줄이고 더욱 고품질의 스펙을 제공하는 데 도움을 줄 것이다. 당신이 사용하는 다양한 치수와 다이어그램을 이해시켜 전체 팀이 같은 언어로 이야기할 수 있게 도와야 한다.

코드 짜는 법을 배워라

코드는 당신의 아이디어를 구현하는 궁극적인 재료다. 앱의 다양한 뷰에서 요소를 만들어내고 배치할 때 개발자들이 어떻게 작업하는지에 대한 기본 지식을 갖추려고 노력해야 한다. 개발자들이 앱을 개발할 때 사용할 것 같은 모바일과 웹앱 소프트웨어 툴에 대한 좋은 동영상을 찾을 수 있다.

당장 제작 가능한 코드를 만들 필요는 없지만 개발자들이 이후에 어떤 식으로 작업하는지를 안다면 당신이 좋은 스펙을 만들고, 당신의 작업을 더 쉽게 이해하고 정확하게 개발하는 데 도움이 될 것이다.

실제 환경에서 테스트하라

고품질의 그래픽 제작은 제작과 테스트를 통해 얻어지는 기술이다. 아이콘을 만들 때 픽셀로 표시되는 옵션을 사용해 불필요한 픽셀은 제거하고, 결과가 만족스럽다고 생각되면 실제 모바일로 옮겨야 한다. 이러한 과정은 실제 기기상의 결과에 대한 정확한 비전을 줄 것이며, 렌더링 과정에서의 사소한 문제를 더 쉽게 파악할 수 있게 해준다.

실제 앱의 목업에서 아이콘을 테스트하면 실제 사이즈 혹은 꼭 표현돼야 하는 요소의 표시 여부 같은 다른 측면도 확인할 수 있다. 아이콘 그룹을 만들어야 한다면 모든 아이콘을 동일한 정밀도로 만들기가 매우 어렵기 때문에 균형 잡힌 시각적 결과물을 얻을 때까지 아이콘을 시각적으로 유사하게 끌고 가는 것이 좋다.

최신 트렌드를 잘 알고 있어라

사용성 디자인 커뮤니티는 활발하게 활동하는 커뮤니티이며, 정기적으로 콘텐츠를 만들어낸다. 당신이 새로운 접근법을 받아들여야 한다는 뜻은 아니다. 일부 트렌드나 신기술은 당신의 프로젝트에 바로 적용될 수 없지만, 당신에게 생길 수도 있는 다른 문제에 대한 솔루션을 찾는 방법을 더 잘 이해하는 데 도움을 줄 수 있다. 트렌드를 파악하고, 이것이 당신의 디자인 목표 성취에 도움이 되는지를 냉정하게 분석해야 한다. 어떤 트렌드는 너무 널리 퍼져서 일반 사용자들도 자연스레 기대하는 부분이 될 수 있다. 따라서 당신이 더 빨리 트렌드를 파악할수록 더 잘 실험하고 평가할 수 있다.

▌ 요약

5장에서 우리는 와이어프레임과 목업을 사용해서 디자인 솔루션을 구체화하는 방법을 살펴봤다. 또한 다양한 스크린 해상도에 맞춰 스펙과 에셋을 준비하는 방법도 소개했다.

5장에 담긴 모든 컨셉을 이해하는 것은 개발팀에게 적절한 자료를 제공하는 데 도움을 줄 수 있다. 기본 유닛을 사용하는 것은 다양한 팀과의 커뮤니케이션을 쉽게 해주며, 우리가 원하는 결과를 얻는 데 유리하다.

6장에서는 프로토타입을 제작해서 디자인 프로세스 초기 단계에서 솔루션을 테스트하는 방법에 초점을 맞추고자 한다. 디자인 프로세스에서 변경 사항을 더 빨리 찾아내는 것이 개발 프로세스가 더 진행됐을 때 많은 비용이 들어가는 수정을 방지해줄 것이다.

06

프로토타이핑
- 아이디어에 생명 불어넣기

"난 설명하거나 말하지 않는 대신 보여준다."

– 레오 톨스토이^{Leo Tolstoy}

제품의 성공을 예측하기란 쉽지 않은 일이다. 인간의 역사를 살펴보면 성공을 거둔 제품과 실패한 제품으로 가득 차 있다. 훌라후프처럼 간단한 장난감은 엄청난 성공을 거둔 반면에, 유사한 컨셉에 기초한 스윙–윙^{Swing Wing}이라는 장난감은 전혀 성공하지 못했다.

스윙-윙은 목을 앞뒤로 반복해서 흔드는 재미를 활용하도록 디자인됐다. 허리를 움직이는 훌라후프가 대단한 성공을 거둔 것과 달리 이 제품은 보급이라는 측면에서 큰 실패를 거뒀다(이미지 출처: https://en.wikipedia.org/wiki/Swing_Wing_(toy), https://archive.org/details/swing_wing, Public Domain, Prelinger Archives).

모든 앱은 아이디어에서 출발하며, 해당 아이디어가 실제로 효과적일지는 확실히 알 수 없다. 아이디어를 검증하기 위해서 제품이 개발될 때까지 기다리는 일은 위험성이 크다. 예상한 대로 진행되지 않았을 때 변경할 수 있는 여지가 크게 제한된다. 당신의 제품에 사용자가 어떻게 반응하는지를 훨씬 더 일찍 파악하는 게 더 유용할 것이다.

다행스럽게도 프로토타이핑 덕분에 아이디어를 더 일찍 평가할 수 있다. 프로토타입은 실제 제품 개발에 앞서 솔루션의 특정 부분에 대한 사용자 반응을 확인할 수 있는 시뮬레이션이다. 이렇게 하면 아이디어가 예상한 대로 작동하는지를 체크하기 위해 제품이 개발 완료될 때까지 기다리지 않아도 된다. 프로토타이핑은 시간을 아껴주며, 사용자의 실제 니즈를 해결해줄 가능성이 더 높은 좋은 제품을 만들어낼 수 있게 도와준다.

프로토타입 개발은 빨리 이뤄질 수 있지만, 이를 위해서는 당신이 프로토타이핑의 목적을 이해해 적절한 툴을 선택하고, 프로세스를 계획해야 한다. 6장에서는 이러한 측면을 포함하는 가이드를 제공해서 당신의 아이디어에 되도록 빨리 생명을 불어넣을 수 있게 도울 것이다.

▌ 프로토타이핑 사고방식 채택하기

프로토타이핑은 다양한 분야에서 흔히 있는 일이다. 실제 비행기 제작에 앞서 축소한 비행기 모형으로 풍동테스트를 진행하는 일의 유용성은 모두가 알고 있는 바이다. 실제 비행기를 제작해 운항하면서 이슈를 찾는 경우보다 축소한 비행기 모형의 공력 특성을 확인하고 바로 잡는 것이 더 적절하다. 앱의 경우에도 마찬가지다.

1973년 나사(NASA)에서 슈퍼소닉 비행기 모형으로 풍동테스트를 하는 모습
(출처: https://commons.wikimedia.org/wiki/File:SST_model_in_Wind_Tunnel.jpeg)

프로토타입은 실제 제품처럼 보일 수도 있지만 실제로는 큰 차이가 있다. 프로토타입은 동작하는 것처럼 보이기만 할 뿐 실제로 작동하지는 않는다. 또한 프로토타입은 최종 제품이 갖는 몇 가지 측면, 특히 디자이너가 더 자세히 알고자 하는 극히 일부 측면만을 시뮬레이션한다.

프로토타이핑에서는 사용자가 제품 내부를 신경 쓰지 않는다는 사실을 이용한다. 그들은 제품이 어떻게 보이는지에 대해서만 관심이 있다. 솔루션의 몇 가지 피상적인 부분을 시뮬레이션하는 것만으로도 사용자가 최종 제품에서 겪게 될 경험을 재현하는 데 충분할 수 있다. 실제 앱에서는 데이터베이스에 쿼리를 보내거나 일부 외부 서비스를 사용할 필요가 있는 반면에, 프로토타입은 사용자에게 보이는 정보를 가짜로 보여줄 수 있다. 수준에 따라 필요한 노력의 차이가 있긴 하지만 아무도 그 차이에 관심을 두지 않을 것이다. 사용자가 프로토타입의 검색 버튼을 탭하고 검색 결과가 표시된다면, 사용자는 해당 결과가 어디서 나타났는가에 대한 의문을 갖지 않을 것이다.

프로토타이핑 마인드셋mindset은 최소한의 수고로 환상을 만들어내는 것에 관한 것이다. 너무 많은 측면을 동시에 프로토타이핑하려면 프로토타입의 복잡도 레벨이 증가돼 결국 최종 제품의 복잡도에 육박할 것이다. 한 번에 한 가지 측면을 신속하게 확인할 수 있도록 프로토타입을 집중시켜야 한다.

프로토타입 범위를 줄이는 것이 프로토타이핑의 이득을 극대화하는 핵심이다. 항공기 프로토타이핑의 경우에서 당신은 기체 역학 혹은 인테리어 디자인에 초점을 맞추길 원할 수도 있지만, 한 번에 두 가지 측면 모두를 확인할 수는 없다. 바로 앞의 사례에서 축소 모형을 사용해 기체 역학을 확인하거나 인테리어 디자인 아이디어를 테스트하기 위해 가구를 재배치해서 항공기 실내를 재현할 수 있다. 하지만 하나의 프로토타입에서 여러 측면을 동시에 프로토타이핑하는 작업은 굉장히 어려울 수 있다.

▌ 니즈에 맞는 최적의 프로토타이핑 접근법 결정하기

프로토타이핑을 할 때 사실감realism과 스피드 사이에서 균형을 끊임없이 찾아야만 한다. 한편으로는 프로토타입이 최종 제품의 경험을 가급적 많이 재현하길 원한다. 다른 한편으로는 모든 세부 사항을 챙기려면 시간이 걸리기 때문에 가급적 신속하게 아이디어를 검증하길 원할 수 있다.

사실감과 스피드 사이의 이상적인 균형은 프로토타입에 따라 달라진다. 다음 전략은 당신이 최적의 균형을 찾아서 프로토타이핑에 쏟은 수고를 최대한 활용할 수 있게 도와줄 것이다.

- 특정 시나리오에 초점을 맞춰라.
- 관련성에 따라 인터랙션을 단순화하라.
- 확인하려는 사항을 사전에 정의하라.

특정 시나리오에 프로토타입의 초점을 맞추는 것은 불필요한 부분을 잘라내 프로토타이핑 프로세스를 빠르게 진행할 수 있다. 사실적인 경험을 재현하기 위해서 프로토타입이 미완성으로 보이게 만드는 대신에 복잡성을 줄여서 프로토타입에서 제공하는 옵션을 제한하길 원할 수도 있다.

프로토타입은 한 가지 특정한 대표 사례를 위해 최소한의 단계만 지원하면 되고, 당신은 이러한 장점을 살리기 위해 사전에 시나리오를 선정할 수 있다. 예를 들어 여행 앱에서 옵션으로 다양한 목적지가 표시되지만 실제로는 파리만 선택 가능하게 만들 수 있다. 사용자에게 테스트할 때 목적지로 파리를 선택하는 시나리오를 소개하면 된다.

모든 사용자 인터랙션을 동일한 구체화 수준으로 지원하는 대신에, 관련성에 따라 인터랙션을 단순화하는 방법을 고려해야 한다. 프로토타입에서 각각의 인터랙션은 그들의 관련성에 따라 서로 다른 구체화 수준으로 지원될 수 있다. 예를 들어 앱의 기본적인 아이디어에 대한 사용자 인식을 알고 싶다면 스크린을 이동할 때 보이는 전환 효과를 생략할 수 있다. 전환 효과의 구체성이 부족하지만 앱에서의 내비게이션이 사용자에게 쉽게 이해되는지 아닌지가 기본 프로토타입에서 당신이 알고 싶은 내용이다. 알림 지우기 같은 특정한 액션에 대해 더 자세히 알고 싶다면 제스처, 애니메이션과 다른 측면을 지원하는 데 더 많은 시간을 투입해서 더 상세한 수준으로 경험을 재현할 수도 있다.

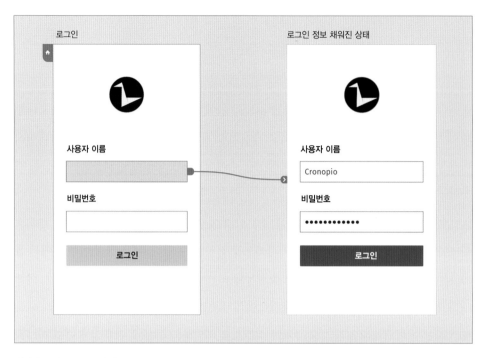

하나의 인터랙션으로 이어지는 2개의 화면으로 구성된 로그인 프로세스를 위한 프로토타입으로 Adobe Experience Design 사용. 처음에는 첫 화면을 먼저 보여주며, 사용자 이름 입력창을 탭하면 입력 프로세스를 시뮬레이션하면서 로그인 정보가 모두 채워진 2번째 화면으로 이동한다.

인터랙션을 단순화할 때 몇 가지 중간 단계를 완전히 건너뛸 수도 있다. 프로토타입에 **로그인 단계**가 있긴 하지만 당신이 확인하려는 부분이 아니라면 이를 간소화한 버전을 포함시킨다. 예를 들어 정보를 채운 로그인 화면을 보여주는 것은 다소 사실감이 떨어지지만 사용자가 전반적인 프로세스를 이해하는 데에는 충분하다.

영화관에서 정지 이미지를 연속적으로 보여주는 것이 계속 이어지는 움직임처럼 보이듯이 많은 사람은 프로토타입에서 그러한 차이를 인식하지 못한다. 인간의 뇌는 많은 경우에 이러한 공백을 채울 수 있으며, 사용자 대상의 테스트를 통해 환상을 깨지 않으면서 생략 가능한 적정량의 단계를 확인할 수 있다.

마지막으로 확인하려는 사항을 사전에 정의한다. 프로토타입 제작에 앞서 프로토타입의 목적을 명시할 때 프로토타입 제작이 한결 쉬워진다. 확인하려는 내용을 구체적으로 명시하는 작업을 통해 프로토타입의 특정 부분을 제작하는 데 투입되는 노력이 해당 목표 달성에 도움이 될지를 자신에게 물어볼 수 있다. 이를 바탕으로 비용과 이득을 평가하고, 목표 달성에 적합한 프로토타입의 가장 간결한 형태를 결정한다.

프로토타입의 목적에 따라 다양한 스타일의 프로토타입과 툴을 선택한다. 다양한 유형의 프로토타입과 프로토타입을 만드는 각양각색의 툴이 있다. 이어지는 섹션에서 몇 가지 공통적인 옵션과 더 편리하게 이용 가능한 시점을 소개한다.

프로토타입 유형 결정하기

프로토타입은 그 목적과 제작 가능한 시점에 따라 매우 다양하며, 종류에는 제약이 없다. 결국 가장 중요한 사실은 프로토타이핑이 실험을 하는 행위라는 점이다. 하지만 프로토타이핑에 대한 자신만의 접근법을 만들 때 영감을 얻을 수 있는 몇 가지 공통적인 접근 방식이 있다. 이러한 접근 방식은 2가지 핵심 측면에 따라 특징지을 수 있다.

- **완성도**fidelity **레벨**은 프로토타입이 얼마나 사실적으로 보이는지를 규정한다.
- **인터랙션 레벨**은 프로토타입이 사용자 액션에 반응하는 정도를 정의한다.

완성도 레벨을 기준으로 다양한 정도로 실제 제품과 유사하게 만든 프로토타입을 발견할 수 있다.

- **종이 프로토타이핑**paper prototyping은 완성도가 낮은low-fidelity 접근법이다. 이는 인터페이스의 다양한 부분을 그린 종이 조각을 자르고, 붙이고, 이동시키는 것으로 구성된다. 앱의 다양한 스크린을 스케치해 이를 사용자에게 보여주고, 사용자가 종이 위에 그린 스케치를 터치할 때 보게 되는 인터랙션을 시뮬레이션하기 위해 종이를 바꿀 수 있다.

UI의 다양한 부분을 합쳐놓은 종이 프로토타입
(출처: https://www.flickr.com/photos/21218849@N03/7984460226/, 사무엘 만(Samuel Mann))

디바이스 형태 혹은 브라우저 프레임 위에서 스케치하거나 버튼, 체크박스처럼 다양한 UI 위젯을 인쇄하기 위해서 http://sneakpeekit.com/에서 제공하는 것 같이 미리 디자인된 템플릿을 사용할 수 있다. 종이라는 도구가 갖는 유연성 덕분에 사전에 계획하지 않았던 사용자 액션에 대응하는 새로운 상태도 신속하게 스케치할 수도 있다. 하지만 사용자가 종이 조각에 그려진 스케치와 인터랙션하기 때문에 최종 제품을 사용하고 있다는 기분이 들게 만들기가 훨씬 더 어렵다.

종이의 낮은 진입 장벽은 사용자를 참여시켜 그들 자신의 아이디어를 말하게 하는 참여적 디자인 워크숍에 아주 편리할 수 있다. 사용자가 만든 프로토타입은 적용 예정인 아이디어를 담아낼 수 없을 수도 있지만, 해결해야 하는 문제와 솔루션의 어떤 측면에 사용자가 관심을 가지는지에 대해 디자이너가 더 자세히 파악하는 데 유용하다.

- **완성도가 낮은 디지털 프로토타입**은 인터랙션을 시뮬레이션하기 위해서 다수의 스케치를 연결하는 아이디어를 동일하게 사용하지만, 대신에 디지털 세상에 해당 컨셉을 적용한다. 이로 인해 프로토타입을 실제 기기에서 사용하거나 다른 사람들에게 디지털로 공유할 수 있다. 그러나 사용자에게 보이는 모습은 제품의 개략적인 모습을 보여주는 스케치뿐이다.

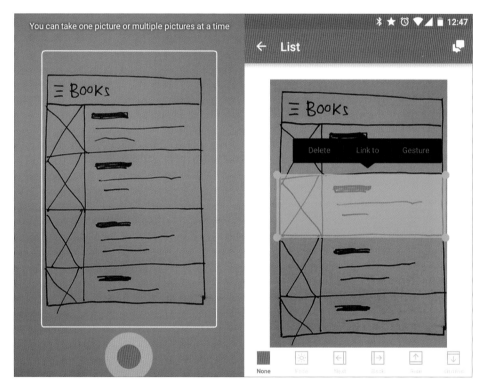

POP는 스케치의 사진을 찍고(왼쪽) 인터랙티브 영역과 그들 사이의 전환(오른쪽)을 정의할 수 있는 모바일 프로토타이핑 툴이다.

종이에 스케치를 하고 나서 사진을 찍거나 스캔, 혹은 디지털로 만들어서 스케치를 디지털 포맷으로 전환시킬 수 있다. 어떤 식이든지 프로토타이핑 툴에서 스케치를 함께 연결해서 다양한 사용자 인터랙션에 어떻게 반응하는지를 정의할 수 있다.

- **높은 완성도의 프로토타입**은 실제 제품과 구분하기 어려울 정도로 사실적이다. 이러한 프로토타입에서 의도한 경험에 가깝게 만들기 위해 일부 단계를 생략하거나 건너뛰더라도, 사용자는 해당 경험에 몰입할 수 있다. 사용자는 이 같은 프로토타입을 제작하려면 더 고급 툴을 사용해서 사실적인 에셋을 만들고 이들을 프로토타입 안에 결합해야 한다는 사실을 알지 못한 채 그들 자신이 직접 경험한 내용을 커뮤니케이션할 것이다.

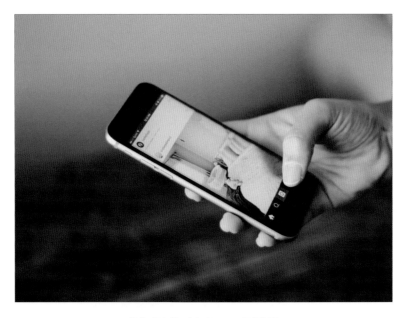

실제 앱일까? 아니면 프로토타입일까?
구분하기 어려울수록 사용자가 더욱 몰입감 있는 경험을 하는 데 도움을 줄 수 있다.

프로토타입의 완성도를 제외하고, 프로토타입의 유형을 결정하는 또 다른 요인은 **인터랙션 레벨**이다. 프로토타입은 다양한 수준의 인터랙션을 제공할 수 있으며, 이것은 사용자에게 더 적극적이거나 수동적인 역할을 부여한다.

- **인터랙티브하지 않은**^{non-interactive} **프로토타입**은 특정 컨텍스트에서 제품이 어떻게 보이는지를 알려주는 정지 이미지, 혹은 인터랙션이 어떤 식으로 이뤄지는지를 보여주는 동영상을 포함한다. 이 같은 프로로타입에서는 사용자가 제어할 수 없으며, 이 때문에 예상되는 사용자 액션에 대응하는 프로토타입을 준비할 필요가 없다. 관객^{audience}은 그들이 본 내용, 혹은 프로토타입에서 제시된 아이디어에 어떤 식으로 반응하는지에 대한 의견을 낼 수 있다. 이러한 프로토타입은 더 많은 사람의 반응을 얻기에는 유용하나 실제 행동에 기초한 피드백을 끌어낼 수는 없다.
- **인터랙티브 프로토타입**은 사용자가 최종 제품을 사용하듯이 프로토타입을 조작할 수 있게 해준다. 인터랙티브하지 않은 프로토타입과 비교하면 사용자는 더 몰입감 있는 경험을 얻고, 더 자연스럽게 행동할 수 있다. 인터랙티브 프로토타입은 첫인상이나 주관적인 의견이 아닌 사용자의 실제 행동을 기초로 결론을 내릴 수 있게 한다.

이 책에서는 가장 의미 있는 피드백을 얻을 수 있는 높은 완성도의 인터랙티브 프로토타입에 주로 초점을 맞춘다. 그렇다 하더라도 당신이 학습하게 되는 기법은 모든 유형의 프로토타입 제작에 유용하게 사용될 것이다. 예를 들어 인터랙티브 프로토타입을 제작하고 나면 특정 워크플로를 보여주는 동영상을 녹화해서 인터랙티브하지 않은 프로토타입을 손쉽게 만들어낼 수 있다.

적절한 툴 선택하기

활용 가능한 다양한 프로토타이핑 툴이 있으며, 아마도 그 수는 앞으로 더 늘어날 것이다. 하지만 현존하는 툴의 다수는 유사한 접근법을 따르며, 이로 인해 한 가지 툴을 이해하고 나면 다른 툴을 익히기가 어렵지 않다.

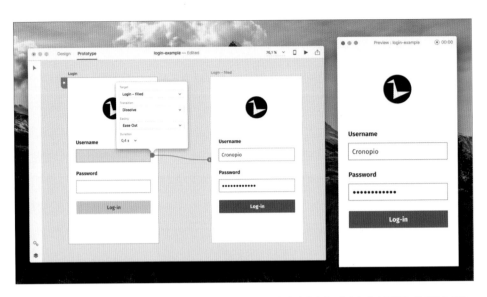

Adobe Experience Design은 디자인과 프로토타이핑 툴이 결합된 형태이며, 페이지 간의 전환을 정의함으로써 다양한 페이지를 시각적으로 연결할 수 있다(출처: Adobe Experience Design 스크린샷).

페이지 간의 내비게이션에 기초를 두는 툴은 다양한 페이지와 인터랙티브 영역을 활용한다. 페이지를 정의해서 앱의 특정 뷰^{view}를 담아낼 수 있다. 이러한 페이지는 별도의 툴에서 디자인된 하나의 UI 이미지, 혹은 다양한 UI 컨트롤의 조합으로 구성될 수 있다.

인터랙션을 만들기 위해 페이지상의 인터랙티브 영역을 정의하고 다른 페이지로의 전환을 구체적으로 명시할 수 있다. 이런 식으로 메뉴 아이콘 영역을 탭핑하면 메뉴 뷰로 전환된다고 기술할 수 있다. 앱의 내비게이션을 규정하는 것 외에도, 체크박스가 선택된 상태와 선택되지 않은 상태 간의 전환 같은 상태 변화를 시뮬레이션하는 전환도 정의할 수 있다.

이러한 툴의 공통적인 한계는 프로토타입의 상태가 다양한 인터랙션을 거치는 사용자의 이동 경로와 일치하도록 정확히 규정될 필요가 있기 때문에 동시에 일어나는 복합적인 상태를 처리하는 게 복잡하다는 점이다. 따라서 목록에서 항목을 삭제하듯이 어떻게든 동일하게 유지돼야 하는 선택적 액션을 프로토타입에서 지원한다면, 항목이 존재하는 경우와 항목이 목록에서 삭제된 경우를 설명하기 위해 다수의 뷰를 중복해서 준비할 필요가 있다.

레이어 인터랙션을 기반으로 하는 툴은 프로토타입을 구성하는 다양한 조각을 독립적으로 처리하는 기능을 지원한다. 이러한 툴에서는 목록이 있는 프로토타입을 만들고, 목록을 구성하는 항목 각각의 가시성^{visibility}을 조절할 수 있다.

이것은 프로토타입의 개별 부분의 상황에 대한 더 큰 컨트롤^{control}을 제공한다.

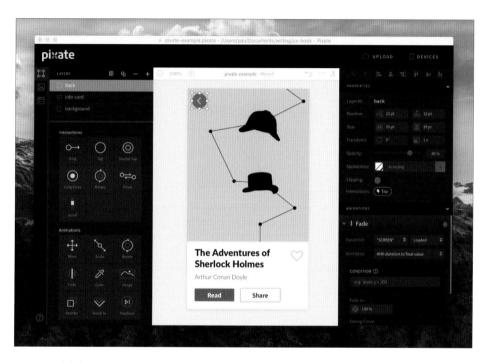

Pixate는 레이어(왼쪽)를 기초로 하며, 인터랙션 정의와 레이어 각각의 애니메이션을 포함한 다양한 속성(오른쪽)은 조절 가능하다(출처: Pixate 스크린샷).

이러한 툴의 공통적인 불편함은 프로토타입 조각을 분해하고 다시 조립하는 경우가 빈번하다는 점이다. 목업과 프로토타입은 보통 서로 다른 툴로 제작되기 때문에 관련된 조각을 그래픽 디자인 툴에서 내보내고 프로토타이핑 툴에서 불러들여야 한다. 일부 툴은 더 진보된 불러들이기^{importing} 툴을 제공해서 프로세스를 간소화하고 디자이너의 시간을 아껴준다.

타임라인 기반의 툴도 레이어를 기초로 하지만 시간에 중요한 역할을 부여한다. 타임라인을 통해 프로토타입의 애니메이션과 전환에 대한 상세한 컨트롤을 제공한다. 모션^{motion} 디자인의 원칙을 프로토타입에 적용하고, 애니메이션 각각의 모든 세부 사항을 조절할 수 있다.

Tumult Hype는 하단의 타임라인을 사용해서 다양한 요소와 그들의 속성이 시간에 따라 어떻게 변하는지를 시각화한다(출처: Tumult Hype 스크린샷).

구성 요소 간의 연결에 기반한 툴은 비주얼 프로그래밍 패러다임$^{visual\ programming\ paradigm}$을 따른다. 인터랙션 구성 요소, 사용자 인터랙션 혹은 논리적 요소에 해당하는 블록을 연결할 수 있다.

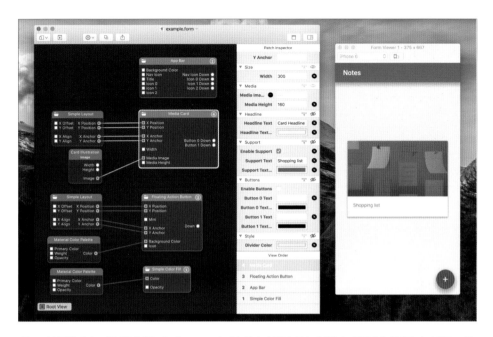

Form은 구성 요소 연결 접근법을 따르는 프로토타이핑 툴이며 구글에서 개발했다. 왼쪽에서 블록을 추가하고 그들의 속성을 연결할 수 있다. 오른쪽에서는 시뮬레이터가 최종 프로토타입을 보여준다(출처: Form 스크린샷).

블록을 연결시켜 프로토타입의 동작을 정의한다. 핀치 제스처pinch gesture[1]에 해당하는 블록은 이미지의 크기 속성, 확대/축소 기능과 연결된다. 일부 논리적 블록은 확대/축소 범위를 제한하거나 전환 속도를 조절하기 위해 중간에 추가될 수 있다.

코드 기반 툴은 프로그래밍 언어를 사용해서 프로토타입을 정의할 수 있게 해준다. 이러한 툴은 일부 프로토타이핑 원칙을 채택해서 상태 간의 전환 기능을 제공하고, 애니메이션을 정의해 이것을 코드의 일부로 포함한다. 코드 기반 툴은 대개 다른 많은 프로그래밍 요소와의 통합을 제공하며, 이를 통해 엄청난 유연성을 가질 수 있다. 하지만 이러한 자유로움은 불필요한 세부 사항을 덧붙이고 싶은 유혹에 들게 한다. 코드 기반 툴을 사용할 때, 프로토타이핑 사고방식을 포기하지 않고 프로토타입의 초점을 유지하려는 노력을 기울여야 한다.

---

1 손가락 엄지와 검지 사이의 거리를 좁히거나 넓히는 행동을 말함 – 옮긴이

Framer는 코드를 기반으로 하는 프로토타이핑 툴이다. 레이어 뿐만 아니라 속성과 인터랙션도 텍스트로 정의된다. 추가 툴이 최종 프로토타입의 시각화를 지원한다(출처: Framer Studio 스크린샷).

대부분의 경우 인터랙티브 프로토타입에서 인터랙티브하지 않은 버전을 만들어 내길 원할 수 있다. 이때 멀티미디어 제작 툴이 도움이 될 수 있다. 스크린샷 소프트웨어를 사용해 프로토타입과의 인터랙션을 녹화하고, 비디오 편집 툴을 사용해서 최종 결과물을 결합하고, 자르고, 음성을 추가하고, 조절할 수 있다.

▍프로토타입 계획 세우기

프로토타이핑은 학습 과정이며, 실수를 통해 무언가를 얻을 수 있다면 실수를 두려워해서는 안 된다. 당신의 디자인에서 답이 나오지 않는 문제를 찾고, 프로토타입을 개발하면서 문제를 해결하는 것은 아주 바람직하다. 실험은 프로세스의 일부다. 하지만 약간의 계획은 시간을 절약하게 해준다.

프로토타입을 제작할 때 효율을 위해 지름길을 택하고 많은 단계를 생략할 필요가 있다. 이 같은 결정은 미래의 옵션을 제한할 수도 있지만, 그 효과를 조금이나마 예측하기에 적당하다. 프로토타입을 제작하는 도중에 당신이 선택한 툴이 프로토타입의 핵심 부분에서 절대적으로 필요한 인터랙션을 지원하지 않는다는 사실을 알게 되기를 원치 않을 것이다.

이 섹션에서는 프로토타입을 시작하기에 앞서 고려해야 할 몇 가지 측면을 다룬다. 계획을 세우되, 솔루션을 프로토타입으로 만들 때에는 부담 없이 실험해야 한다.

무엇을 프로토타입으로 만들지 결정하기

프로토타입의 목적을 이해하는 것은 프로토타이핑 프로세스 도중에 중요한 결정을 내릴 때 도움이 된다. 이 시점에서 당신은 다음의 측면에 대해 명확한 생각을 갖고 있어야만 한다.

- **목표**: 프로토타입을 통해 확인하려는 것은 무엇인가?
- **대상 사용자**: 누구에게 확인하고 싶은가?
- **시나리오**: 특정 컨텍스트에서 어떤 활동을 프로토타입에서 지원할 것인가?

이러한 정보는 프로토타이핑 접근법과 사용 툴을 결정하는 데 도움이 될 것이다.

프로토타입의 목표를 정의할 때에는 구체적이어야 한다. 컨셉에 대한 전반적인 이해, 내비게이션의 명확성, 특정 기능의 검색 용이성, 태스크 완료 용이성을 비롯해 사용자 경험에 기여하는 다양한 다른 측면을 확인하는 것을 결정할 수 있다. 복수의 목표를 정할 수는 있으나, "아이디어가 원하는 효과가 있는가?"처럼 지나치게 포괄적인 목표는 피해야 한다. 그렇지 않으면 당신의 개방형 질문에 대답하기 위해서 프로토타입에서 어떤 측면이 가장 유용한지가 명확하지 않다.

대상 사용자가 당신에게 유용한 대답을 제공할 수 있게 도와야 한다. 선택된 그룹의 사람들이 당신의 질문에 대답할 수 있는지, 그리고 대답을 이끌어내는 데 프로토타입이 어떻게 도움을 줄 수 있는지를 고려해야 한다. 다른 디자이너들과 컨셉을 논의하기 위해 프로토타입을 만드는 것이라면 완성도가 낮은 프로토타입도 충분할 수 있지만, 실제 사용자의 특정한 상세 행동을 관찰하길 원한다면 완성도가 높은 프로토타입이 더 적절하다.

프로토타입은 대상 사용자들이 해당 상황에 몰입할 수 있도록 그들에게 친숙한 컨텍스트를 기초로 해야 한다. 여행 앱을 프로토타이핑한다면 발음하기 어렵고 잘 알려지지 않은 목적지보다는 잘 알려진 목적지, 아니면 정확히 테스트하려는 장소를 예제로 사용하는 편이 훨씬 더 좋다.

프로토타입을 대상 사용자에게 어떻게 전달할지도 숙고해봐야 한다. 사용자들의 규모와 위치에 따라 프로토타입이 탑재된 기기를 제공하거나 그들이 소유한 자신의 기기에서 써볼 수 있도록 프로토타입을 공유할 수 있다. 많은 프로토타이핑 툴에서는 HTML 형식으로 내보내기를 지원하며, 웹 브라우저의 범용성 덕분에 다양한 종류의 디바이스에서 이를 사용할 수 있다. 하지만 다른 툴에서는 특정 플랫폼에만 적합한 프로토타입을 만들어내기 때문에 사용자 수가 제한되고, 별도의 설치 프로세스가 요구된다.

시나리오를 지원하는 최소한의 핵심적인 측면, 부가적인 컨텍스트를 위해 필요한 측면, 그리고 프로토타입으로 제작할 필요가 없는 측면 같이 선택한 시나리오를 기초로 관련성이 각기 다른 다양한 측면을 확인할 수 있다. 가장 중요한 부분에 노력을 집중해야 한다.

일부 경우에는 무엇을 프로토타입으로 만들어야 하는지가 명확하지 않을 수 있다. 디자인 방향성에 대한 확신이 없을 수도 있다. 이러한 경우에는 복수의 프로토타입을 제작해 사용자가 다양한 아이디어에 어떻게 반응하는지를 알아볼 수 있다. 프로토타입에 주어진 시간을 고려해서 더 세부적인 프로토타입을 하나만 만들지, 아니면 세부 사항이 미흡한 여러 개의 프로토타입을 만들지 결정해야 한다.

프로토타입 방법 결정하기

프로토타입 시나리오를 선택하고 나면, 사용자가 시나리오를 수행하는 데 필요한 모든 단계의 인터랙션 세부 사항을 정확히 담아내야 한다. Sketchflow에서 프로토타입을 지원하는 단계를 규정할 수 있다. Sketchflow는 프로토타입의 각 단계를 기술하는 연속하는 스케치와 이를 연결하는 다양한 인터랙션을 결합시킨다.

설계도는 프로토타입 개발의 기준이 될 수 있다. 덧붙여 설계도는 프로토타입의 개발 상황을 리뷰할 때에도 유용하다. 프로토타입은 마치 실제로 작동하듯이 보이기 때문에 일부 인터랙션은 잊어버리기 쉽다. 설계도를 준비하는 작업은 프로토타입을 더 체계적으로 체크하는 것을 가능하게 해준다.

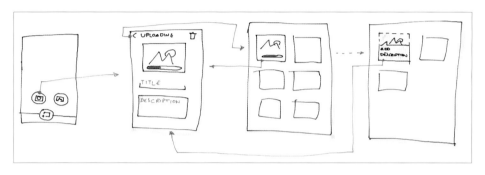

카메라 앱 프로토타입에서 이미지를 업데이트하는 작업 흐름을 표현한 sketchflow

당신의 시나리오는 사용자가 가장 적절한 상황에서 취하게 되는 단계를 보여주는 이상적인 경로를 가질 수 있다. 하지만 인터랙티브 프로토타입에서는 사용자의 행동을 제어할 수 없으며, 그들은 보통 이상적인 경로에서 벗어나게 된다. 이전 단계로 돌아가는 전환을 검토하고, 사용자가 경로에서 벗어나는 지점을 예측하려고 노력해야 한다.

현실성 있는 컨텍스트를 사용자에게 제공하는 것은 프로토타입이 생성된 경험에 그들이 몰입할 수 있게 도와준다. 공간 채움을 위한 의미 없는 글은 피하고, 의미 있고 적절한 예를 사용해야 한다. 추가 컨텍스트를 제공하기 위한 서막으로 프로토타입에 추가 단계를 포함시킬 수도 있다. 예를 들어 첫 경험의 개념을 보강하길 원한다면 앱을 열어서 프로토타입을 시작하는 대신에, 사용자가 앱을 설치하는 앱 스토어 스크린에서 프로토타이핑을 시작할 수도 있다.

▌ 실용적으로 진행하기

프로토타이핑은 디자인 프로세스에서 핵심적인 부분이다. 하지만 모든 사람이 프로토타이핑이 수행하는 역할에 대해 정통할 수는 없다. 프로토타이핑이 실제로 적절하게 적용될 수 있도록 돕는 몇 가지 고려 사항이 있다.

프로토타입은 제품의 초기 버전이 아니다

프로토타입이라는 용어는 다양한 방식으로 사용되는 경우가 많다. 프로토타입을 계속해서 보완하거나 수정할 부분이 많기 때문에 제품의 초기 버전이라고 설명하는 사람도 있을 수 있다. 하지만 이 같이 불충분한 제품은 최종 경험을 제대로 재현하지 못하며, 개발을 위한 추가 노력이 필요하며, 특정 방향으로의 더 큰 자원의 투입을 의미한다.

프로토타입은 아이디어를 테스트하기 위해서 특별히 제작되며, 누락된 부분은 답을 얻으려는 디자인 문제와 관련이 있으면서 사용자에게 노출되는 요소를 우선적으로 처리하기 위한 의도적인 결정의 결과물이다. 프로토타입은 재사용할 필요가 없는 포인트에 대해서는 되도록 많이 가짜로 꾸민다. 프로토타입을 통해 학습하는 것이 가장 중요하기 때문에 이것은 문제가 되지 않는다. 테스트가 끝나면 프로토타입을 제거할 수도 있다.

프로토타입은 천 번의 미팅 같은 가치가 있다

> "그림이 1000개 단어의 가치가 있다면, 프로토타입은 1000번의 미팅과 같은 값어치가 있다."라는 유명한 말이 IDEO에 있다.

미팅meeting은 흔히 의견과 추측에 기반한 논의로 가득하다. 단어 및 정지된 이미지 같이 미팅에서 사용되는 자료는 아이디어가 실제로 어떻게 작동하는지를 깊이 이해하기 위해서는 많은 정신적 노력을 여전히 요구한다.

프로토타입을 제시할 때에는 참여 사용자가 몰입해야 하는 스토리에 초점을 맞춘다. 특정 기능을 설명하는 대신에 당신의 디자인에서 해결하려는 문제점을 강조해야 한다. 프로토타입은 미래를 볼 수 있는 창문 같은 역할을 하며 당신의 제품이 어떻게 작동하는지를 보여준다. 프로토타입은 사람들이 솔루션을 직접 경험할 수 있게 해주며, 그들이 주어진 컨텍스트에 집중하도록 도와준다.

▌ 요약

6장에서는 프로토타이핑의 기본 원칙을 소개했다. 올바른 마인드셋으로 프로토타이핑에 접근하는 것을 통해 어떤 아이디어도 신속하게 실행에 옮기고, 이를 통해 깨달음을 얻을 수 있을 것이다. 이는 당신의 앱을 위해 더 많은 혁신적 솔루션을 재빨리 탐색하고, 실제 사용자로부터 학습한 내용에 기초해서 앱을 개선하는 데 도움을 줄 것이다.

프로토타이핑은 디자인 프로세스에서 핵심 단계다. 하지만 일부 사람들은 이것을 부가적인 과정으로 인지하기도 한다. 프로토타이핑 원칙을 이해하고, 다양한 프로토타이핑 기법을 완벽하게 숙지하는 것은 프로토타이핑이 실제로 시간을 절약해주는 것임을 입증하는 일이며, 그 영향력을 보여줄 수 있게 한다.

이어지는 장에서는 프로토타이핑 기법을 확실하게 보여주는 구체적인 툴을 소개한다. 특히 7장에서는 앱 작동법을 시뮬레이션하기 위해서 앱 구성 요소의 움직임을 조정할 수 있는 강력한 애니메이션 기능을 갖춘 Hype라는 툴을 다룬다.

모션으로 프로토타이핑하기
- Tumult Hype 사용하기

"쓸 수 있거나 상상할 수 있는 모든 것은 영화로 만들 수 있다."

— 스탠리 큐브릭Stanly Kubrick

모션은 스토리텔링의 핵심 요소가 될 수 있다. 극장과 영화에서 연출자는 무대 위 배우들의 위치와 그들의 움직임에 큰 관심을 기울인다. 이러한 계획 프로세스는 **블록킹**blocking1 으로 알려져 있으며, 19세기에 유래한 작은 무대의 목판을 사용한 기법의 이름을 따서 지은 것이다. 영화의 경우, 배우들의 움직임과 카메라는 고객에게 감정을 전달하는 데 도움을 준다. 배우가 장면에 등장하는 방식은 배우가 말하는 것에 못지 않게 표현할 수 있다.

---

1 배우들의 동작과 동선, 구체적인 움직임을 결정하고 완성하는 단계 – 옮긴이

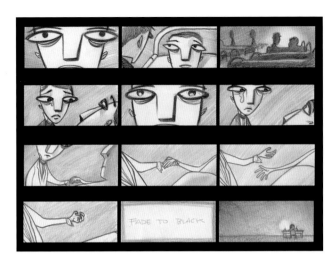

스토리보드는 스토리를 전달하는 데 필요한 주요 카메라 각도, 움직임, 그리고 "점차 어두워지다가 검은색으로 사라진다."라고 적힌 간판 같은 전환 효과를 담고 있다.

프로토타입 제작은 제품이 사용자를 어떻게 돕는지에 대한 스토리를 들려주는 과정이기도 하다. 모션을 사용하면 해당 스토리를 더 잘 전달할 수 있다. 인터랙션은 본래 다이나믹하며 스케치나 목업 같은 정적인 요소로 이를 설명하려고 애쓰는 것은 사용자의 상상력에 너무 많은 여지를 남겨두는 일이다. 프로토타입을 제작할 때 모션과 시간을 자유롭게 컨트롤할 수 있는 툴을 사용해 이점을 얻을 수 있다.

7장에서는 시간 기반의 프로토타이핑 툴인 Tumult Hype를 사용하는 법을 배운다. 6장에서 다룬 프로토타이핑의 기본 원칙을 적용한다. 특히 7장에서는 다음 내용을 다룬다.

- 모션의 역할과 모션을 사용해 더 좋은 인터랙션을 디자인하는 방법 이해하기
- Hype의 기본 원리 익히기
- 다양한 제스처가 담긴 레이어를 처리해서 간단한 인터랙션 프로토타이핑하기
- 애니메이션을 구성해서 복잡한 인터랙션 지원하고 사용자 입력에 반응하기

7장에서 배우게 되는 프로토타이핑 기법은 Hype를 금세 쓸 수 있게 도와줄 것이며, 다른 많은 프로토타이핑 툴에서도 활용 가능한 컨셉에 친숙하게 만들어 줄 것이다.

프로토타이핑에서 모션의 역할

일반적으로 앱에는 움직이는 부분이 많다. 예를 들어 버튼을 클릭할 때 등장하는 패널 간의 전환 효과, 터치 제스처에 반응하는 애니메이션과 이미지, 그 외 많은 부분이 있다. 각각의 요소가 움직이는 방법을 결정하는 것은 숙고해야 하는 중요한 디자인 결정 사항이다.

프로토타이핑을 할 때 목표 달성을 위해 모션을 사용하기 위한 다양한 접근법을 탐색할 수 있다. 모션은 다양한 수준에서 도움이 된다.

- **모션은 설명하는 데 도움을 준다**: 아이템이 움직이는 방식은 디지털 세상의 규칙을 보여줄 수 있으며, 따라서 이러한 규칙을 사용자가 더 잘 이해할 수 있게 도와준다. 정보 체계를 명확히 하거나 방향성 힌트를 제공하는 것은 글로 설명할 때보다 모션을 통해 직관적으로 전달할 때 더 효과적일 수 있다. 예를 들어 목록 스크롤 동작에서의 저항은 목록의 끝에 도착했음을 사용자에게 전달하기 위해 사용된다. 요소의 움직임을 디자인할 때에는 반드시 해당 움직임 속에 일관성을 갖도록 해야 한다. 그렇지 않으면 모순되는 규칙을 전달하게 되며, 이는 혼란으로 이어질 수 있다.
- **모션은 톤을 정한다**: 커뮤니케이션을 할 때, 손동작을 포함한 모든 몸짓 언어body language는 메시지가 어떻게 받아들여지는지에 영향을 미친다. 이와 마찬가지로 전환 효과의 속도는 앱에 다양한 톤tone을 부여한다. 예를 들어 구성 요소를 통통 튀게 만드는 동작은 장난기 많은 톤을 전달한다. Hype 같은 툴은 각각의 움직임 속도를 손쉽게 조정할 수 있도록 폭넓은 타이밍 기능 세트를 제공한다.
- **모션은 변화를 더 자연스럽게 만들어 준다**: 우리의 뇌는 기본적인 물리 법칙을 직관적으로 이해하도록 프로그래밍돼 있다. 구성 요소가 갑자기 사라지거나 나타나는 게 아니라 연속적으로 움직이면 사용자가 변화를 인지하기가 쉽다. 예를 들어 목록에서 한 가지 항목을 제거할 때, 구성 요소가 갑자기 사라지기보다는 점차 사라지면서 빈자리가 좁아지는 편이 훨씬 더 잘 전달될 수 있다.

- **모션은 관심을 사로잡는다**: 구성 요소가 움직이는 동작은 관심을 사로잡는다. 그룹에 새로 추가된 신규 요소 같은 관련 요소로 사용자의 관심을 끌기 위해 사용할 수 있다. 미묘한 애니메이션도 사용자를 기쁘게 하고, 사용자 경험을 더 즐겁게 만들 수 있다. 예를 들어 로딩 인디케이터는 기다림을 덜 지루하게 만드는 데 기여할 수 있다. 영화에서 특수 효과 사용과 마찬가지로 모션은 적절하게 적용하며, 사용자를 귀찮게 만들지 않도록 남용을 피해야 한다.

시간이 흐름에 따라 구성 요소가 변하는 방식은 제품의 사용자 경험에 영향을 미친다. 적절한 툴을 사용해 다양한 유형의 모션을 컨트롤하고, 사용자 니즈에 더 잘 맞는 접근법을 탐색할 수 있다.

▌ Hype의 기본 컨셉

Tumult Hype는 인터랙티브 애니메이션을 제작하는 툴이다. Hype는 기능 위주의 앱, 인터랙티브 e-북용 위젯, 인터랙티브 시각화 구현, 엔터테인먼트 비디오, 게임을 제작하는 데 사용돼 왔다. 최종 제품 제작이 Hype의 주된 목적이긴 하지만, 이 툴이 제공하는 인터랙션과 타임 컨트롤 덕분에 매우 편리한 프로토타이핑 툴이기도 하다.

Hype는 매크로미디어 플래시^{Macromedia Flash}와 동일한 카테고리에 속하며, 플래시도 프로토타이핑 목적으로 사용하기도 한다. 하지만 Hype는 HTML5를 사용하기 때문에 다른 플랫폼에서도 최종 프로토타입을 쉽게 사용할 수 있다. Hype는 동영상으로 된 GIF를 포함한 비디오 포맷으로 내보낼 수 있으며, 이를 사용해서 인터랙티브하지 않은 프로토타입을 쉽게 만들 수 있다.

Hype는 레귤러와 프로, 2가지 버전으로 맥에서도 이용 가능하다. 프로 버전에서는 물리 엔진과 컴포넌트 재사용 기능 등을 제공하지만, 레귤러 버전도 대부분의 프로토타이핑 니즈에 충분하다. 모바일 프로토타입 제작을 쉽게 하기 위해 Hype Reflect는 iOS 기기에서도 이용 가능하다. http://tumult.com/hype/에서 Hype에 대한 더 자세한 정보와 다양한 앱을 확인할 수 있다.

Hype는 다양한 패널과 도구를 제공한다. 장면(scene), 레이어, 속성은 프로토타입 제작의 3대 주요 구성 요소다 (출처: Tumult Hype 스크린샷).

Hype는 매우 유연한 툴이다. 프로토타입의 요구 사항에 맞춰 복잡성을 제공한다. 아주 간단한 프로토타입을 순식간에 제작할 수 있으며, 필요하다면 더 복잡한 인터랙션을 계속해서 추가할 수 있다. 마지막으로 프로토타입의 특정 부분에서 매우 복잡한 무언가를 만들고 싶다면 해당 부분만을 위해서 HTML과 자바스크립트를 사용할 수 있다.

Hype는 프로토타입 제작을 위한 다양한 옵션과 도구를 제공한다. 이어서 주요 패널과 뷰view를 소개한다.

장면 목록

Hype에서는 프로토타입을 하나 혹은 여러 개의 장면으로 구성할 수 있다. 각각의 장면에는 장면 자체의 멀티미디어 구성 요소, 인터랙션과 애니메이션이 들어 있다. 복수의 레이어를 가진 단일 장면으로 프로토타입을 제작할 수 있지만, 프로토타입 뷰를 별개의 장면으로 나누는 것은 프로토타입의 복잡도를 더 효율적으로 구성하는 데 도움을 줄 수 있다.

Hype는 왼쪽 패널에서 현재 장면의 목록을 보여준다. '+' 표시를 클릭해 새로운 장면을 만들고, 이름을 부여하고, 썸네일을 클릭해서 장면을 전환할 수 있다. 드래그해서 순서를 바꿀 수도 있다. 결과물을 미리 보기할 때 제일 위에 있는 장면이 처음에 보인다.

장면 에디터

가장 중요한 뷰는 현재 장면의 콘텐츠를 보여준다. 여기서 보이는 캔버스에서 프로토타입에 사용할 다양한 멀티미디어 요소를 배치하고 조작할 수 있다.

장면 에디터^{scene editor} 상단에는 구성 요소를 만들고 조작하기 위한 몇 가지 컨트롤이 위치한다. Hype는 사각형, 원, 버튼 같은 기본 요소의 작성을 지원한다. 하지만 대체로 스케치 같은 외부 도구에서 제작된 미디어를 가다듬게 될 것이다. 고급 사용자를 위해 Hype에서는 HTML 요소를 직접 추가할 수 있다.

그룹핑을 제어하고, 요소의 순서를 조절하며, 프로토타입을 미리 보고, 다양한 패널을 표시하거나 숨기기 위한 다양한 툴바^{toolbar} 기능이 제공된다.

속성 관리자

속성 관리자^{property inspector}는 오른쪽에 위치하며, 활성화된 요소의 속성을 보여준다. 다루는 측면에 따라 다양한 속성 탭이 패널상에 표시된다.

- **도큐먼트**^{document} : 내보내기 및 호환성 설정 같이 프로토타입 전체에 영향을 주는 기본 속성을 포함한다.
- **장면**^{scene} : 전체 스크린 영역의 캔버스 사이즈, 인터랙션 이벤트 같은 현재 장면의 속성을 표시한다.
- **메트릭스**^{metrics} : 선택된 요소의 위치, 크기, 회전에 대한 조정을 지원한다.
- **요소**^{element} : 색상, 테두리 스타일, 시각 효과처럼 선택된 요소의 시각적 측면과 관련된 속성을 포함한다.
- **글씨체**^{typography} : 텍스트로 구성된 콘텐츠와 관계가 있으며 폰트, 사이즈, 정렬 등을 정의한다.
- **액션**^{action} : 탭핑 혹은 드래그 같은 특정 이벤트에 요소가 어떻게 반응하는지를 정의할 수 있다.
- **아이덴터티**^{identity} : 프로토타입을 만들어내면 생기는 HTML 요소를 위해 식별자^{identifier} 및 클래스^{class} 같은 고급 속성을 포함한다.

일부 애니메이션에서는 장면 내의 요소를 조작하려면 위와 같은 일부 속성을 변경해야만 한다.

타임라인과 레이어

타임라인^{timeline}은 멀티미디어 에디터처럼 모션을 다루는 다양한 앱에서 핵심 요소다. 타임라인은 시간이 흐름에 따라 속성이 어떻게 진전되는지를 정확히 담아낸다. 속성을 바꾸기 위해서는 당신이 처음과 마지막 값을 지정해주면 소프트웨어에서 중간 단계를 모두 처리한다.

영화 메타포와 마찬가지로 Hype는 사용자가 정의한 키프레임으로 알려진 몇 개의 기본 프레임을 기초로 모든 프레임을 만들어 낼 수 있다. 예를 들어 페이드-인^{fade-in} 전환 효과를 정의하기 위해 처음에는 불투명도^{opacity}를 0%로 설정하고, 0.5초 뒤에는 불투명도가

100%인 키프레임을 만들 수 있다. 소프트웨어가 애니메이션에 필요한 모든 중간 프레임을 산출할 것이다.

녹화 버튼은 속성을 수정하는 동안에 신규 키프레임을 언제 생성시킬지를 컨트롤할 수 있게 해 준다. 녹화 버튼을 누르면 프로토타입의 오브젝트object를 조작할 수 있으며, 이러한 변화는 타임라인상의 표시된 지점에서 키프레임에 기록된다.

Hype에서 복수의 타임라인을 정의할 수 있다. 기본 타임라인이 자동으로 플레이되는 동안 다른 타임라인을 언제 플레이할지를 제어할 수 있다. 타임라인은 프로토타입 내의 다양한 동작을 정의하는 데 유용하다. 타임라인은 하나 혹은 여러 레이어의 속성에 영향을 주는 애니메이션을 서술한다. 패널 표시하기, 목록에서 요소 제거하기, 혹은 이미지 확대/축소하기 등은 프로토타입 타임라인에서 당신이 정의할 수 있는 애니메이션의 몇 가지 예다.

다양한 애니메이션을 만들기 위해 복수의 타임라인을 정의하고 타임라인 간을 전환할 수 있다. 플레이어player 컨트롤을 사용해서 애니메이션이 예상한 대로 작동하는지를 체크할 수 있다.

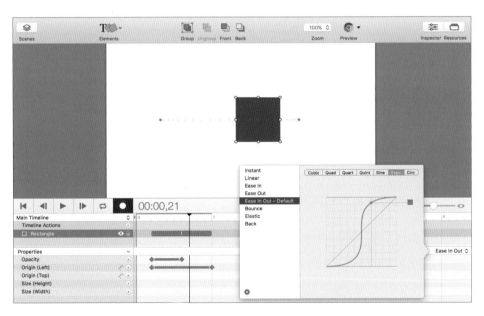

타임라인은 사각형 레이어 투명도와 위치의 전환 효과를 담아낸다. 오브젝트 궤적은 장면 편집기에 표시되며, 타이밍 기능을 선택하는 옵션은 타임라인에 표시된다.

전환 효과를 정의할 때 다양한 타이밍 기능을 선택할 수 있다. 이를 통해서 애니메이션에서 속성이 변경되는 속도를 조절할 수 있다.

- **즉각적인**instant : 점진적인 것이 아닌 급진적인 변화를 의미한다.
- **선형적인**linear : 일정한 속도로 벌어지는 변화를 포함한다. 선형적인 속도로 이동하는 요소는 가속이나 감속 없이 동일한 속도를 유지한다.
- **감소하는**ease : 이 기능은 시작, 끝, 혹은 둘 다에서 마찰 저항friction을 고려한다. 이즈 인ease in은 초반에 변화가 더 천천히 이뤄지며, 반면에 이즈 아웃ease out은 마지막에 감속한다. 예상대로 이즈 인 아웃ease in out 기능은 두 가지 지점 모두에서 마찰 저항을 고려한다. 처음에는 가속하다가 감속으로 끝마친다. 이즈 기능은 선형적인 것보다 더 사실적인 움직임을 만들어낸다. 실제 세상에서 사물은 의도한 속도에 다다르기 위해 어느 정도의 가속을 필요로 하기 때문이다. Hype는 움직임의 현저함을 조절할 수 있도록 다양하게 변형된 이즈 기능을 제공한다.
- **튀어 오르는**bounce : 원하는 지점에 도달했다가 다시 돌아가는 변화에 해당한다. 값은 목표치를 초과하지 않으며 바운스 효과를 내기 위해서 왕복한다.
- **탄력적인**elastic : 바운스와 유사하지만 처음에는 목표값을 초과하며 스프링처럼 왔다갔다한다.
- **돌아가는**back : 이 모션도 처음에는 목표값을 초과하지만 더 세심한 방식으로 점진적으로 목표값에 도달하며, 왔다갔다하는 움직임은 없다.

장면에 참여하는 이 요소는 목록에서 레이어로 표시된다. 이들은 다른 것 위에 표시되는 것을 조절하기 위해 그룹핑되고 배열될 수 있다. 레이어가 선택되고 나면 해당 속성은 타임라인에 표시된다.

코드 에디터

Hype에서는 자신만의 자바스크립트 기능을 만들어 더 복잡한 인터랙션을 지원한다. 제공되는 코드 에디터^{code editor}를 사용해서 Hype 기능성과 자신만의 로직^{logic}을 결합시킬 수 있다.

코드 작성을 통해 당신이 툴을 사용해서 시각적으로 정의한 것과 동일한 인터랙션 옵션에 접근할 수 있다. 예를 들어 타임라인에서 플레이 혹은 일시 정지를 하거나 이를 다른 장면으로 이동시킨다. 일부 기능을 코드로 작성하는 경우의 장점은 이 기능을 결합시키는 방법에 대한 더 복잡한 로직을 정의할 수 있다는 점이다. 예를 들어 변숫값을 기초로 다양한 장면으로 바꾼다.

불러오기와 내보내기

미디어를 Hype로 드래그 앤 드롭^{drag and drop}하면 불러오기를 간단하게 실행할 수 있다. 추가된 원본 파일이 최신인지 Hype에서 체크하고, 수정이 발생했다면 최신 버전으로 교체하는 방법을 고려한다. 이는 외부 툴과 함께 작업하는 프로세스를 용이하게 해준다. 이미지를 수정할 때에는 스케치^{Sketch}에서 모든 프로토타입 이미지를 동일 폴더로 내보낼 수 있으며, 이름이 바뀌지 않는 한 프로토타입은 싱크^{sync} 상태를 유지한다.

Hype는 로컬 브라우저에서 프로토타입 미리 보기를 지원한다. Hype Reflect를 설치하면 당신의 모바일 기기를 결과 미리 보기 옵션으로 선택할 수 있다. 결과가 마음에 든다면 프로토타입을 HTML 혹은 동영상 포맷으로 내보낸다.

내비게이션 프로토타이핑

7장에서 우리는 소셜 스포츠 앱에 대한 아이디어를 기초로 몇 가지의 프로토타입을 제작한다. 앱을 통해서 당신은 친구들과 좋은 시간을 보내기도 하면서 건강을 유지하는 목적으로 지인들과 스포츠 활동을 제안해 발견하고, 조직화할 수 있다.

앱의 주요 요소 중 하나는 참여 가능한 활동[activity]의 목록이다. 첫 번째 예제에서 우리는 다양한 활동 목록에서 그들 중 한 가지 활동의 세부 사항으로 이동하는 프로세스의 기본적인 내비게이션에 초점을 맞출 것이다.

 프로토타입을 Asset_A6462_A07_A01_Navigation_prototype.zip에서 다운로드한다.

앞으로 밟아나갈 기본적인 단계는 다음과 같다.

1. 각각의 뷰를 위한 이미지 만들기
2. 프로토타입의 신규 장면에 이미지 추가하기
3. 장면 간을 이동하는 인터랙션 정의하기

이 같은 내비게이션을 프로토타이핑하기 위해서는 관련된 2가지 뷰의 이미지가 필요하다. 목록 뷰에는 간략한 설명과 함께 다양한 스포츠 활동이 포함된다. 상세 뷰에는 예를 들어 테니스 경기 같은 활동에 대한 더 자세한 설명과 함께 몇 가지 기능을 제공한다. 스케치에서 2가지 뷰를 독립적인 아트보드로 정의하고, 이미지를 얻기 위해 이들을 내보낼 수 있게 만든다.

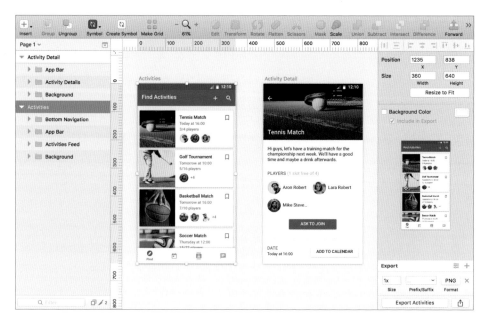

스케치에서 내보낼 수 있는 아트보드로서의 목록과 상세 뷰(출처: Sketch 스크린샷)

이용 가능한 이미지를 준비하고 나면 Hype에서 이를 프로토타입과 결합시킨다. Hype를 열면 기본 장면이 있는 새로운 도큐먼트가 보인다. 이 경우에는 프로토타입 크기인 360×640에 맞춰서 장면 사이즈를 조절할 필요가 있다. 프로토타입의 모든 장면을 동일한 사이즈로 맞추길 원한다면 Apply changes to all scenes을 누른다.

첫 장면은 활동 목록이다. 파일 시스템에서 이미지를 드래그해 목록에 이미지를 추가할 수 있다. 그렇지 않으면 상단 툴바의 Elements 메뉴로 들어가서 Image… 옵션을 선택할 수 있다.

236

첫 장면을 완성하기 위해서는 이름을 지정해야 한다. 왼쪽의 장면 목록에서 장면 제목을 더블 클릭하거나 썸네일에서 우클릭하면 나오는 컨텍스추얼contextual 메뉴에서 **Rename** 옵션을 사용할 수 있다.

Hype의 활동 목록을 위한 첫 장면

내비게이션 인터랙션을 통해 2개의 장면 사이를 이동해야 하므로 새로운 장면을 추가해야 한다. 장면 목록 상단의 '**+**'를 클릭해서 제목이 없는 새로운 장면을 생성시킬 수 있다. 그리고 나서 두 번째 장면에 이미지를 추가하고, 활동 세부 사항Activity Details이라고 이름을 붙일 수 있다.

2개 장면을 준비하고 나면 내비게이션 인터랙션을 정의하는데, 다음 2단계를 통해 진행한다.

1. 사용자가 인터랙션을 실행하기 위해서 터치해야 하는 유효active 영역 정의하기
2. 결과로 발생하는 인터랙션을 구체적으로 명시하기

인터랙티브 영역을 정의하기 위해서 투명한 사각형을 사용한다. Elements 메뉴에서 새로운 사각형을 만들 수 있다.

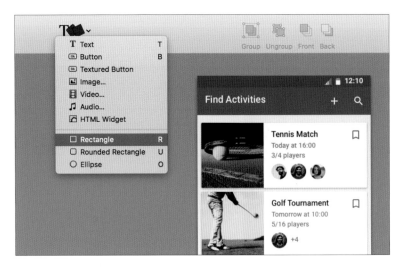

새로운 사각형을 추가하면 밑에 있는 이미지에 인터랙티브 영역을 설정할 수 있다.

사각형의 사이즈와 위치를 조절해서 활동Activities 장면의 목록 첫 번째에 있는 항목을 덮을 것이다. 사각형을 투명으로 처리하기 위해 속성 패널의 **요소**Elements 탭에서 스타일을 조정한다. Fill Style과 Border Style을 모두 None으로 설정한다. 이렇게 하면 보이지는 않지만 사용자 인터랙션에는 반응하는 영역을 지정할 수 있다.

유효 영역은 보이지 않는 요소이기 때문에 나중에 찾기 쉽도록 레이어 목록에서 이름을 변경해둔다. 예를 들어 활성화 영역을 구분하기 위해 act라는 접두사를 사용한다면, Tennis Match 항목에 해당하는 활성화 영역은 act-tennis라고 이름 지을 수 있다.

act-tennis 레이어는 투명한 사각형이며, 인터랙션 영역을 범위를 지정하기 위해 사용한다.

유효 영역을 정의하고 나면 그에 대한 인터랙션을 설정할 수 있다. 속성 관리자의 액션 섹션에서 선택된 요소에 대해 다양한 종류의 인터랙션을 정의할 수 있다. 이 경우 우리는 사용자가 목록의 첫 번째 항목을 탭했을 때 현재 장면이 변경되길 원한다.

On Mouse Click(Tap) 섹션에서 + 아이콘을 사용해서 새로운 인터랙션을 추가한다. 이것은 사용자가 마우스를 사용해서 클릭하거나 터치 기기에서 탭을 했을 때 반응하기 위해 사용하는 이벤트다. 다양한 유형의 액션 중에서 우리는 Jump to Scene…을 선택한다. 왜냐하면 이것이 장면 간을 이동하는 우리의 목적에 잘 맞기 때문이다.

이동할 목표 장면과 전환 효과도 구체적으로 명시할 필요가 있다. 기본적으로 목표는 즉각적인 전환을 지닌 다음 장면이다.

더 좋은 연속성을 얻기 위해서 기본 전환이 아닌 **Push** 스타일의 전환을 사용할 것이다. 이 전환을 사용하면 새로운 뷰가 들어올 때 기존 뷰가 현재 뷰포트^{viewport} 밖으로 이동한다. 더 자연스럽게 느껴지도록 전환 속도를 조절해 0.3초로 설정한다.

액션 패널에서 장면의 변화를 촉발하는 인터랙션을 정의하고, 해당 변숫값을 조정할 수 있다.

이 시점에서 프로토타입을 미리 보고 내비게이션을 사용해볼 수 있다. 미리 보기 옵션을 클릭하면 프로토타입을 브라우저에서 확인할 수 있다. 프로토타입에서는 목록 뷰에서 상세 뷰로 이동할 수 있어야 한다. 하지만 상세 뷰에서는 아직 이전 목록으로 돌아갈 수 없다.

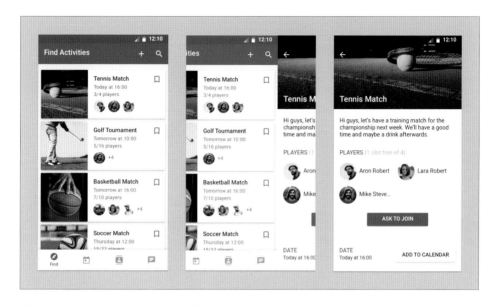

첫 번째 프로토타입에서는 목록 첫 항목의 세부 내용에 접근할 수 있다. 뷰는 전환이 이뤄진 후에 점진적으로 변경된다.

다음 단계는 상세 뷰에서 되돌아오는 내비게이션을 만드는 것이다. 이를 위해서 이전 인터랙션을 만들 때와 동일한 프로세스를 따라간다. 이전[back] 화살표 위에 투명한 사각형을 만들고 새로운 전환을 명시한다. 이 경우 Activities 장면 혹은 원한다면 Previous Scene을 목표로 정하고 푸시 접근법을 사용한다. 하지만 여기서는 왼쪽에서 오른쪽으로, 즉 반대 방향을 따르게 된다.

상세 뷰에서 목록 뷰로 돌아가려면 이전으로 돌아가는 새로운 유효 영역과 새로운 전환을 정의해야 한다.

이 시점에서 프로토타입을 써 본다면 이제 2가지 뷰 사이를 왔다갔다할 수 있을 것이다. 2가지 뷰 간의 내비게이션을 지원함으로써 최초 프로토타입의 목표를 달성하긴 했지만, 마지막 손질을 더 해보자.

장면의 변화를 촉발시키기 위해 개별 요소에 인터랙션을 추가하는 방법을 살펴봤다. 하지만 전체 장면에 인터랙션 추가도 가능하다. 터치 제스처를 사용해 목록으로 돌아가는 대체 가능한 방법을 이 접근법을 활용해서 제공한다.

Activity Detail 장면을 위해 장면 메뉴를 선택하고, On Swipe Right 이벤트를 위한 신규 액션을 만든다. 앞서 장면 간 전환을 위해 만든 것과 동일한 전환을 정의할 수 있으며, 상세 뷰에 있을 때에는 손가락을 오른쪽으로 재빨리 드래그하는 동작을 통해 목록으로 돌아올 수 있다.

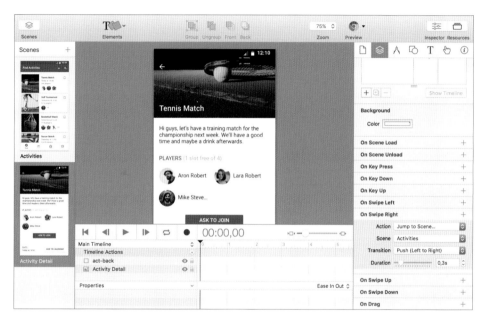

장면 패널에서 전체 장면에 대한 인터랙션을 정의할 수 있다. 이 경우 스와이프 이벤트는 제스처를 사용해서
이전으로 돌아가는 작업을 지원하기 위해 현재 장면을 교체한다.

다양한 종류의 전환이 있는 프로토타입을 미리 보기로 확인하고 속도를 조절해야 한다. 결과물이 만족스럽다면 다른 이들에게 공유할 수 있도록 HTML 파일 형태로 프로토타입을 내보낼 수 있다. File 메뉴의 Export as HTML5 옵션을 통해 모든 웹 브라우저에서 확인 가능한 프로토타입 버전을 얻을 수 있다.

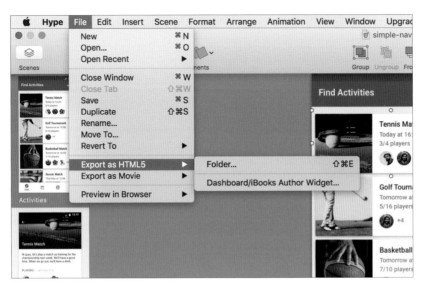

미리 보기를 통해 프로토타입을 신속하게 테스트할 수 있긴 하지만, 공유를 위해서는 프로토타입을 HTML로 내보내는 것이 유용하다.

장면과 전환을 결합하면 내비게이션을 신속하게 프로토타이핑할 수 있지만, 이는 제한적인 접근법이다. 뷰의 매우 다양한 부분이 각기 독립적으로 움직이게 만들려는 경우가 빈번하다.

▌ 인터랙션으로 레이어 조작하기

앞서 예제에서 단일 이미지를 사용해 앱 전체 스크린을 표현했다. 이 섹션에서는 레이어를 사용해서 프로토타입을 구성하는 다양한 부분의 서로 독립된 동작을 정의한다.

레이어 조작하기

이 프로토타입에서는 오브젝트의 상태 변화를 시뮬레이션하는 간단한 인터랙션을 살펴본다. 예제 앱에 있는 활동 목록에서 각각의 항목에는 북마크 아이콘이 있다. 우리는 목록상의 항목에서 북마크된 상태를 활성화하거나 비활성화할 수 있는 프로토타입을 만들 것이다.

다음의 2가지 서로 다른 접근법을 통해 이러한 인터랙션을 지원하는 방법을 설명한다.

- 활성화 상태를 위한 단일 레이어 사용하기
- 각각의 상태를 위한 서로 다른 레이어 사용하기

이미지를 내보내기^{export}할 때, 북마크 아이콘이 있는 활동 뷰와 북마크 아이콘이 없는 활동 뷰 목업 뿐만 아니라 각각의 상태에서의 북마크 아이콘 이미지도 함께 포함시켰다.

 Asset_A6462_A07_A02-ManipulatingLayers.zip에서 **프로토타입을 다운로드한다.**

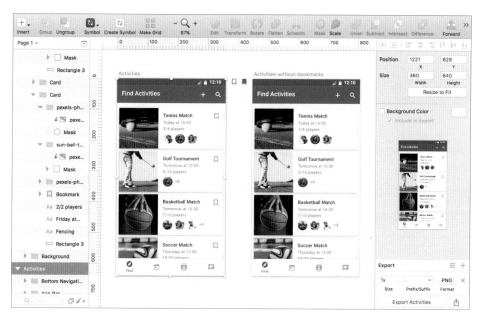

2가지 버전의 활동 뷰와 북마크 아이콘이 있는 Sketch 파일

활성화 상태를 위한 단일 레이어 사용하기

첫 번째는 항목이 북마크됐을 때 항목 상단에 안을 채운 북마크 아이콘을 표시하는 방법으로 접근한다. 이렇게 처리하기 위해서는 속이 빈 아이콘 위에 안을 채운 북마크 버전을 추가하고, 사용자가 해당 영역을 클릭할 때 애니메이션과 함께 투명도를 조절한다.

우선 360×640px의 장면을 사용하는 새로운 Hype 프로토타입을 만들고 배경에서 활동 뷰 목업을 레이어로 추가한다. 그 다음 안을 채운 북마크 아이콘을 신규 레이어로 추가하고, 이를 목록의 첫 항목에 있는 북마크 아이콘 위에 놓는다.

활성화 상태의 북마크를 표시하는 레이어가 기존 이미지 위에 놓이면서 기존 이미지를 가린다.

처음에는 북마크 아이콘이 비어 있으므로, 활성화 북마크 레이어의 불투명도를 0%로 설정한다. 이제 불투명도를 0%에서 100%까지 변경시키는 전환을 정의해야 한다. 이를 위해서 새로운 타임라인을 만든다.

레이어 목록 상단에 있는 타임라인 선택기selector를 클릭하면, 신규 타임라인을 생성시키는 옵션을 찾을 수 있다. 여기서는 'toggle-bookmark1'이라는 이름의 타임라인을 만든다. 타임라인 내에서 북마크 레이어의 투명도 속성의 변환을 정확히 담아내야 한다. 녹화recording 버튼을 클릭하고 타임라인을 시작점에서 0.5초에 배치하고, 북마크 레이어의 속성 패널에서 투명도를 100%로 변경한다. 이를 통해 투명에서 불투명에 이르는 변환의 양끝 값에 해당하는 투명도 속성을 가진 2개의 **키프레임**이 만들어진다. 변환 녹화를 멈추고 나면 언제든지 값을 조절할 수 있으므로, **키프레임**으로 부담없이 변환을 더 길거나 짧게, 지연delay을 추가할 수 있다.

녹화 중일 때 타임라인상의 속성 변경은 새로운 키프레임을 만들어낸다. 예제에서는 북마크를 불투명하게
만들기 위해 신규 키프레임을 생성했다.

타임라인에서 정의된 변환이 진행되려면 사용자 인터랙션이 필요하다. 북마크 아이콘은 표면이 작기 때문에 투명한 사각형을 그 위에 맨 위 레이어로 만든다. 예제에서 레이어의 이름은 act-bookmark1이다.

탭 이벤트와 연관된 'Continue Timeline' 인터랙션은 투명한 사각형을 위해 정의된다.

신규 액션을 추가하면 사용자가 북마크의 활성화 영역을 클릭할 때 타임라인이 재생되도록 만들 수 있다. 이를 위해 클릭 이벤트에 맞춰 Continue Timeline… 액션을 만든다. 이 시점에서 프로토타입 미리 보기를 하면 북마크가 동작할 때 표시, 동작하지 않을 때 표시 해제가 되는 점에 유의해야 한다. 반대로의 인터랙션을 지원하기 위해 타임라인을 확장시켜 2가지 변환을 모두 포함시킨다. 이렇게 하면 애니메이션은 2단계로 재생된다. 첫 부분에서는 북마크가 나타나고, 이어지는 두 번째 부분에서는 사라진다.

애니메이션이 2단계로 재생되길 원하므로, 이를 구분하기 위한 일시 정지^{pause} 액션을 추가한다. 타임라인에는 모든 레이어 위에 Timeline Actions라는 이름의 특별한 열이 있다. 이것을 이용해서 타임라인상의 특별한 지점에서 액션을 만들 수 있다. 이러한 액션은 현재 혹은 다른 타임라인을 제어할 수 있으며, 사용자가 자바스크립트 기능에서 정의한 더 복잡한 로직도 작동시킬 수 있다. 여기에서는 현재 타임라인에 일시 정지 액션을 추가한다.

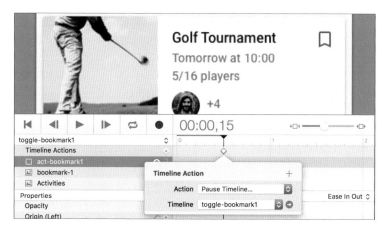

'Timeline Actions' 열을 통해 시간 기준의 이벤트를 생성시켜 현재 혹은 다른 타임라인을 제어할 수 있다.

그 결과 애니메이션에서 북마크가 표시되고 0.5초에서 일시 정지될 것이다. 다음에 사용자가 북마크를 조작하면 애니메이션은 재생되며 북마크는 다시 투명해진다. 애니메이션이 2단계로 재생되기 때문에 애니메이션이 Start Timeline이 아니라 Continue Timeline이 되도록 만들어주는 액션이 중요하다. 그렇지 않으면 타임라인은 매번 처음부터 시작한다.

이제부터 북마크 애니메이션은 항목의 북마크 상태를 몇 번이건 간에 설정하고 해제하기위해 작동할 것이다.

각각의 상태를 위한 서로 다른 레이어 사용하기

동일한 예제를 만드는 대안으로, 채우고 비우는 북마크 상태를 위해 2개의 서로 다른 요소를 사용한다. 일을 간단하게 하기 위해 동일한 프로토타입에서 또 하나의 장면으로 대체버전을 만들 것이다. 하지만 원한다면 새로운 프로토타입을 만들어도 무방하다.

북마크 아이콘이 포함되지 않은 활동 뷰 목업 버전을 추가하고 나서, 아이콘을 별도의 구분된 레이어로 추가한다.

북마크 아이콘은 활동 뷰 위에 별도의 레이어로 추가된다.

충분히 넓은 터치 영역을 확보하기 위해, 북마크 레이어에서 오른쪽 클릭 후에 **Group** 옵션을 선택해서 북마크 레이어를 그룹으로 변경한다. 이를 통해 북마크 이미지 크기에 영향을 주지 않으면서 그룹의 크기를 조절하고, 더 작은 북마크 레이어 대신에 그룹으로 작업할 수 있다.

그룹 생성을 통해 원래 요소보다 더 큰 활성화 영역을 정의할 수 있다.

안을 채운 북마크 아이콘 버전도 필요하다. 동일한 접근법을 사용해서 북마크 아이콘을 채운 버전이 포함된 그룹을 만들고, 그룹명을 Bookmark-full-1로 지정한다. 이 경우 신규 그룹은 보이지 않을 뿐만 아니라 선택되지 않는다.

불투명도를 0%로 조절해서 레이어를 보이지 않게 만들어도 여전히 클릭 가능하다. 북마크가 채워진 버전이 그 밑에 깔린 속이 빈 북마크 버전을 클릭하는 동작에 방해를 주지 않게하기 위해 디스플레이 속성을 Hidden으로 설정해 레이어를 비활성화시켜야 한다.

신규 타임라인은 레이어의 가시성 전환을 담당한다. 신규 타임라인을 생성하고, **Bookmark-full-1** 레이어를 처음에는 활성화시키고 나서 불투명도를 **100%**로 지정할 수 있다. 이렇게 하면 레이어는 활성화되고 점진적으로 가시성이 높아진다. 경우에 따라 가시성(맨 위에 레이어가 있음에도 불구하고 일부분이 여전히 가시적일 수 있음), 혹은 **인터랙션**(활성화 영역의 일부분이 상단 레이어보다 더 커서 여전히 클릭 가능할 수 있음)에 문제가 있다면 북마크가 비어 있는 버전을 비활성화시킬 수 있다.

타임라인은 속이 채워진 북마크가 있는 레이어를 가시적으로 만들고 나서 불투명도를 100%까지 점진적으로 변환한다.

마지막으로 우리가 만든 2개의 레이어 그룹에 액션을 추가한다. 속이 빈 북마크 그룹은 탭을 위해 제작한 애니메이션을 재생하게 된다. 속이 채워진 북마크 버전에서는 동일한 타임라인을 준비하지만 반대 순서로 진행한다. Play in reverse 옵션을 사용하면 신규 타임라인을 만들지 않고도 정반대의 액션을 지원할 수 있다.

Play in reverse 옵션은 대칭적인 액션에서 애니메이션 재사용을 가능하게 한다.

타임라인 개발에서 각기 다른 수의 활성화 영역과 서로 다른 접근법을 사용해 구성 요소의 상태를 변경하는 서로 다른 두 가지 방법을 살펴봤다. 예제를 확대 적용해서 목록의 다른 항목도 북마크하고 두 가지 접근법을 연습할 수 있다.

스크롤과 내비게이션 지원하기

다른 앱에서와 마찬가지로 예제 앱도 사용자가 메뉴를 통해 선택 가능한 다양한 뷰를 제공한다. 활동, 달력, 연락처, 메시지. 4가지 뷰 간의 이동이 가능한 내비게이션을 시뮬레이션해보겠다. 이를 위해서는 4가지 뷰를 다양한 레이어로 나눠야 한다.

 TIP Asset_A6462_A07_A03-LayerNavigation.zip에서 프로토타입을 다운로드한다.

다양한 뷰와 공통으로 사용 가능한 일부 요소가 있는 sketch 파일

sketch에서 이미지를 내보낸 후에 이를 Hype 프로토타입에 결합시킬 수 있다. 배경 레이어와 하단 내비게이션 같은 공통 요소를 배치하면서 시작한다. 메뉴 바^{menu bar}가 가려지지 않고 눈에 띄려면 다른 레이어보다 위에 놓여야 하기 때문에 레이어 배치가 중요하다.

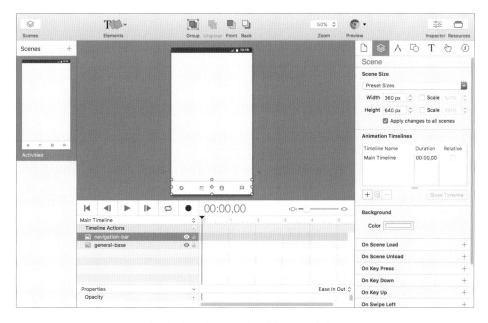

공통 배경과 내비게이션 바는 이 예제의 모든 뷰에서 존재한다.

그러고 나서 활동 뷰를 다시 만들어야 한다. 뷰포트^{viewport}보다 더 크고 긴 활동 목록이 있으며, 우리는 사용자가 이 목록을 스크롤할 수 있기를 원한다. Hype에서 스크롤을 지원하는 몇 가지 방법이 있다.

한 가지 방법은 도큐먼트를 더 크게 만드는 것이다. 이렇게 하면 사용자는 스크롤을 통해 문서의 나머지 부분을 확인할 수 있다. 하지만 이 경우에 목록을 스크롤하는 동안 헤더^{header} 혹은 내비게이션 바 같은 다른 요소의 위치는 그대로 유지되길 원한다. 다행스럽게도 이러한 시나리오를 지원하는 더 많은 옵션이 있다.

커다란 요소를 추가할 때 Hype에서 요소의 크기를 줄일 수도 있다. 원래 크기 그대로 가져오려면 Original Size 옵션을 선택해야 한다.

스크롤을 지원하기 위해 그룹의 오버플로^{overflow} 속성을 지정하는 Hype 기능을 이용할 것이다. 요소을 그룹핑할 때 Hype에서는 그룹의 활성화 영역 외부에 위치한 요소를 어떻게 처리할지를 결정할 수 있다.

이 경우 한 개의 요소를 가진 그룹을 정의하고, 목록에서 눈에 보이는 영역에 맞춰 그룹의 크기를 조절한다. Content Overflow 속성을 Auto Scrollbars로 지정하면 필요 시 스크롤바가 제공된다.

그룹의 크기를 콘텐츠보다 작게 만들면 스크롤 허용처럼 콘텐츠 오버플로를 처리하는 방법을 지정할 수 있다.

이 기법은 기본 스크롤 지원을 사용하며, 이는 터치와 넌 터치[nontouch] 기기 양쪽 모두에서 작동한다. 터치 기반의 스크롤을 지원하는 대안은 이어지는 예제에서 다룬다.

사용자가 다른 뷰로 전환하는 동작을 지원하기 위해서는 다음의 절차대로 진행한다.

1. 내비게이션 메뉴에서 활성화 요소 변경하기
2. 뷰의 콘텐츠 전환하기

내비게이션 바는 현재 뷰를 강조한다. 기본적으로는 모든 옵션이 꺼진 상태의 버전을 보게 된다. 현재 선택된 뷰를 강조하기 위해 각각의 옵션이 활성화된 버전의 레이어를 추가한다. 이러한 레이어는 선택된 뷰를 보여주는 레이어를 제외하고는 모두 투명하다.

내비게이션 메뉴 옵션이 활성화된 버전은 비활성화된 버전 위에 위치한다. 활성화된 버전 중에 하나는 항상 또렷이 눈에 보인다.

다른 섹션으로 이동할 때 뷰의 주요 콘텐츠를 변경할 필요가 있다. 예를 들어 달력 뷰로 이동할 때 활동 목록은 달력으로 대체된다. 이를 지원하기 위해 달력 뷰의 요소를 프로토타입에 추가한다. 편의상 Calendar라는 이름의 그룹에 요소를 추가하겠다.

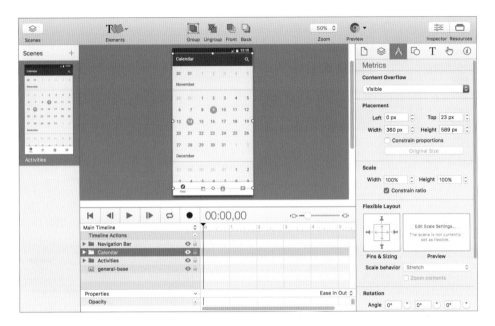

달력 콘텐츠는 활동 목록보다 위에 위치하며 내비게이션 바는 가장 상단에 놓인다.

이 시점에서 활동 뷰에서 달력 뷰로 바뀌고, 콘텐츠와 내비게이션 메뉴가 업데이트되는 첫 번째 전환에 필요한 모든 요소가 준비됐다. Hype에서와 같이 타임라인을 이용해 이러한 변화를 구체적으로 명시할 것이다.

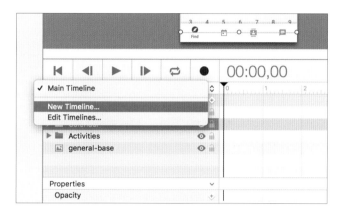

신규 타임라인을 만드는 것은 하나 혹은 여러 요소의 속성에 변경을 명시할 때 사용하는 방법이다.

다양한 요소의 가시성을 변경해서 불투명도를 조절할 수 있는 view-calendar 타임라인을 만들 것이며, 이는 달력 콘텐츠와 활성화된 메뉴 옵션을 가시적으로 만들어 준다. 반면에 내비게이션 바에서 앞서 활성화된 옵션을 사라지게 한다.

마지막으로 타임라인을 적용시키기 위해서 내비게이션 바에서 달력 옵션을 위한 신규 액션을 정의한다. 이것을 탭하면 신규 타임라인이 시작돼 뷰 전환이 작동된다.

사용자가 달력 옵션을 탭하면 view-calendar 타임라인이 다양한 레이어의 불투명도를 조절해 달력 옵션이 선택되게 만든다.

프로토타입을 미리 보기 하면 달력 뷰로 전환됨을 확인할 수 있다. 하지만 달력을 다시 탭 하면 다시 달력 뷰로 돌아가기 전에 잠시 동안 활동 뷰로 변경되는 작은 결함을 보게 된다. 이는 맨 처음부터 전환을 다시 시작했기 때문에 타당하긴 하다.

전환을 더 매끄럽게 만들기 위해 인터랙션을 Continue timeline…으로 설정할 수도 있다. 타임라인이 이어짐에 따라 애니메이션이 시작된다.

아직 지원되지 않는 또 하나의 측면은 최초 뷰로 되돌아가는 것이다. 이를 지원하기 위해 서는 신규 타임라인 생성이 필요하다. 하지만 동일한 프로세스를 반복하려 하면 작은 문 제점을 발견하게 된다. 최초 상태에서 활동 뷰가 이미 선택돼 있기 때문에, 타임라인에서 가시적으로 처리하려는 마커marker와 뷰는 이미 눈에 보이는 상태다.

이러한 경우에는 **상대적인 타임라인**relative timeline이 도움이 된다. 상대적인 타임라인은 최초 의 속성을 시작점으로 간주하지 않으며, 현재 상태에서 목표 상태로의 전환을 보장한다.

260

속성 패널의 Scene 탭에서 타임라인 목록을 찾을 수 있다. 거기에서 어떤 타임라인을 상대적으로 설정할지 정할 수 있다.

현재 상태에서 특정 목표 상태로의 변경을 담아내고 있다면 타임라인을 서로에게 상대적으로 설정할 수 있다. 타임라인에서 최초 상태는 이를 전달할 원(circle)과 함께 표시된다는 점을 주의해야 한다.

타임라인을 상대적으로 설정함으로써 최초 상태에 관계없이 목표 상태에만 초점을 맞춰 전환이 이뤄지게 할 수 있다. 예제에서 옵션에 클릭하면 관련 없는 뷰를 현재의 가시성 상태에 관계없이 투명하게 만들 수 있다. 이 경우 중요한 것은 목표 상태이기 때문에 인터랙션에서 'Start Timeline'을 사용하게 조정하거나 continue timeline 이벤트에서 Can restart timeline 옵션을 만들어 인터랙션을 여러 번 재생 가능하게 조절할 수 있다. 이렇게 하면 사용자가 원하는 만큼 뷰 사이에서 앞뒤로 이동할 수 있다.

사용자가 뷰 사이를 이동하는 것을 지원하려면 각각의 뷰에 동일한 타임라인만 만들면 된다.

제스처 지원하기

이 프로토타입에서는 앱의 웰컴 투어^{welcome tour}[2]를 시뮬레이션하고자 한다. 웰컴 투어는 3개의 패널로 구성되며, 사용자는 앱의 기본적인 내용을 이해하기 위해 패널 사이를 이동할 수 있다.

 TIP Asset_A6462_A07_A04-Gestures.zip에서 프로토타입을 다운로드한다.

각각의 뷰를 별도의 레이어로 서로 나란히 추가한다. 처음에는 최초 뷰만 초기 뷰포트에 들어맞는다. 레이어를 그룹으로 지정해 더 손쉽게 조작할 수 있다.

3개의 패널은 초기에는 첫 패널만 눈으로 확인 가능하지만, 그룹으로 묶여 서로 나란히 배치된다.

---

2 앱 사용법을 간략하게 소개하는 콘텐츠 - 옮긴이

tour라는 이름의 신규 타임라인을 사용해 패널의 움직임을 재현할 것이다. 이 타임라인에서 그룹이 왼쪽으로 이동해서 다음 패널이 눈에 보이는 0.5초 간격으로 2개의 키프레임을 녹화한다.

tour 타임라인은 3개 패널의 움직임을 제어한다.

바로 앞의 예제에서는 3개의 패널을 동시에 움직였지만, 부담 갖지 말고 패널을 서로 다른 속도로 움직이게 하고 일부는 겹치게 만들어봐도 된다.

이전의 애니메이션과 달리 이번 것은 구성 요소를 클릭하거나 탭한다고 해서 작동하지 않는다. 패널을 드래그해서 이 애니메이션을 제어한다. 이는 우리가 패널의 움직임을 제어한다는 인상을 준다. 이를 성취하기 위해서는 **On Drag** 이벤트에 기반을 둔 패널 그룹을 위해 **Control Timeline⋯** 액션을 새로 만들면 된다. 이 액션은 통해 손가락으로 구성 요소를 드래그할 때 타임라인을 재생시킬 수 있다.

구체적으로 명시할 필요할 필요가 있는 일부 요소가 있다. 예를 들어 **Axis**를 드래그하는 것은 드래그 액션이 세로 아니면 가로로 적용되는 것을 의미하는지, 그리고 **Direction** 속성은 사용자가 타임라인을 재생시키기 위해서 손가락을 축 사이로 이동시키는 방법을 표현한다. 예제에서는 가로 축을 반대 방향으로 사용하기 위한 액션을 설정한다. 이렇게 하면 사용자가 요소를 오른쪽에서 왼쪽으로 드래그할 때 타임라인이 재생되게 만들 수 있다.

드래그로 타임라인을 제어하는 것을 활용해서 재미있는 전환을 만들 수 있다.

드래그 액션을 사용해서 사용자가 손가락을 움직일 때 타임라인이 재생되는 속도와 사용자가 드래그를 멈췄을 때 애니메이션이 미완료된 상태로 남아있을지 여부를 제어할 수 있다. **Continue after drag** 옵션은 타임라인이 중간 지점에서 남아 있는 것을 막아준다. 뷰를 특정 위치에 남겨두길 원하는 이 예제에서 이 옵션은 매우 유용하다.

264

프로토타입을 미리 보기할 경우, 애니케이션이 타임라인의 끝까지 계속되기 때문에 투어 뷰를 다음 패널까지 드래그하면 마지막 패널로 이어지는 것을 확인하게 된다. 두 번째 스크린을 확실하게 고려하게 만드는 한 가지 방법은 해당 지점에 일시 정지를 추가하는 것이다.

일시 정지 액션은 미완성의 드래그 액션이 두 번째 패널을 정지해야 하는 지점으로 간주하게 한다.

이렇게 하면 애니메이션이 적절한 지점에서 정지한다. 처음과 두 번째 패널 사이의 중간 지점으로 이동하면 뷰는 중간 위치에서 멈추지 않고 적절한 지점 중 한 곳에 도달하게 된다.

드래그해서 타임라인을 제어하는 것은 사용자가 손가락을 이동할 때 어떤 애니메이션이든 재생시킬 수 있다. 이것은 풍부한 경험을 만들어내는 강력한 메커니즘^{mechanism}이다. 하지만 그 정도까지의 상세 수준이 필요치 않다면 간단한 방법으로도 동일한 결과를 얻을 수 있다.

대안으로 scene 패널에 접속해서 기본적인 좌/우 스와이프 액션을 사용할 수 있다. 이러한 액션은 사용자가 스와이프 액션을 취할 때 앞/뒤로 재생시켜 타임라인을 지속할 수 있다. 이 경우 애니메이션은 사용자가 제스처를 끝마친 후에만 진행된다.

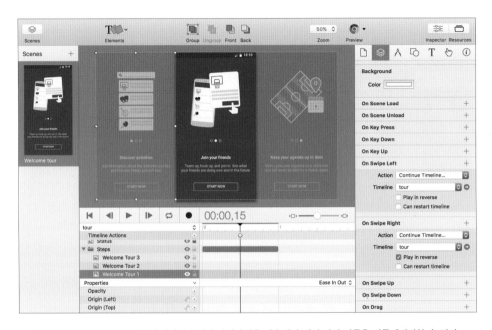

스와이프 제스처 사용은 사전에 정의된 동일한 타임라인을 사용해서 패널 간의 이동을 시뮬레이션할 수 있다.

프로토타입의 특정 니즈에 맞춰 더 정교한 드래그 접근법, 혹은 간소화된 스와이프 제스처를 자유롭게 사용할 수 있다.

▎ 복잡한 행동 프로토타이핑하기

앞서 확인한 프로토타이핑 테크닉은 다양한 인터랙션의 프로토타이핑을 지원한다. 이 섹션에서는 더욱 구체적인 상황에서 유용한 몇 가지 예제를 살펴본다. 물론 이러한 기능이 없어도 디자인의 기본 아이디어를 프로토타입으로 제작할 수 있겠지만, 이 경우에는 고도의 사실성을 덧붙일 수 있다.

애니메이션 구성하기

앞선 예제에서 정의된 애니메이션은 매우 간단했다. 불투명도와 위치 같은 일부 속성의 변환을 만들어냈지만, 이러한 변환의 타이밍과 가속도에는 큰 신경을 쓰지 않았다. 이번 프로토타입에서는 훨씬 더 복잡한 애니메이션을 만들 것이다.

 Asset_A6462_A07_A05-Animations.zip에서 프로토타입을 다운로드한다.

완전히 다른 뷰로 변경하려면 사용자가 방향을 변경해야 한다. 전환 시 두 개의 뷰 사이에 연속성을 제공한다면 사용자가 이해하는 데 도움을 준다. 예제에서 활동 목록과 상세 활동은 모두 특정한 활동을 설명하기 위한 이미지를 사용한다. 우리는 이미지를 사용해서 두 가지 뷰 사이의 관련성을 더 쉽게 이해되게 만들 수 있다.

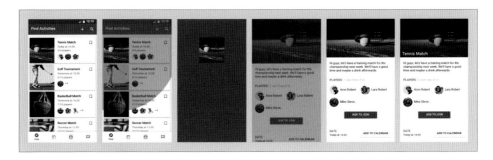

활동 목록과 테니스 경기 상세 내용 간의 전환은 중앙부에서 이뤄져서 확장됐다가 점차 사라진다. 이때 화면의 다른 부분은 물결 효과와 함께 희미해지지만 활동 항목의 이미지는 계속 표시된다.

전환은 다음 순서로 진행된다.

1. 활동 뷰 콘텐츠는 확대되는 원이 활동 썸네일^{thumbnail} 뒤로 커지면서 사라진다.
2. 활동 이미지는 뷰의 중앙으로 이동하면서 크기가 커진다.
3. 이미지가 커지면서 희미해지고 상세 뷰의 이미지는 점차 또렷해진다.
4. 마지막으로 상세 뷰의 정보 패널이 다른 무대에서 위로 이동하면서 보이기 시작한다. 콘텐츠가 먼저 보이고 이어서 제목이 보인다.

전환의 순서를 고려해 볼 때 각기 독립적으로 이동할 수 있도록 뷰를 서로 다른 조각으로 분리할 필요가 있다. 활동 페이지의 경우 단일 이미지를 사용할 수 있지만, 그 위에 위치하는 별도의 레이어로서 썸네일 이미지가 필요하다.

목록 첫 번째 활동의 썸네일 이미지는 독립적으로 이동하므로 별도의 레이어다.

콘텐츠를 희미하게 하고 썸네일 이미지에 초점을 유지하기 위해 썸네일에서부터 커지는 원을 사용한다. Hype에서 타원 형태를 사용하거나 별도의 원 이미지를 추가할 수도 있다. 이번 예제에서는 979×979px 크기의 스크린 전체를 덮을 수 있는 커다란 원 이미지를 사용한다. 원을 원래 크기로 설정하고, 이를 활동 레이어와 썸네일 사이에 두고 썸네일 이미지와 함께 중앙에 배치해야 한다.

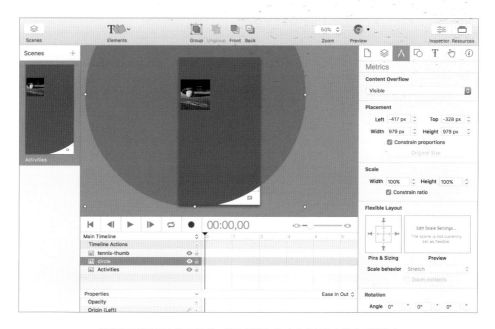

썸네일 뒤에서 모습을 드러내는 원은 콘텐츠의 나머지를 덮기 위해 사용된다.

처음에는 원이 썸네일 뒤에 숨겨져 있다. 속성 패널의 **Metrics** 탭에서 **Scale** 속성을 사용해서 원을 본래 크기의 10%로 지정할 수 있다. 또한 불투명도를 조절해서 원을 투명하게 만든다.

초기 상태가 준비되면 신규 타임라인을 만들어서 전환을 정의할 수 있다. transition 타임라인과 목록의 첫 번째 항목 위에 활성화 영역을 만들어 타임라인을 재생시킨다.

타임라인을 녹화할 때 첫 번째 키프레임은 원을 확장시키는 역할을 맡으며 동시에 불투명해진다. 타임라인 시작점에서 0.4초 후에 **Opacity**를 **100%**, **Scale**을 **120%**로 변경한다.

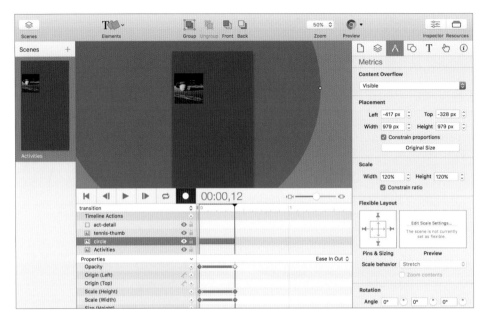

불투명도와 가로/세로 비율 속성은 확장하는 원의 전환에 맞춰 타임라인에서 조절된다.

다음은 썸네일이 스크린의 중앙으로 수평 이동하는 전환이다. 우리는 이 움직임을 원 변환이 완료되고 0.3초 후에 진행하려고 한다. 기본적으로 신규 키프레임 생성은 이전 키프레임에서 시작되는 속성 혹은 타임라인의 처음에서 시작하는 전환을 규정한다. 하지만 전환의 시작점을 제어하기 위해서 타임라인 녹화의 출발점을 이동시킬 수 있다. 이를 위해 녹화 시 타임라인의 시작점 가까이에 등장하는 회색 영역을 드래그할 수 있다.

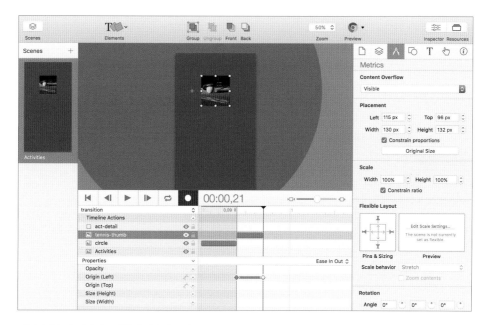

타임라인 녹화 시작점은 전환의 시작점을 제어하기 위해 조절 가능하며, 이 경우에는 앞선 타임라인이 끝나면 이어서 시작되게 만든다.

전환을 개발하면서 녹화 시작을 지정하지 않았을 경우를 대비해 녹화 시작점을 나중에라도 언제든지 조정할 수 있다.

애니메이션에서 다음 단계는 썸네일을 확대시켰다가 실제 배경이 등장할 때 사라지게 만드는 것이다. 이를 위해서 상세 뷰에서 썸네일 위에 신규 레이어로 배경을 추가하고, 처음에는 배경을 투명하게 설정한다. 타임라인에 새로운 전환을 추가해 썸네일 비율을 180%로 만들어 투명하게 처리하고, 상세 뷰에서의 배경은 100% 불투명하게 만든다. 이 경우 전환은 동시 혹은 철저하게 차례로 진행되지 않는다.

오히려 일부 전환을 부분적으로 겹치게 해서 더 자연스러운 변화를 만들어내고, 썸네일의 크기를 조정한다. 하지만 크기 변경이 끝나고 배경이 또렷해지기 시작하면 전환은 사라지기 시작한다.

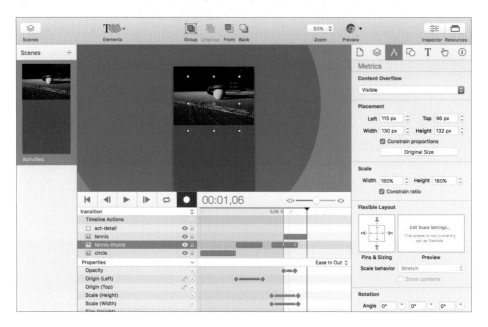

썸네일이 커지고 희미해지면 더 큰 배경 이미지가 또렷해진다. 타임라인에서 다양한 전환 간의 겹침에 주목해야 한다.

이 전환을 완료하기 위해 마지막으로 남아있는 부분은 세부 정보를 보여주는 것이다. 우리는 세부 사항을 세부 사항 패널, 이벤트 제목, 그림자 그래디언트shadow gradient. 3가지 부분으로 구성했다. 이 부분을 원활하게 조작하기 위해 Details라고 불리는 레이어 그룹을 생성한다. 처음에는 제목과 그래디언트 레이어는 Details 패널 뒤에 위치하기 때문에 Details 위로 이동할 때에만 눈에 띌 수 있다.

Details 그룹의 경우 우리는 이들이 밑에서부터 등장하길 바란다. 하지만 더욱 매끄러운 전환을 위해서는 Details가 스크린 바닥에서 쭉 올라오길 원하지 않는다. 대신에 그룹의 원래 위치를 몇 픽셀 밑으로 이동시키고, 불투명도를 0%로 설정해 그룹이 위로 이동할 때 점차 또렷해지는 전환을 정의한다.

세부 사항이 포함된 그룹은 점차 또렷해지면서 위로 이동해여 의도한 위치에 도달한다.

그림자 그래디언트와 타이틀은 그룹이 최종 위치에 도달한 후에 순차적으로 보인다. 그룹이 이동할 때에는 그룹 내의 개별 요소도 정확하게 이동했는지 확인해야 한다.

현실 세계에서 오브젝트는 마찰과 관성에 노출되기 때문에 실제 움직임은 일부 초기 가속과 최종 감속을 보여주게 되며, 이는 Hype에서 기본으로 사용하는 ease in out 타이밍 기능에 부합한다. 하지만 상세 패널의 경우 이미 이동 중인 오브젝트로 장면에 들어가기 때문에 초기 가속으로 시작하는 방법은 적절치 않으므로 Ease Out 기능을 사용한다.

세부 사항 그룹 전환을 선택하고 타임라인에서 타이밍 기능을 변경한다. Ease Out을 선택해도 일부 다른 옵션도 다양한 가속 패턴과 함께 사용 가능하며, 여기에서는 Cubic을 사용한다.

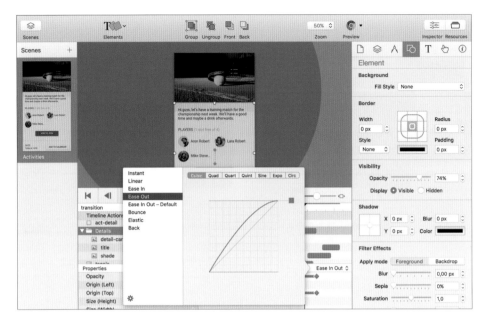

타임라인에서 전환 각각의 타이밍 기능을 조정할 수 있다. 예를 들어 cubic Ease Out 기능을 사용해서
전환 막바지에 움직임을 감속할 수 있다.

이 시점에서 우리는 사용자에 맞춰 뷰 변경을 도와주는 다단계 애니메이션을 완성했다. 부담 없이 다양한 타이밍 기능을 실험하고 순차적으로 표시하거나, 겹치게 하거나 시간 차이를 두는 것처럼 다양한 방법으로 애니메이션을 결합시켜도 된다.

사용자 입력 지원하기

검색 인터페이스를 프로토타입한다고 가정해보자. 이러한 인터랙션을 지원하는 한 가지 옵션은 빈 검색 창을 보여주다가 사용자가 클릭하면 미리 지정된 텍스트를 채우는 것이다. 특정 시나리오를 프로토타입으로 만들길 원하기 때문에 어떤 텍스트를 표시할지를 미리 정할 수 있다. 하지만 일부 경우에는 사용자가 검색 창에 실제로 타이핑하기를 원할 수도 있다.

TIP Asset_A6462_A07_A06-Input.zip에서 **프로토타입을 다운로드한다.**

HTML 요소를 프로토타입에 통합시키는 능력은 사용자 텍스트 입력 지원에서 매우 유용하다. 검색 시나리오를 지원하기 위해 다음 절차를 거친다.

1. 검색 전환 정의하기
2. 프로토타입 상단에 보이지 않는 HTML 입력 필드 추가하기
3. 검색 입력 필드를 만들어서 사용자가 타이핑할 때 검색 전환 시작하기

검색 중에 사용자는 뷰에 상관없이 검색 아이콘을 눌러 검색 뷰에 접근할 수 있다. 검색 뷰에서 사용자는 타이핑을 하면서 일치하는 **결과**가 표시될 때 결과 뷰를 얻게 된다.

장면 간의 전환을 통해 첫 번째 전환을 지원할 수 있다. 활동 목록을 구성하기 위한 Activities, 검색 뷰를 위한 Search, 2개의 장면을 Hype 프로토타입에서 만든다. 활동 뷰에서 검색 아이콘 위에 활성화 영역을 정의하기 위한 투명한 사각형과 검색 장면으로 이동하는 관련 액션을 만든다.

투명한 레이어는 '검색' 장면으로 바뀌는 관련 액션이 있는 활성화 영역을 규정한다.

검색 장면은 초기 검색 상태는 물론 결과를 보여주는 상태도 함께 포함하게 된다. 우리는 각각을 위해 서로 다른 레이어를 사용한다. **결과** 뷰는 처음에는 보이지 않으며, 예를 들어 **결과 보기**로 명명된 신규 전환은 불투명도를 100%로 변경하게 된다.

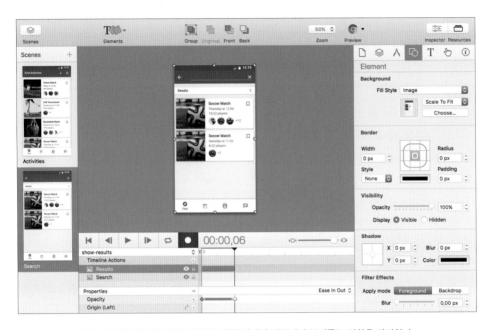

결과 보기 타임라인은 결과 레이어를 불투명하게 만들어서 보여주는 역할을 담당한다.

지금까지는 앞선 예제와 크게 다르지 않게 진행했다. 하지만 신규 타임라인은 사용자가 타이핑할 때 재생되며, 타이핑을 하고 모든 조각을 함께 연결할 수 있는 공간을 필요로 한다.

Hype의 **Element** 메뉴를 사용해서 **HTML widget**을 추가할 수 있다. 이는 프로토타입에 HTML 콘텐츠를 레이어로 추가해 입력 필드 같은 신규 오브젝트를 만들 수 있는 방법이다. 검색 영역 상단에 **HTML Widget** 요소를 추가하고, 연필 아이콘을 클릭해서 타임라인을 재생시키는 코드를 추가한다.

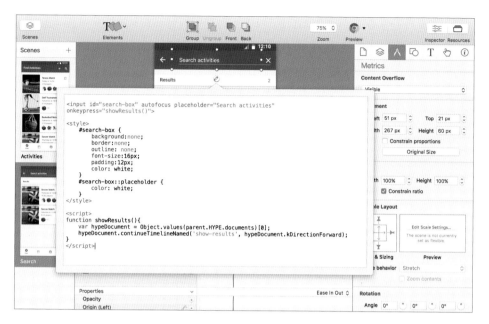

HTML Widget 콘텐츠는 Hype 장면 에디터에서 편집 가능하다.

HTML 코드는 서로 다른 3가지 측면을 담당한다. 입력 필드 만들기(input 부분), 프로토 타입에 맞춰 필드 측면을 조정하기(style 부분), 그리고 타임라인 제어하기(script 부분)다.

먼저 코드를 추가해서 입력 필드를 만든다.

```
<input id="search-box" autofocus placeholder="Search activities"
onkeypress="showResults()">
```

이 코드는 신규 입력 필드를 정의하고, 검색 상자와 관련 있는 식별자를 제공하며 입력이 자동으로 포커스를 갖도록 명시해 사용자가 이를 선택할 필요 없이 타이핑을 바로 시작할 수 있게 해준다. 또 콘텐츠가 없을 때에는 플레이스홀더placeholder 메시지를 표시한다. 마지막으로 showResults 기능을 작동시키는 onkeypress 속성이 포함된다. 이는 이후 단계에서 타임라인 제어를 위해 정의할 기능이다.

지금 프로토타입을 살펴본다면 입력 필드가 위치하긴 하지만 프로토타입에 어울리진 않는
다는 것을 알게 될 것이다. 우리는 입력이 프로토타입 배경의 상단에 매끈하게 통합될 수
있도록 거의 안 보이게 처리되길 원한다. 스타일 코드가 이렇게 처리해줄 수 있다.

```
<style>
    #search-box {
        background:none;
        border:none;
        outline: none;
        font-size:16px;
        padding:12px;
        color: white;
    }
    #search-box::placeholder {
        color: white;
    }
</style>
```

이 코드를 사용해서 search-box 입력 필드의 형태를 정의한다. 입력 포커스가 위치할 때
요소 주변에 보이는 배경, 테두리와 외곽선을 숨긴다. 플레이스홀더 뿐만 아니라 입력 요
소의 폰트 크기와 색상도 규정한다.

마지막으로 사용자가 타이핑할 때 검색 결과가 보이게 하길 원한다. 입력 요소에서 이러
한 동작은 showResults 기능에서 정의되겠지만, 우리는 이와 같은 동작을 구체적으로 명
시할 필요가 있다. 이를 위해 다음과 같은 코드를 사용한다.

```
<script>
function showResults(){
    var hypeDocument = Object.values(parent.HYPE.documents)[0];
    hypeDocument.continueTimelineNamed('show-results',
hypeDocument.kDirectionForward);
}
</script>
```

278

이 Script 섹션은 새 함수를 정의한다. 입력 요소에서 사용되는 것과 일치하기만 한다면 어떤 이름이든 사용할 수 있다.

이 함수는 hypeDocumnet 변수를 정의해서 코드 속의 프로토타입 오브젝트의 모습을 담아낸다. Hype는 기능에 액세스하기 위해 코드에 오브젝트를 제공한다.

함수의 2번째 줄에서는 Hype 기능을 사용해 타임라인을 제어한다. 이 경우 함수를 사용해서 앞서 정의한 show-results 타임라인을 계속하게 하고 앞으로 재생시킨다. 이는 Hype의 다른 예제에서 해왔던 방법과 유사하지만 이번에는 코드로 표현되는 것이 다를 뿐이다.

이제 프로토타입을 미리 보기 한다면 검색 기능을 사용할 수 있으며, 무언가를 타이핑하자마자 결과가 표시될 것이다. 하지만 이전으로 돌아가는 화살표와 검색을 지워주는 X 컨트롤은 동작하지 않는다. 이전 화살표back arrow를 지원하는 방법은 간단하다. 투명한 사각형으로 유효 영역을 만들어서 장면 전환을 작동시키면 되지만, 입력을 지우는 것은 다소 복잡하다.

HTML 위젯 요소 내부에 있는 입력 필드에 접근해야 하므로, 위젯에 코드 식별자를 부여해야 한다. 속성 관리자의 identity 패널과 위젯을 선택해 위젯을 Unique Element ID로 정의할 수 있다.

검색 상자를 지우기 위해서는 탭 이벤트와 관련된 액션과 함께 검색 상자 위에 활성화 영역을 준비해야 한다. 이 경우 우리는 2가지 액션을 정의한다. 하나는 Go to Time in Timeline... 액션을 사용해서 show-results 타임라인을 되감는 것이고, 또 다른 하나는 코드를 사용해서 정의한다. Run JavaScript... 옵션을 사용해서 새로운 기능을 만들어낸다.

타임라인을 되감는 것에 덧붙여 투명 버튼을 클릭하는 것은 자바스크립트 기능의 고급 동작을 작동시킨다.

우선 해당 기능에 clearInput이라는 서술적인 이름을 부여한다. 이 기능은 값이 비어 있는 입력 필드의 설정을 담당한다. 입력 필드가 HTML iFrame 내부에 존재하기 때문에 코드의 복잡성은 주로 구성 요소를 추출하는 데 있다.

이어지는 함수 코드에서는 마지막 줄이 입력 필드 제어에 관한 코드다. 나머지는 콘텐츠와 input 필드가 담기는 iframe에 대한 코드다.

```
function clearInput(hypeDocument, element, event) {
var iframe =
document.getElementById('widget').getElementsByTagName('iframe')[0];
var contents = iframe.contentDocument || iframe.contentWindow.document;
var input = contents.getElementById('search-box');
input.value = "";
}
```

280

코드 편집기는 상단의 clearInput 기능과 하단의 Hype 기능 목록을 보여준다.

해당 요소에 식별자 제공을 통해 7장에서 사용된 코드의 대부분을 재사용해서 다른 HTML 위젯을 제어할 수 있다. 코딩에 능숙하다면, 예를 들어 사용자가 입력한 코드를 기초로 다양한 타임라인을 재생하는 더욱 복잡한 로직을 추가할 수 있다.

▌ 실용적으로 진행하기

Hype는 매우 강력한 프로토타이핑 툴이다. 이를 사용해서 모든 종류의 프로토타입을 제작할 수 있다. 하지만 실제 제품을 위한 프로토타입을 제작하는 프로세스가 항상 명확한 것은 아니다. 모든 필수 단계를 사전에 예측할 수는 없으며 진행 중에 일부 변경이 생길 수 있다. 이 섹션에서는 Hype를 사용한 프로토타이핑 프로세스를 더 원활하게 처리할 수 있도록 도와주는 몇 가지 조언을 제공한다.

레이어 체계화하기

프로토타입 제작에 앞서, 다양한 레이어를 어떻게 함께 작동시킬지를 계획하는 시간을 갖는 것이 유용하다. 어떤 부분을 제어하길 원하는지에 따라 목업을 서로 다른 레이어로 분해할 필요가 있다. 기본 인터랙션을 스케치하는 과정은 어떤 부분을 필요로 하는지를 결정하는 데 도움을 준다.

프로토타입을 개발할 때 다양한 레이어를 잘 정리하는 작업도 중요하다. Hype로 프로토타이핑하는 것에는 일반적으로 다양한 레이어를 여기저기 이동시키는 것과 불투명도 같은 속성 변경이 포함된다. 이 때문에 일부 레이어를 찾고 선택하는 일은 쉽지 않다. 명확한 이름으로 레이어를 명명하는 작업은 레이어 목록을 프로토타입의 다양한 부분을 위한 유용한 인덱스로 만들어 줄 것이다. 특히 일부 포인트가 보이지 않는 경우에는 더욱 그러하다.

다수의 레이어가 함께 작동할 때 이들을 그룹핑하는 것도 편리하다. 이렇게 하면 이들을 블럭 혹은 개별 요소로 애니메이션 처리할 수 있다. 이는 요소에 대한 상대적 위치는 유지하면서 인터랙티브한 부분이 포함될 때 특히 적절하다. 그룹핑하지 않고 이들을 독립적으로 애니메이션 처리하면 달성하기가 훨씬 더 어려워지는 경우다. 처음부터 이러한 그룹을 고려하는 것은 프로토타입을 단순하게 유지하는 데 도움을 줄 수 있다.

미리 보기를 자주 하라

프로토타입은 기능을 만드는 것이 아니라 사용자 경험을 새롭게 만드는 작업이다. 프로토타입 개발이 진행됨에 따라 해당 경험을 확인할 필요가 있다. 프로토타입을 자주 미리 보기하는 과정은 상세 조정이 필요한 내용을 더 잘 알아내고, 가장 중요한 측면을 다듬는 데 집중할 수 있게 해준다. 타이밍 기능, 혹은 다양한 전환의 지속시간 같은 세부 사항을 자유롭게 실험하고 변경해봐도 좋다. 프로토타이핑은 실험적인 연습이기도 하다. 경험을 미리 보는 것은 Hype를 통해서 수정할 수 있는 무수히 많은 측면 중에 어떤 것이 실제로 프로토타입을 개선할 수 있을지를 결정하는 데 도움을 주곤 한다.

모바일 기기를 위한 프로토타입을 개발하는 경우, 실제 기기에서 프로토타이핑하는 것은 큰 차이를 만든다. iOS 기기의 경우 Hype Reflect를 사용해서 프로토타입을 신속하게 테스트할 수 있다. 다른 기기의 경우 내보내기 프로세스를 통해 인터넷이나 로컬 네트워크 상에서 사용 가능한 프로토타입의 최신 버전을 준비해야 한다. Hype에서 생성되는 정적인 HTML 파일을 제공할 수 있는 다양한 파일 호스팅 솔루션이 있다.

▌요약

7장에서는 강력한 프로토타이핑 툴인 Hype를 소개했다. 제품의 기능을 시뮬레이션하는 데 사용할 수 있는 다양한 프로토타이핑 패턴을 지원하는 방법을 설명했다. 다양한 복잡도의 예제를 통해 신속하고 간단한 프로토타입과 구체적인 니즈에 기반한 상세 인터랙션 모두를 지원할 수 있다.

모션 디자인의 컨셉과 타임라인을 사용해서 이를 지원하는 방법에 익숙해지면 다양한 종류의 인터랙션을 실험해보고, Hype 혹은 유사한 툴에서 모션을 사용해 커뮤니케이션할 수 있다.

8장에서는 강력하지만 주로 코드를 사용해서 프로토타이핑을 아주 다른 각도로 접근하는 전혀 다른 툴을 소개한다.

08

코드로 프로토타이핑하기
- Framer Studio 사용하기

"성공은 처음부터 제대로 하기보다 재빠르게 실수를 바로잡는 것을 통해 얻어집니다."

— 팀 하포드^{Time Harford}

프로토타입은 향후 출시될 앱의 기능을 부분적으로 시뮬레이션한다. 디지털 제품의 기능을 설명하는 높은 수준의 확장 가능한 방법은 코드를 사용하는 것이다. 프로그래밍 언어로 프로토타입을 제작하는 데 필요한 시간을 줄이려는 목적의 다양한 툴과 라이브러리가 있다. 이 책에서는 자바스크립트 기반의 라이브러리인 Framer.js, Framer.js와 커피스크립트^{CoffeeScript}에 기초한 시각적 프로토타입 개발 툴인 Framer Studio를 다룬다.

이러한 프로토타이핑 접근 방식은 적절하게 계획된다면 지속적으로 유지되고 발전될 수 있다. 또한 복잡한 제스처와 애니메이션이 지원돼 완성도가 높은 디자인을 사용할 수 있는 Framer.js 덕분에 프로토타입을 사실적으로 구현할 수 있다. 이를 통해 실제 제품으로 얻을 수 있는 결과와 매우 근접한 피드백을 확인할 수 있다.

Framer.js

Framer.js는 신속한 프로토타입 제작을 위해 자바스크립트를 기초로 하는 오픈 소스 프레임워크다. 이를 사용해서 간단한 프로토타입과 상세한 인터랙션이 가미된 더 복잡한 프로토타입 모두를 제작할 수 있다(https://github.com/koenbok/Framer).

Framer.js는 프로토타입을 개발하기 위해 필요한 기본 구성 요소building block를 코드로 담아낸다. 레이어, 상태 변화, 애니메이션을 정의하고 제어할 수 있다. 프레임워크와 함께 배포되는 앱인 Framer Generator을 사용해서 포토샵과 Sketch 파일을 불러올 수 있다. 이를 활용해 프로토타입의 최초 레이어를 만들고, 이를 적절한 위치에 모으는 데 필요한 시간을 줄일 수 있다.

아톰Atom이나 브라켓Brackets 같은 범용 코드 편집기를 사용해 Framer.js로 프로토타입 개발을 시작할 수 있다. 하지만 Framer Studio는 Framer.js를 사용해서 프로토타입을 제작하는 특정 목적으로 개발된 상용 제품이다. Framer Studio는 다수의 대기업에서 사용되고 있으며 8장의 예제에서 사용될 툴이다.

Framer Studio

Framer Studio는 코드를 작성할 때 코드의 시각적 결과물을 보여주는 데스크톱 인터페이스 덕분에 프로토타이핑 워크플로의 최적화를 지원한다. 게다가 장면 뒤에서 자바스크립트로 컴파일하며, 신속한 작성을 돕는 문법을 가진 프로그래밍 언어인 커피스크립트 덕분에 코드를 단순하게 유지할 수 있다.

Framer Studio에서 사용자 인터페이스는 몇 가지 부분으로 구성된다.

- 주요 기능과 프로토타입 개발을 돕는 자동 코드auto-code 옵션이 있는 메뉴
- 프로토타입을 프로그래밍하게 될 코드 편집기
- 코드와 동시에 진행되는 디자인을 확인할 수 있는 미리 보기 영역
- 선택된 항목과 관련된 속성 혹은 레이어 관리자가 있는 컨텍스추얼 패널

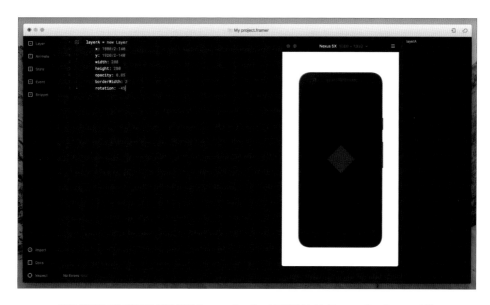

아주 간단한 프로젝트가 진행 중인 Framer Studio 스크린샷(출처: Framer Studio 스크린샷)

덧붙여서 Framer Studio는 간단한 마법사 기능을 통해 어도비 포토샵과 보헤미안 스케치에서 디자인을 불러올 수 있다. 이 기능을 사용해 앱의 시각 디자인을 변경해 다시 불러오고, 미리 보기 영역에서 업데이트 내역을 확인할 수 있다. 변경된 결과물을 신속하게 확인하고, 픽셀 단위까지 정확해질 때까지 디자인 솔루션을 반복할 수 있다. 이 툴은 프로토타이핑 작업 흐름 개선에 유용하다.

커피스크립트 이해하기

커피스크립트는 자바스크립트로 컴파일하는 프로그래밍 언어다. 자바스크립트는 웹 스크립트 언어로 널리 사용되는 강력한 언어다. 커피스크립트는 자바스크립트를 위해 간소화된 문법을 제공하며, 작성하고 이해하기 쉬운 코드를 생성한다.

커피스크립트를 사용해서 간단한 코드로 프로토타입을 만들 수 있으며, 이는 자동으로 자바스크립트로 변형되므로 파이어폭스Firefox나 크롬Chrome 같은 브라우저에서 프로토타입이 작동 가능하다. 또한 프로토타입이 다양한 플랫폼에서 호환 가능하게 만들어 주기 때문에 실제 사용자에게 프로토타입을 테스트하는 프로세스를 간소화시켜주며, 팀과 의사결정권자에게 디자인 아이디어를 공유할 수 있게 해준다.

다음은 커피스크립트에서 지정된 숫자를 2배로 증가시키는 간단한 기능의 예제다. 코드가 이해되지 않아도 걱정하지 마라. 8장의 뒷부분에서 커피스크립트의 문법을 자세히 소개할 것이다.

```
double = (x) -> x * 2
```

자바스크립트 코드에서 편집된 버전을 다음에서 확인할 수 있다. 보시다시피 `function` 혹은 `return` 같은 단어와 중괄호, 세미콜론이 추가됐다.

이들은 자바스크립트 같은 프로그래밍 언어에서 의미가 고정돼 사용하는 일종의 예약어다. 언어의 구문으로 사용되며, 변수 혹은 기능의 이름으로는 사용될 수 없다.

```
double = function(x) {
    return x * 2;
};
```

좋은 것 같은데 코드를 컴파일하기 위해 추가 단계를 수행해야 할까? 음, 이건 Framer Studio의 장점 중 하나다. 이러한 프로세스는 이해하기 어렵지 않으며, 당신은 커피스크립트로 프로그래밍하고, 코드의 결과는 별도의 추가 조치 없이도 바로 볼 수 있다.

▮ 커피스크립트로 코딩 시작하기

이 책이 프로그래밍 도서는 아니지만 커피스크립트 문법의 몇 가지 원칙을 간략하게 다룬다. 8장을 따라오려면 약간의 프로그래밍 지식이 필요하다. 프로그래밍을 접한 적이 없다면 커피스크립트의 프로그래밍 튜토리얼과 함께 8장의 콘텐츠 실습을 추천한다.

이 책에 포함된 프로토타입을 사용해서 프로토타이핑 솔루션 활용을 시작하고, 이것이 당신의 프로젝트와 작업 흐름에 유용한지 확인할 수 있다. 이 모든 콘텐츠가 아주 자세하게 다뤄진 공식 문서(http://coffeescript.org/)를 통해 당신의 지식을 확장시킬 수 있다.

변수와 연산자

프로그래밍 언어의 기본 구성 요소 중 하나가 변수^{variable}와 연산자^{operator}다. **변수**는 나중에 사용할 정보를 담아두는 저장소다. 예를 들어 프로토타입 내에서 사용자가 확인하게 되는 알림^{notification}의 개수를 추적하는 변수를 만들 수 있다. 이 변수는 알림 뱃지^{badge}가 표시되는 방식을 결정하고, 프로토타입의 로직에 따라 해당 값 변경을 지원한다.

변수에 명확한 이름을 부여하는 것은 중요하다. 변수를 명명할 때 띄어쓰기가 허용되지 않으므로, camelCase를 사용해 `numberOfNotifications`, 혹은 underscore를 사용해 `number_of_notifications` 표기법을 사용한다.

연산자를 활용하면 값과 변수를 입력으로 사용해 계산과 논리 연산을 수행할 수 있다. 이를 사용해서 프로토타입의 로직을 정의할 수 있다. 각각의 연산 결과는 또 다른 연산의 일부가 될 수 있으며, 혹은 변수 안에 저장될 수도 있다.

몇 가지 간단한 예제를 살펴보겠다. 예를 들어 숫자 4를 저장할 players라고 부르는 변수가 있다고 하자. 커피스크립트에서는 이렇게 보인다.

```
players = 4
```

보다시피 = 기호를 사용해 players에 값을 배정한다. 이제 4를 2배로 증대한 값을 저장할 tshirts라고 부르는 두 번째 변수가 있다고 가정하자. 다음과 같이 표시된다.

```
tshirts = 4 * 2
```

하지만 players에 저장된 값을 사용해서 tshirts의 값을 계산할 수도 있으며, 이 경우 코드는 다음과 같다.

```
players = 4
tshirts = 4 * players
```

*를 사용해서 곱셈을 수행했다. 이 별표^{asterisk}는 연산자이며, 우리는 프로그램에서 사용 가능한 다양한 연산자를 갖고 있다.

커피스크립트에서 변수와 값으로 연산을 수행하는 계산 연산자를 찾을 수 있다. 가장 기본적인 것은 +, -, *, /이며, 이 연산자를 사용해서 더하기, 빼기, 곱하기, 나누기를 수행할 수 있다. %, ++, -- 를 사용해서 나눗셈 모듈을 리턴^{return}하거나, code 입력을 줄이면서 값을 증가 혹은 감소시킬 수 있다.

논리와 비교 연산자도 지원되며, 이를 사용해서 더욱 향상된 계산을 수행할 수 있다. == 과 !=를 사용해 2개 값이 서로 같은지, 아니면 다른지를 평가할 수 있다. >, >=, >과 <=를 사용해서 다른 값보다 작거나 큰지를 검토할 수 있다. &&, || 같은 논리 연산자를 사용해서 조건도 연결할 수 있다.

이러한 논리 연산자를 사용한 예제를 살펴보겠다. 프로토타입에서 사이즈 값을 저장하는 두 변수인 windowHeight가 contentHeight보다 작다면 TRUE 값을 저장하길 원한다고 가정해보자. needsScroll에서 이 조건문의 결과를 저장하고, 이 변수를 사용해서 이후 프로토타입에 스크롤 기능을 추가할 수 있다. 커피스크립트에서는 다음과 같이 표현한다.

```
needsScroll = windowHeight < contentHeight
```

살펴본 바와 같이 변수와 연산자를 사용해서 값을 산출해 저장하고, 다른 프로세스에서 사용할 수 있기 때문에 큰 잠재력을 확인할 수 있다. 예를 들어 구성 요소의 높이를 변수에 저장하고, 최초 위치로부터 두 번째 요소의 위치를 계산할 수 있다. 다음 예제를 살펴보자.

```
aux = square.height
square2.x = aux + 100
```

이제 잠시 멈춰서 생각해보자. 앞선 예제에서 사각형 요소의 높이 값을 추가하고, 점 표기법을 사용해 이에 접근했다. 이들은 Framer Studio에서는 **속성**properties과 **오브젝트**objects에 해당하며, 높이는 사각형 요소의 속성이 된다. 우리는 프로토타입에서 오브젝트를 사용해서 레이어와 애니메이션을 만들며, 이들은 편집 가능한 값을 지닌 다양한 속성을 가진다. 이 부분은 이후에 다룰 예정이다.

유형

프로토타입에서 정의하는 변수는 다양한 종류의 정보를 담을 수 있다. 커피스크립트에서 다룰 수 있는 다양한 유형type의 데이터를 확인할 수 있으며, 이들은 많은 프로그래밍 언어에서 공통이다. 8장에서는 숫자number, 문자열string, 불린boolean[1], 배열array, 오브젝트object에 대해서도 설명한다.

---

1 숫자 1과 0만으로 표시하는 방식 – 옮긴이

- **숫자**는 2, 100, −250 같이 숫자로 나타낸 값을 담는다.
- **문자열**은 텍스트로 된 정보를 정의하며, "앱에 오신 것을 환영한다." 같이 따옴표 안에 표시된다.
- **불린**은 논리적인 이진법의 값으로 TRUE 혹은 FALSE 값을 가진다. 이것은 프로토타입 작동에서 결정을 안내하는 논리적인 조건을 설명하는 데 유용하다.
- **배열**은 [3,5,2,9] 혹은 ["London", "Paris", "Milan"] 같이 값의 모음이다.
- **오브젝트**는 더 복잡하고 구조화된 정보를 보여준다. 그들은 데이터 유형의 속성과 우리가 메소드method라고 부르는 연관된 기능성을 설명하는 기능 세트를 가진다. 프로토타입의 레이어 같은 요소는 높이 같은 속성에 접근 가능한 오브젝트와 레이어를 스크린의 중앙에 오도록 조정하는 것 같은 메소드를 통해 표현된다.

함수

함수function는 특정 액션을 수행하는 명령 세트다. 계산 수행, 오브젝트 조작, 다른 함수 사용 같은 기능성을 서술한다. 매개변수parameter는 함수를 재사용하기 위해 이용할 수 있다. 예를 들어 오브젝트를 이동시키는 함수는 목적지 좌표를 변수로 가져갈 수 있다. 함수를 호출할 때 이 매개변수에 대한 인수argument를 전달하며, 함수는 이 값을 사용할 수 있는 루틴routine을 수행한다. 커피스크립트에서 기능 문법은 단어, 등호, 괄호 사이의 변수 목록, 하이픈과 "더 크다."를 의미하는 화살표 기호, 기능 본체로 구성된다.

다음은 커피스크립트 코드의 예제다. 자바스크립트를 써봤다면 함수 바디를 옮겨올 때 중괄호를 쓰지 않는 점이 이상하게 느껴질 수도 있다. 커피스크립트에서 여러 줄의 명령어 블록은 들여쓰기를 통해 구분할 수 있다.

```
doubleIfOdd = (x) ->
    if x % 2 == 0
        x * 2
    else
```

```
        x
print doubleIfOdd 4
```

 Asset_A6462_A08_A01_Example_DoubleIfOdd.framer.zip에서 프로토타입을 다운로드한다.

함수에 변수가 포함된 경우에는 괄호 없이 기능을 호출할 수도 있다. 이어지는 코드에서는 Framer Studio 출력^{print} 콘솔에 있는 **doubleIfOdd** 기능을 통해 제공되는 결과물을 확인할 수 있다(console.log를 사용해 브라우저 콘솔을 통한 출력을 확인할 수도 있다).

```
» 8
```

변수가 없는 함수는 다음 예제와 같이 괄호를 사용해서 실행한다.

```
helloWorld = ->
    "Hello world"
print helloWorld()
```

 Asset_A6462_A08_A02_Example_HelloWorld.framer.zip에서 프로토타입을 다운로드한다.

보다시피 helloWorld 함수는 출력 콘솔을 사용해서 출력하는 "Hello world" 문자열을 리턴한다.

루프와 조건부 구조

조건부 구조conditional structure와 루프loop를 통해 코드에 고급 로직을 추가할 수 있다. 조건부 구조는 조건이 충족된 경우에만 실행되는 코드 블록을 구분한다. 해당 문법에는 예약어 reserved word인 if가 포함되며, 기본 조건이 충족되지 않을 때 실행되는 else 예약어를 사용하는 대안적인 코드 블록이 포함될 수도 있다.

```
x = 4
if x>2
    print "x value is bigger than two"
else
    print "x value is not bigger than two"
```

 Asset_A6462_A08_A03_Example_Conditional.framer.zip에서 프로토타입을 다운로드한다.

앞선 코드의 결과로 출력 콘솔에 따른 첫 번째 출력 명령 문자열이 "x is bigger than two"의 값을 갖는 것을 확인할 수 있다.

루프는 특정 횟수 혹은 조건이 더 이상 충족되지 않을 때까지 반복적으로 수행되는 코드 블록을 작성하는 데 도움을 준다. 예를 들어 요소의 배열을 검토하는 데 유용할 수 있다. for loop를 개발하기 위해 우리는 일부 예약어를 사용한다. 예를 들어 for와 in을 사용해 for loop를 만들 수 있다. 주소록 구성 요소의 배열을 점검하기 위해 이름이 배열된 요소의 값을 갖게 되는 for name in contacts를 사용할 수 있다.

```
contacts = [
    "John Walker"
    "Mark Roberts"
    "Jessica Plankton"
]
```

```
for name in contacts
    print name
```

앞선 코드는 출력 콘솔을 통해 주소록에 포함된 모든 데이터 요소를 보여주지만, 우리는 루프 내부에 조건을 추가하고 배열 인덱스 값을 사용할 수 있다.

```
for name, i in contacts when name isnt "Mark Roberts"
    print name + ' is in the position ' + i
```

 Asset_A6462_A08_A04_Example_For_Loops.framer.zip에서 프로토타입을 다운로드한다.

이 코드는 Mark Roberts에 해당하는 요소를 제외한 주소록 배열에 포함된 모든 데이터 요소를 표시하며, is in the position 문자열과 배열 인덱스를 추가한다. 이어지는 결과를 살펴보자.

```
» "John Walker is in the position 0"
» "Jessica Plankton is in the position 2"
```

while 예약어를 사용해서 while 루프를 만들 수도 있다. 다음은 aux의 값을 출력하고 조건이 false를 리턴하는 즉, aux가 0보다 작아질 때까지 aux의 숫자를 줄이는 코드 예제다.

```
aux = 4
printAndSubtract = ->
    print aux
    aux--
printAndSubtract() while aux > 0
```

출력^{print} 콘솔의 결과는 4부터 1까지의 숫자가 된다.

» 4
» 3
» 2
» 1

오브젝트와 메소드

오브젝트^{object}는 키^{key}와 값^{value}의 조합으로 구성된 속성 묶음을 저장할 수 있는 유연한 데이터 유형이며, **메소드**^{method}는 오브젝트에 저장된 기능이다. 오브젝트를 호출하고 해당 키를 참고 표시해서 속성 값에 접근할 수 있다. 다음은 오브젝트 예제로 기본적인 오브젝트 정의를 사용해서 생성했으며, 점 표시를 사용해 cardHeight 속성에 접근하는 방법을 보여준다.

```
card =
    cardHeight: 10
    cardWidth: 10
    cardColor: 222222
print card.cardHeight
```

출력 기능을 사용해 cardHeight 속성 값을 얻을 수 있다.

» 10

오브젝트에 저장된 함수는 **메소드**라고 부르며, 호출될 때 변수parameter를 가질 수 있다. 예를 들어 card 오브젝트 내부에 속성 값을 출력하는 기능을 만들고, 필요할 때 이를 호출할 수 있다.

```
card =
    cardHeight: 10
    cardWidth: 10
    cardColor: 222222
    printCardDetails: (x) ->
            i = 0
            while i < x
                print "Height: " + this.cardHeight + ", Width: " +
this.cardWidth + ", Color: " + this.cardColor
                i++

card.printCardDetails 3
```

 Asset_A6462_A08_A07_Example_Card_Object_PrintCardDetails.framer.zip에서 **프로토타입을 다운로드한다.**

그 결과 출력 콘솔 안의 printCardDetails 메소드를 통해 생성된 문자열string을 x 변수와 함께 정의할 때마다 보게 된다. 이 경우에는 3번이다. 보다시피 this라는 단어를 사용해서 메소드가 실행되는 오브젝트에 저장된 값에 접근해왔다.

```
» "Height: 10, Width: 10, Color: 222222"
» "Height: 10, Width: 10, Color: 222222"
» "Height: 10, Width: 10, Color: 222222"
```

속성과 메소드의 컨셉을 이해하면 Framer가 어떻게 개발됐는지를 더 쉽게 파악할 수 있다. Framer에서는 오브젝트를 사용해서 프로토타입을 개발하므로, 이어지는 페이지를 읽을 때 이 컨셉을 기억해야 한다. 더 자세한 정보는 커피스크립트 문서에서 확인할 수 있다.

Framer.js 이해하기

Framer로 프로토타이핑을 시작하기 위해서 필요한 기본 구성 요소와 컨셉을 소개한다.

 더 자세한 정보 혹은 참조 가이드가 필요하다면 https://framer.com/docs/에 접속해 Framer Studio에서 제공하는 자료를 읽어보길 추천한다.

Framer에는 프로토타입 제작에 도움을 주는 미리 정의된 구성 요소 세트가 포함된다. Framer.js는 프로토타입의 구조를 만드는 몇 가지 기본 블록을 제공하며, 동작을 묘사하는 데 필요한 이벤트와 액션을 제어할 수 있게 도와준다. 공식 자료의 순서에 따르면 **레이어**Layer는 프로토타입의 기초가 되며, **애니메이션**Animation은 이동과 레이어의 속성 변경을 지원한다. **이벤트**Event는 프로토타입을 인터랙티브하게 만들어주며, **상태**State는 레이어의 다양한 상태를 만들고 상태 간의 변경을 도와준다. Framer.js에 포함된 몇 가지 구성 요소를 사용해서 기본적인 디자인 패턴을 제작하는 절차를 줄이는 방법을 소개한다.

레이어

레이어는 프로토타입에서 사용하게 되는 가장 기본 요소다. 레이어에는 이미지, 텍스트, 비디오가 들어간다. 필요에 따라 변경 가능한 속성 세트가 포함된다.

첫 번째 레이어를 만들기 위해서 new라는 단어와 클래스 이름으로 Layer를 사용한다. Layer 클래스의 새로운 인스턴스^{instance}가 생성되며, 이를 myFirstLayer 변수에 배정한다. 향후에 myFirstLayer 변수를 사용해 Layer를 조작할 수 있다.

```
myFirstLayer = new Layer
```

x와 y 속성에 값을 부여해서 위치를 변경할 수 있다. 이 값은 픽셀 단위로 제공된다. 프로토타입에 사용하는 안드로이드 기기는 xxhdpi(@3x)의 해상도를 가졌으며, 360×640의 3배 해상도인 1080×1920px의 스크린이 장착돼 있다. 이를 위해 **Devices** 메뉴에서 **Google Nexus 5X**를 선택해야 한다. x와 y 속성의 값을 다음과 같이 변경해 레이어를 스크린 중앙에 위치시킬 수 있다.

```
myFirstLayer.x = 1080/2
myFirstLayer.y = 1920/2
```

 Asset_A6462_A08_A08_Example_Prototype_Layer_v1.framer.zip에서 **프로토타입을 다운로드한다.**

미리 보기 영역에서 확인할 수 있듯이 레이어는 스크린 중앙에 위치하며, 좌상단 모서리는 위치를 계산하기 위한 기준점으로 사용된다. 코드는 Framer Studio 데스크톱 인터페이스의 코드 에디터에 추가됐다.

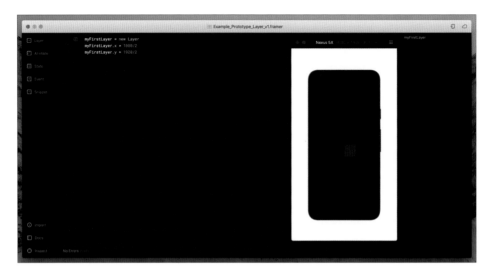

Framer Studio 데스크톱 인터페이스

레이어 중앙에 오브젝트를 위치시키기 위해서 다른 옵션을 사용할 수도 있다. 예를 들어 midX와 midy 속성을 변경해 요소의 중앙을 기준으로 하는 레이어를 배치할 수 있다.

```
myFirstLayer = new Layer
myFirstLayer.midX = 1080/2
myFirstLayer.midY = 1920/2
print myFirstLayer.x
print myFirstLayer.y
```

 Asset_A6462_A08_A09_Example_Prototype_Layer_v2.framer.zip에서 프로토타입을 다운로드한다.

이 코드 결과 레이어가 스크린 중앙에 위치하는 것을 확인하게 된다. 출력 콘솔에 따라 레이어의 신규 위치는 x 및 y 속성으로 표시된다.

» 440

» 860

Framer의 레이어와 함께 제공되는 center( ) 메소드를 사용해도 동일한 결과를 얻을 수 있다.

```
myFirstLayer.center( )
```

레이어의 다른 속성도 설정할 수 있다. 예를 들어 크기는 width와 height 속성에 따라 결정되며, 픽셀 단위로 정의돼야 한다. 500×500px 크기의 레이어를 만들 수 있다.

```
myFirstLayer.width = 500
myFirstLayer.height = 500
print myFirstLayer.size
```

 Asset_A6462_A08_A10_Example_Prototype_Layer_v3.framer.zip에서 프로토타입을 다운로드한다.

size 속성을 사용해 레이어의 크기를 출력했다. 다음과 같이 width와 height 값을 모두 출력하게 된다.

```
» {width:500, height:500}
```

또 다른 유용한 예제는 부모parent 정의다. 레이어를 끼워 넣고 프로젝트에 구조를 제공할 수 있다. 레이어 동작은 다른 레이어와의 관계에 영향을 받는다. 예를 들어 앞서 사용한 center( ) 메소드는 레이어를 스크린이 아닌 그들의 부모 레이어 중앙에 위치시킨다.

```
mySecondLayer = new Layer
    parent: myFirstLayer
    x: 30
    y: 30
```

 Asset_A6462_A08_A11_Example_Prototype_Layer_v4.framer.zip에서 프로토타입을
다운로드한다.

이 예제에서 mySecondLayer의 정의는 myFirstLayer의 자녀[child]로 규정하며, x:30과 y:30
으로 정의된 위치는 부모의 좌상단 모서리로부터 30px 밑으로 배치시킨다. 레이어의 체
계[hierarchy]를 정의하면 함께 처리되는 그룹으로 요소를 만들 수 있다.

애니메이션

신규 애니메이션 오브젝트를 만들어 위치나 색상 같은 레이어 속성을 변경할 수 있다. 레
이어의 최종 상태는 속성 설정, 혹은 레이어 상태 생성을 통해 정의할 수 있으며, 이는 애
니메이션 중에 값이 변경되는 속성 값을 정의하는 또 다른 방법이 될 수 있다. 또한 애니메
이션 실행에 소요되는 시간과 애니메이션 중에 달라지는 값의 변화를 계산하는데 적용되
는 커브[curve]를 정의할 수 있다. 다음 예제에서는 레이어의 위치 변경을 위해 animate 기능
을 사용하는 애니메이션을 Bezier easeOut curve를 적용해서 만들 것이다.

```
myFirstLayer.animate
    x: 200
    options:
        curve: Bezier.easeOut
        time: 1
```

애니메이션 오브젝트를 생성시키고 start( ) 메소드를 호출해서 동일한 예제를 수행할 수 있다.

```
animationGoTo200 = new Animation myFirstLayer,
    x: 200
    options:
        curve: Bezier.easeOut
        time: 1
animationGoTo200.start( )
```

 Asset_A6462_A08_A12_Example_Prototype_Layer_v5.framer.zip에서 프로토타입을 다운로드한다.

이벤트

이벤트는 프로토타입에 상호작용성^{interactivity}을 담을 수 있게 해준다. 특정 이벤트에 대한 리액션^{reaction}으로 기능을 연결할 수 있다. 사용자가 인터페이스 요소와 인터랙션할 때 혹은 애니메이션이 시작하거나 종료됐을 때 같이 다양한 종류의 이벤트가 있다.

다음 예제에서는 사용자가 탭할 때마다 탭 횟수를 출력한다.

```
numberOfTaps = 0
numberOfTapsLayer = new Layer
    backgroundColor: "#123123"
numberOfTapsLayer.center( )
numberOfTapsLayer.on Events.Tap, ->
    numberOfTaps++
    print numberOfTaps
```

Asset_A6462_A08_A13_Example_NumberOfTapsLayer.framer.zip에서 프로토타입을 다운로드한다.

보다시피 우리는 Events.Tap 이벤트를 사용했지만, Swipe, LongPress, Pinch 혹은 ForceTap도 사용할 수 있다. 예를 들어 numberOfTapsLayer.onEvents.Tap, -> 대신에 numberOfTapsLayer.onTap ->을 사용하는 것처럼 일부 이벤트 단축키도 이용할 수 있다.

'SwipeUp' 같은 일부 제스처는 더 구체적인 버전을 가지며, 거기에서는 스와이프가 위 방향으로 이뤄진 경우에만 이벤트 리스너[listener]가 반응한다. Framer Studio에서 제공하는 제스처 세트를 이용해서 프로토타입에서 완성도가 높은 경험을 만들어내고, 사용자로부터 매우 사실적인 반응을 확인할 수 있다.

상태

상태는 레이어의 일부 속성에 대한 값의 묶음이다. 예를 들어 상태를 사용해서 구성 요소가 가질 수 있는 다양한 위치를 정의하고, 사용자가 사용자 인터페이스에 액션[action]을 취할 때 이러한 상태를 사용해 구성 요소가 스크린 영역에 표시되게 만들 수 있다. 다음 예제에서 movingLayer 레이어는 up과 down이라는 2가지 상태를 가지며, 사용자가 레이어를 탭하면 상태가 둘 사이에서 전환된다.

```
movingLayer = new Layer
movingLayer.centerX( )
movingLayer.states =
    up:
        y: 400
    down:
        y: 1200
movingLayer.stateSwitch("up")
movingLayer.onTap ->
    movingLayer.stateCycle("up", "down")
```

Asset_A6462_A08_A14_Example_MovingLayer.framer.zip에서 프로토타입을 다운로드한다.

레이어는 'up'과 'down'이라는 2가지 상태를 가진다.

stateCycle을 호출할 때마다 사용자가 레이어를 탭할 때 레이어는 모든 상태를 차례로 거치게 된다. 모든 상태를 거쳤다면 다시 이를 반복한다. 이 경우에는 예제에서 2개의 상태만 갖고 있기 때문에 up과 down을 오간다.

컴포넌트

Framer Studio에서 프로토타입 코딩에 유용한 몇 가지 컴포넌트^{component}를 찾을 수 있다. 이들은 기본적인 디자인 패턴을 개발할 때 시간을 절약해 준다.

컴포넌트의 인스턴스^{instance}를 만들면 미리 정의된 인터랙션과 동작^{behavior}이 함께 따라온다. Framer Studio에 포함된 몇 가지 컴포넌트를 살펴보겠다.

- **텍스트 레이어**^{TextLayer}: 텍스트가 포함된 레이어를 만든다. 문자열^{string}을 사용해서 텍스트를 추가하고, CSS에서 하듯이 텍스트 속성을 지정할 수 있다.

속성 값이 서로 상이한 2개의 텍스트 레이어가 있는 간단한 예제는 다음과 같다.

```
myBackgroundLayer = new BackgroundLayer
    backgroundColor: "white"
myTextLayer1 = new TextLayer
    text: "Text Layer"
    color: "#333333"
    fontSize: 80
    x: 32
    y: 340
myTextLayer2 = new TextLayer
    text: "Lorem ipsum dolor sit amet, consectetur adipiscing elit. Etiam
quis vestibulum nisi, vitae imperdiet diam. In placerat felis erat, non
condimentum erat laoreet ultrices."
    olor: "#888888"
    fontSize: 50
    : 32
    y: 480
    width: 686
```

 Asset_A6462_A08_A15_Example_TextLayer.framer.zip에서 프로토타입을 다운로드한다.

Text Layer

Lorem ipsum dolor sit amet,
consectetur adipiscing elit.
Etiam quis vestibulum nisi,
vitae imperdiet diam. In
placerat felis erat, non
condimentum erat laoreet
ultrices.

TextLayer 컴포넌트를 사용한 프로토타입 예제

- **스크롤 컴포넌트**^{ScrollComponent} : 이 컴포넌트는 스크린의 특정 영역에 스크롤 가능한 콘텐츠 제공을 지원한다. 스크롤 컴포넌트에 콘텐츠를 요약해야 하며, 스크롤 방향이나 드래그할 때의 스크롤링 속도 같은 변수를 지정할 수 있다.

다음 예제에서는 TextLayer를 포함하고 스크롤이 가능한 레이어를 만든다. 이번에 만드는 스크롤 가능한 레이어에서는 수평 스크롤링만 지원한다.

```
myBackgroundLayer = new BackgroundLayer
    backgroundColor: "white"

myScroll = new ScrollComponent
    width: 750
    height: 1334
myScroll.scrollVertical = false
myTextLayer = new TextLayer
    text: "This layer is scrollable"
```

```
        color: "#333333"
        fontSize: 120
myLayer = new Layer
        width: 1500
        height: 1334
        backgroundColor: "#ffffff"
        parent: myScroll.content
myTextLayer.parent = myLayer
myTextLayer.center()
```

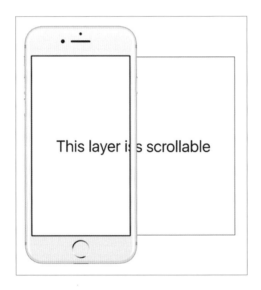

스크롤 컴포넌트를 사용하는 프로토타입 예제

- **페이지 컴포넌트**^{PageComponent}: 페이지가 매겨진 콘텐츠의 내비게이션 구조를 만든
  다. 사용자는 스크린 스와이핑^{swiping}을 통해 페이지를 넘길 수 있다. 페이지를 추

가해 수평 혹은 수직으로 접근할 수 있으며, 이를 통해 복잡한 구조를 간단하고 기능적인 방식으로 만들 수 있다.

이어지는 예제에서는 숫자가 명확하게 표시된 페이지가 3장 있는 PageComponent를 만든다. 사용자는 스와이프 제스처를 사용해서 펼쳐진 페이지를 변경할 수 있다.

```
myLayer1 = new TextLayer
    text: "1"
    color: "#333333"
    fontSize: 200
    padding:
        top: 64
        left: 64
    width: 750
    height: 1334
    backgroundColor: "#ffffff"
myLayer2 = new TextLayer
    text: "2"
    color: "#333333"
    fontSize: 200
    padding:
        top: 64
        left: 64
    width: 750
    height: 1334
    backgroundColor: "#ffffff"
myLayer3 = new TextLayer
    text: "3"
    color: "#333333"
    fontSize: 200
    padding:
        top: 64
        left: 64
    width: 750
    height: 1334
    backgroundColor: "#ffffff"
myPage = new PageComponent
```

```
    width: 750
    height: 1334
myPage.addPage(myLayer1, "right")
myPage.addPage(myLayer2, "right")
myPage.addPage(myLayer3, "right")
```

 Asset_A6462_A08_A17_Example_PageComponent.framer.zip에서 프로토타입을 다운로드한다.

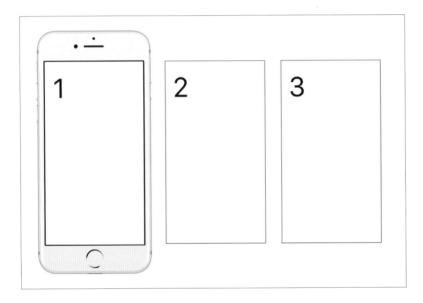

페이지 컴포넌트를 사용한 프로토타입 예제

- **슬라이더 컴포넌트**^{SliderComponent}: 이 코드를 사용해 프로젝트에 슬라이더를 추가할 수 있다. 라인의 노브^{knob} 위치에 맞춰 값을 조정할 수 있는 슬라이더 컨트롤을 몇 줄의 코드만으로 추가할 수 있다. 노브는 드래그 가능하며, 그 값은 위치에 따라 조정된다.

다음은 스크린 중앙에 위치한 슬라이더 예제다.

```
myBackgroundLayer = new BackgroundLayer
    backgroundColor: "#dddddd"
mySlider = new SliderComponent
mySlider.backgroundColor = "#333333"
mySlider.knobSize = 80
mySlider.center()
```

 Asset_A6462_A08_A18_Example_SliderComponent.framer.zip에서 프로토타입을
다운로드한다.

슬라이더 컴포넌트를 사용한 프로토타입 예제

- **레인지 슬라이더 컴포넌트**^{RangeSliderComponent}: 레인지 슬라이더 컴포넌트를 프로토타입에 삽입한다. 이 컴포넌트의 작동은 슬라이더 컴포넌트와 유사하지만 노브가 2개다. 이 컨트롤러는 사용자가 한도 내에서 범위를 선택할 수 있게 해준다. 첫 번째 노브는 선택된 범위의 하한값, 두 번째 노브는 상한값을 보여준다.

다음 예제에서는 스크린 중앙에 위치한 레인지 슬라이더를 만든다.

```
myBackgroundLayer = new BackgroundLayer
    backgroundColor: "#dddddd"
myRange = new RangeSliderComponent
    min: 1
    max: 10
    minValue: 3
    maxValue: 8
myRange.knobSize = 50
myRange.fill.backgroundColor = "#333333"
myRange.backgroundColor = "#ffffff"
myRange.center()
```

 Asset_A6462_A08_A19_Example_RangeSliderComponent.framer.zip에서 프로토타입을 다운로드한다.

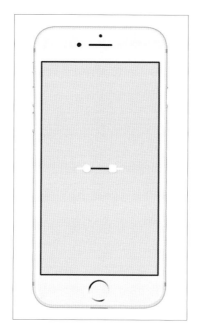

레인지 슬라이더 컴포넌트를 사용한 프로토타입 예제

Framer Studio 공식 자료에서 이러한 컴포넌트에 대한 더 자세한 정보와 사용 예제를 확인할 수 있다.

Sketch와 Framer Studio로 프로토타입 제작하기

이 섹션에서는 Sketch에서 만든 디자인을 사용해 Framer Studio로 불러온 몇 가지 예제를 보여줄 것이다. 프로토타입의 레이어를 코드를 사용해서 만들 수도 있지만 포토샵이나 Sketch 같은 디자인 소프트웨어를 사용하는 것이 프로세스를 더 원활하게 만들어 준다. 디자인 소프트웨어의 결과물을 Framer에서 레이어로 불러오고, 여기에 상호작용성을 추가해서 프로토타입을 제작한다.

이 섹션에는 몇 가지 프로토타입이 포함되는데, 각각의 프로토타입은 상호 독립적이지만 제시된 순서대로 읽어보기를 추천한다. 첫 번째 프로토타입에서 설명되는 일부 기본 컨셉은 그 다음 이어지는 프로토타입에서는 덜 자세하게 다뤄지기 때문이다.

웰컴 투어 프로토타입

이 프로토타입에서 우리는 Sketch에서 만든 디자인을 불러와서 웰컴 투어를 만든다. 따라서 이 튜토리얼을 따라하기 위해서 필요한 첫 번째 할 일은 프로토타입에서 사용할 Sketch 파일을 Asset_A6462_A08_A20_Welcome_Tour_Prototype_Designs.zip 코드 묶음에서 다운로드하는 것이다. Framer에서도 Asset_A6462_A08_A21_Welcome_Tour_Prototype.framer.zip 코드 묶음에서 이 튜토리얼을 다운로드할 수 있다.

이어지는 스크린샷에서 확인할 수 있듯이, 디자인은 4개의 서로 다른 아트보드에서 제작된 4개의 스크린으로 구성된다. Sketch에서 작업할 때에는 쉽게 알아볼 수 있는 이름을 사용해야 프로토타입을 코드로 작성할 때 참조하기 쉽다.

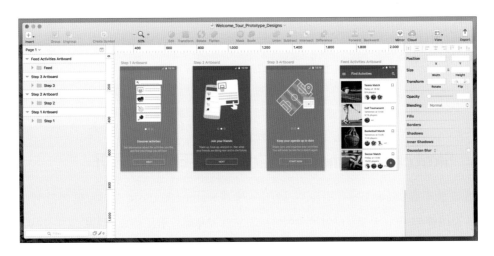

웰컴 투어 프로토타입의 Sketch 디자인(출처: Sketch 스크린샷)

Welcome_Tour_Prototype_Designs.sketch 파일을 Sketch에서 오픈한 후에는 이 파일을 Framer에서 불러들여야 한다. 이를 위해서는 Framer Studio 툴바에서 **Import** 옵션을 찾아야 한다. **Import**를 클릭하면 Sketch에서 앞서 열었던 Sketch 파일을 선택할 수 있는 대화창dialog이 나타난다. **@3x**로 불러들이는 옵션을 선택한 후에 **Import**를 클릭한다. Sketch 파일은 Sketch에서 열린 상태에서는 Framer에서만 사용 가능하다는 점을 유념해야 한다. Framer의 아트보드는 **@3x** 옵션을 선택했기 때문에 360×640으로 Sketch에서 디자인한 크기의 3배에 해당하는 1080×1920px 크기가 된다.

Sketch에서 @3x로 불러들이기

다음의 코드 라인이 프로젝트에서 표시된다.

```
# Import file "Welcome_Tour_Prototype_Designs" (sizes and positions are
scaled 1:3)
sketch = Framer.Importer.load("imported/Welcome_Tour_Prototype_Designs@3x")
```

Framer는 Sketch에서 레이어 그룹을 불러와 각각을 레이어로 만든다. Sketch에서 그룹핑되지 않은 레이어는 무시하며, Sketch에서 정의된 위치를 사용해서 신규 레이어의 x, y 속성 값을 정의한다.

Framer에서는 그룹명의 끝에 – 기호를 사용해 Sketch 그룹을 무시하고, 그룹명에 *를 추가해서 해체할 수 있다. 이 경우 그룹은 하위 항목이 없는 단일 레이어로 가져온다.

지금까지 작업에 필요한 디자인 에셋을 불러왔으며, 이것이 너무 커보이지 않도록 미리 보기를 조절해야 한다. 이를 위해 개발을 진행하면서 프로토타입을 미리 보기할 기기를 선택해야 한다. Framer가 미리 보기 용도로 제공하는 다양한 기기는 **Devices** 메뉴에서 확인할 수 있다.

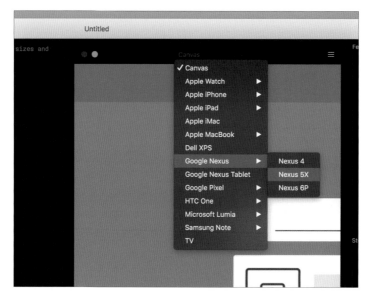

Google Nexus 5X 기기 선택하기

이번 튜토리얼에서는 모바일 기기에서 프로토타입을 미리 보기하므로, 선택 메뉴에서 **Google Nexus 5X**를 열어야 한다. 모바일 스킨과 함께 표시되는 프로토타입을 확인하려면, **Toggle Device** 옵션을 켜야 한다.

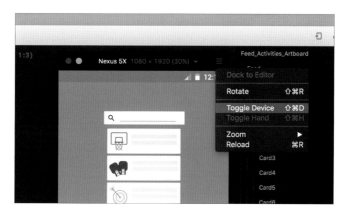

Toggle Device 옵션

그 결과 Sketch 파일에서 **Step 1 Artboard**라는 이름의 첫 번째 아트보드를 확인할 수 있으며, 이는 Framer Studio의 미리 보기 영역의 선택된 모바일 기기에서 표시된다. 이를 불러오기 위한 코드는 코드 에디터, Sketch 파일의 그룹에 있는 레이어 관리자는 Framer의 레이어에서 보인다.

Welcome_Tour_Prototype_Designs.sketch를 불러들인 Framer Studio

아트보드 상태

다음으로 해야 할 일은 현재 뷰에서는 보이지 않는 아트보드의 위치를 조정하는 것이다.
Step 2 Artboard, Step 3 Artboard, Feed Activities Artboard가 이에 해당한다. 이를 위해서 각
각의 아트보드를 위한 2가지 상태를 만든다. 하나는 아트보드가 스크린을 벗어난 상태, 다
른 하나는 아트보드가 스크린 내부에 위치하며 사용자에게 보이는 상태다. 이 상태를 out
과 in으로 이름 붙이는데 다른 이름을 써도 무방하다. 또한 아트보드마다 초기 상태와 상
태가 변경되는 방식을 정의한다. 이를 위해서 다음의 코드를 사용한다. # 기호로 시작하는
라인은 설명에 해당하며, 코드를 정리하고 설명하기 위한 용도로만 사용된다.

```
# STEP 2
# Step 2 states
sketch.Step_2_Artboard.states.out =
    x: 1080
    animationOptions:
        time: 0.3
        curve: Bezier.ease
sketch.Step_2_Artboard.states.in =
    x: 0
    animationOptions:
        time: 0.3
        curve: Bezier.ease
# Set default Step 2 state
sketch.Step_2_Artboard.stateSwitch("out")
```

앞서 코드에서 sketch.Step_2_Artboard와 함께 Step 2 Artboard를 참조한다. Framer
에서는 Sketch에서 불러온 모든 레이어가 sketch라는 단어와 함께 참조될 수 있으며,
Sketch 파일에서 속했던 그룹의 이름이나 아트보드의 이름을 따를 수 있다. 띄어쓰기된
빈 칸은 밑줄 표시^{underscore}로 대체된다.

아트보드를 스크린 뷰 밖으로 이동시키는 out 상태를 만들기 위해서는 sketch.Step_2_
Artboard.states.out = 명령^{instruction}을 사용하며, 여기에서 레이어 참조는 states.와 우

리가 붙이고 싶은 상태 이름을 따른다. 이 경우 out과 in 상태를 가지므로 2개의 서로 다른 선언문^{declaration}을 갖게 된다. = 기호를 사용해서 상태별로 속성을 부여한다. 예제에서는 out 상태일 때에는 x 속성에 1080 값, in 상태에서는 0의 값을 배정했다.

```
sketch.Step_2_Artboard.states.out =
    x: 1080
sketch.Step_2_Artboard.states.in =
    x: 0
```

애니메이션을 사용해서 아트보드의 상태를 변경할 수 있다. 애니메이션은 레이어 속성을 현재 값에서 새로운 상태의 값으로 시간에 걸쳐 점진적으로 변경시킨다. 이를 위해서 원하는 상태의 이름과 함께 animate를 호출할 수 있다.

```
sketch.Step_2_Artboard.animate("in")
```

애니메이션을 사용하지 않고 stateSwtich를 써서 상태를 직접 바꿀 수도 있다.

```
sketch.Step_2_Artboard.stateSwitch("out")
```

기본 애니메이션을 사용해서 상태를 변경할 수 있지만 독자적인 애니메이션을 정의할 수도 있다. 이를 위해서 animationOptions:를 사용해 상태 선언문에 설명^{indication}을 추가한다. 이 경우에는 타임 옵션에서 time: 0.3을 써서 0.3 초 내에 애니메이션 시간을 정의하고, 초기 값에서 최종 값으로 바뀌는데 사용되는 커브가 Bezier.ease 커브를 따르게 명시할 수 있다. Bezier.linear, Bezier.easeIn, 혹은 Spring 같은 다른 애니메이션 커브도 사용 가능하다.

```
sketch.Step_2_Artboard.states.out =
    x: 1080
    animationOptions:
```

```
time: 0.3
curve: Bezier.ease
```

---

code--sketch.Step_2_Artboard.stateSwitch ("out")--의 마지막 라인은 프로토타입이 실행될 때 아트보드가 2개의 상태 중 어디에서 시작해야 하는지를 정의한다. 이런 경우 이 명령은 Step 2 Artboard 아트보드를 out 상태로 이동시켜 초기 위치의 x 값을 1080으로 지정하며, 오른쪽의 사각형으로 표시되는 이미지가 스크린 밖에 위치한다.

Step_2_Artboard 위치

stateSwitch를 사용할 때 변경 사항은 animationOptions 블록에서 정의된 옵션을 따르지 않고 자동으로 적용된다. 프로토타입의 초기 내용을 설정할 때에는 레이어의 최초 위치만 정의하므로 애니메이션이 필요치 않다. animationOptions 블록에서 정의된 옵션은 사용자가 웰컴 투어를 진행해 나감에 따라 이후의 전환을 매끄럽게 이어준다. 이제 Step 3 Artboard을 동일하게 처리한다. 양쪽의 뷰 모두 스크린의 오른쪽에서 등장하기 때문에 값과 코드가 매우 유사하다. 이어지는 코드 블록에서는 레이어 이름만 sketch.Step_3_Artboard로 변경됐다.

320

```
# STEP 3
# Step 3 states
sketch.Step_3_Artboard.states.out =
    x: 1080
    animationOptions:
        time: 0.3
        curve: Bezier.ease
sketch.Step_3_Artboard.states.in =
    x: 0
    animationOptions:
        time: 0.3
        curve: Bezier.ease
# Set default Step 3 state
sketch.Step_3_Artboard.stateSwitch("out")
```

상태 명령문을 완료하기 위해서는 Sketch에서 Feed Activities Artboard 라고 불리는 4번째 아트보드를 Framer에서 sketch.Feed_Activities_Artboard로 불리는 레이어로 전환해서 위치를 설정해야 한다. 이 레이어는 스크린의 하단에서부터 나타나기 때문에 레이어의 out, in 상태에서는 y 속성이 변경되며 레이어는 수직으로 이동한다. 다음은 이 목적으로 사용하는 코드다.

```
# ACTIVITIES FEED
# Activities Feed states
sketch.Feed_Activities_Artboard.states.out =
    y: 1920
    animationOptions:
        time: 0.3
        curve: Spring(damping: 0.5)
sketch.Feed_Activities_Artboard.states.in =
    y: 0
    animationOptions:
        time: 0.3
        curve: Spring(damping: 0.7)
# Set default Activities Feed state
sketch.Feed_Activities_Artboard.stateSwitch("out")
```

```
# Set default x Activities Feed position
sketch.Feed_Activities_Artboard.x = 0
```

다른 스크린을 위해 상태를 정의했던 초기 코드 블록에서 일부 변경이 있음을 알아챌 것이다. 수평축상에서의 아트보드 위치를 정의하기 위해 새로운 코드 라인이 추가됐다. 상태 변경은 y 속성의 신규 값만을 정의하므로, 새로운 배치를 추가해 수평축에서 아트보드의 최초 위치를 정의하고 x 속성에 0 값을 부여한다. Sketch.Feed_Activities_Artboard.x= 0 명령은 sketch.Feed_Activities_Artboard.stateSwitch("out") 명령과 함께 아트보드를 스크린 바로 아래로 움직이게 만든다. 이는 웰컴 투어의 끝에서 아트보드가 스크린 위에 나타나게 만드는 위치가 된다.

Feed_Activities_Artboard 위치

또한 애니메이션에 다양한 커브를 사용할 수 있으며 이 경우에는 curve: Spring(damping: 0.7)를 사용한다. 이러한 유형의 커브를 사용하면 sketch.Feed_Activities_Artboard 레이어 전환이 스프링의 움직임처럼 이뤄지게 된다.

프로토타입 동작

이제 프로토타입의 기능성을 정의할 시간이다. 디자인의 다양한 요소에 상호작용성을 추가하면 실제 앱처럼 사용자가 인터랙션할 수 있다. 스크린별로 살펴보면서 작동 가능한 다양한 요소와 사용자가 제스처로 인터랙션할 때 프로토타입이 어떻게 반응하는지를 정의한다.

```
# WELCOME BEHAVIOUR
# Step 1 Functionality
sketch.CTA_1.on Events.Tap, ->
    sketch.Step_2_Artboard.animate("in")
sketch.Step_1_Artboard.on Events.SwipeLeft, (event) ->
    sketch.Step_2_Artboard.animate("in")
# Step 2 Functionality
sketch.CTA_2.on Events.Tap, ->
    sketch.Step_3_Artboard.animate("in")
sketch.Step_2_Artboard.on Events.SwipeLeft, (event) ->
    sketch.Step_3_Artboard.animate("in")
sketch.Step_2_Artboard.on Events.SwipeRight, (event) ->
    sketch.Step_2_Artboard.animate("out")
# Step 3 Functionality
sketch.Step_3_Artboard.on Events.SwipeRight, (event) ->
    sketch.Step_3_Artboard.animate("out")
sketch.CTA_3.on Events.Tap, ->
    sketch.Feed_Activities_Artboard.animate("in")
```

프로토타입의 첫 번째 스크린에서 2가지 제스처를 고려한다. 사용자가 NEXT 버튼을 탭하고 왼쪽으로 스와이프하면 Step 2 Artboard 스크린으로 넘어간다. NEXT 버튼에 대한 Tap 이벤트를 제어하기 위해 다음의 코드 라인을 사용해 액션을 sketch.CTA_1 레이어와 연결된다. Sketch에서 레이어 그룹에 부여했던 이름에 따라 sketch.CTA_1, sketch.CTA_2, sketch.CTA_3에 접근해 첫 번째와 두 번째 스크린에 등장하는 2개의 NEXT 버튼과 세 번째 스크린의 START NOW 버튼 각각을 참조할 수 있다.

```
sketch.CTA_1.on Events.Tap, ->
    sketch.Step_2_Artboard.animate ("in")
```

SwipeLeft 이벤트는 사용자의 스와이프 제스처에 전체 화면이 반응하기를 원하기 때문에 sketch.Step_1_Artboard 레이어와 연결된다.

```
sketch.Step_1_Artboard.on Events.SwipeLeft, (event) ->
    sketch.Step_2_Artboard.animate ("in")
```

두 번째 스크린도 동일하게 처리하지만, 사용자가 웰컴 투어로 돌아올 수 있도록 사용자가 오른쪽으로 스와이프할 때 이벤트와 연관된 동작을 추가한다. 프로토타입에 sketch.Step_2_Artboard.on Events.SwipeRight, (event) -> 리스너와 sketch.Step_2_Artboard 레이어를 out 상태로 데려갈 sketch.Step_2_Artboard.animate("out") 연관 액션을 추가한다. 이것은 아트보드를 스크린 밖으로 이동시키고 sketch.Step_1_Artboard를 다시 눈에 띄게 만든다.

```
# Step 2 Functionality
sketch.CTA_2.on Events.Tap, ->
    sketch.Step_3_Artboard.animate("in")
sketch.Step_2_Artboard.on Events.SwipeLeft, (event) ->
    sketch.Step_3_Artboard.animate("in")
sketch.Step_2_Artboard.on Events.SwipeRight, (event) ->
    sketch.Step_2_Artboard.animate("out")
```

sketch.Step_3_Artboard 스크린에서 2개의 리스너를 추가한다. 하나는 사용자가 이전으로 돌아가기 위해 오른쪽으로 스와이프할 때를 위한 것이고, 다른 하나는 사용자가 START NOW 버튼을 탭할 때를 위한 것이다. Feed Activities Artboard 스크린이 해당 순간에 스크린 밑에서 등장하면서 레이어의 상태가 in으로 변경되게 만들려고 하기 때문이다.

```
# Step 3 Functionality
sketch.Step_3_Artboard.on Events.SwipeRight, (event) ->
    sketch.Step_3_Artboard.animate("out")
sketch.CTA_3.on Events.Tap, ->
    sketch.Feed_Activities_Artboard.animate("in")
```

프로토타입에 기능을 추가하는 것은 매우 간단하다. 지금까지 추가된 코드만으로도 웰컴 투어는 작동한다. 사용자는 웰컴 투어의 스크린을 이동할 수 있다. 투어의 마지막에서 사용자는 앱의 피드feed에 접근할 수 있다.

애니메이션 조직화하기

아트보드가 등장하는 전환인 **Feed Activities Artboard**에 좀 더 자세한 사항을 추가해보겠다. 이를 위해서 이 뷰의 콘텐츠를 구성하는 카드 각각을 개별적으로 이동시킨다.

각각의 카드는 이전 것과 0.2초 간격을 두고 움직인다. 이런 식으로 해서 카드 전체가 하나의 블록처럼 움직일 때보다 더 유기적인 방식으로 목록에 나타난다. 이를 위해서 2개의 상태를 정의한다. 디자인에서 초기 위치보다 200픽셀 아래에 각각의 카드를 위치시키는 start 상태와 디자인에서 표시되는 최종 위치를 정의하는 end 상태다. start 상태에서는 카드의 opacity를 0으로 변경하며, 카드가 이동하면서 페이드인fade-in 효과를 내도록 최종 상태에서는 1로 설정한다.

```
# ACTIVITIES FEED
# Array of the cards
cardsInFeed = [sketch.Card1, sketch.Card2, sketch.Card3, sketch.Card4,
sketch.Card5, sketch.Card6];
# Loop to create card states
for card,i in cardsInFeed
    card.states.end =
        y: card.y
        opacity: 1
        animationOptions:
            time: 0.3
```

```
            curve: "ease-out"
            delay: i*0.2
    card.states.start =
        opacity: 0
        y: card.y+200
    card.states.switchInstant "start"
```

카드를 한 장씩 거쳐가는 대신에 프로토타입의 카드 각각을 참조하는 카드 배열을 만들었다.

```
cardsInFeed = [sketch.Card1, sketch.Card2, sketch.Card3, sketch.Card4,
sketch.Card5, sketch.Card6];
```

그러고 나서 배열을 반복 실행시키고 배열의 구성 요소인 카드 각각에 start와 end 상태를 부여한다.

```
for card,i in cardsInFeed
```

각각의 카드가 이전 카드와 0.2초 간격으로 등장하게 하기 위해 루프에 인덱스^{index}를 추가했다. 인덱스 값을 사용해서 카드 각각의 지연 값을 증가시킨다. 인덱스는 반복될 때마다 증가하며, 0.2가 곱해진 인덱스 값을 사용해서 전환의 시작으로부터 카드 각각의 지연을 정의한다. 이는 각각의 카드가 상태를 변경하기 전에 멈추는 초 수가 된다.

```
delay: i*0.2
```

지연 값은 첫 번째 카드에서는 0이지만, 새로운 카드가 추가될 때마다 0.2초씩 증가한다.

정의된 상태와 함께 sketch.CTA_3 레이어에 탭 이벤트 리스너를 추가하고, 스크린과 카드의 전환을 시작한다. 몇 줄의 라인을 덧붙여 각각의 카드가 end 상태로 변하게 만드는 루프를 추가한다. 앞서의 코드 바로 뒤에 for 루프를 추가하면 다음과 같다.

```
sketch.CTA_3.on Events.Tap, ->
    sketch.Feed_Activities_Artboard.animate("in")
    for card in cardsInFeed
        card.animate("end")
```

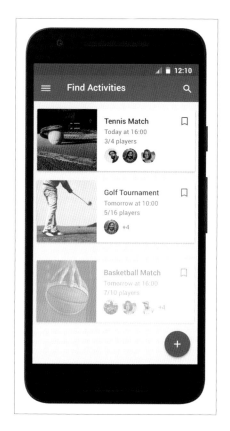

활동 피드 카드의 애니메이션 효과

프로토타입은 이제 시각적으로 더 매력적으로 바뀌었다. 이 프로토타입으로 웰컴 투어의 다양한 아이디어를 테스트하고, 다양한 접근법과 콘텐츠에 사용자가 어떻게 반응하는지를 확인할 수 있다. 웰컴 투어로 사용자의 주목을 이끄는 일은 매우 복잡하고 어렵다. 따라서 하나의 확정적인 버전을 개발하기에 앞서 다양한 버전을 시도해보는 것이 바람직하다.

드로어 내비게이션 프로토타입

이 프로토타입에서는 앱에서 사용할 **드로어** 메뉴를 만든다. FAB 버튼을 위한 몇 가지 기능을 추가하고, 조작 흐름을 검증하기 위해 검색 기능을 프로토타입으로 만드는 간단한 예제를 덧붙인다.

앞선 튜토리얼에서처럼 이번 튜토리얼을 따라오기 위해서 해야 할 첫 번째 일은 Asset_A6462_A08_A22_Drawer_Navigation_Prototype_Designs.zip 코드 묶음에서 프로토타입에 사용할 Sketch 파일을 다운로드하는 것이다. Asset_A6462_A08_A23_Drawer_Navigation_Prototype.framer.zip 코드 묶음의 Framer에서 이번 튜토리얼을 다운로드할 수도 있다.

이번 예제에서는 모든 스크린이 Sketch에서 동일한 아트보드 안에 위치하며, 기능 요소별로 그룹 지어 있다. 아트보드로 작업하는 대신에 각각의 그룹을 불러들일 때 생성된 레이어로 진행한다. Sketch를 사용해서 레이어에 접근 가능하며, 밑줄 표시가 있는 그룹명이 붙는다.

마지막 예제에서와 마찬가지로, 가장 먼저 해야 할 일은 Framer에서 Sketch 디자인을 불러오는 것이다. 이를 위해서 Sketch에서 Drawer_Navigation_Prototype_Designs.sketch 파일을 열고, Framer Studio에서 **Import** 메뉴 옵션에 가서 **@3x**를 선택하고 **Import**를 클릭한다.

다음 코드가 Framer에서 표시된다.

```
# Import file "Drawer_Navigation_Prototype_Designs" (sizes and positions
are scaled 1:3)
sketch =
Framer.Importer.load("imported/Drawer_Navigation_Prototype_Designs@3x")
```

이제 개발할 기기를 선택한다. **Devices** 메뉴를 클릭해서 Google Nexus 5X를 찾는다. 이 단계가 끝나고 나면 Framer의 레이어 관리자에서 레이어를 확인할 수 있으며, 다음 그림과 같이 미리 보기 영역에서 **drawer** 메뉴가 열린 상태의 프로토타입을 미리 볼 수 있다.

Drawer_Navigation_Prototype_Designs.sketch 디자인을 불러온 상태의 Framer Studio

프로토타입의 모든 요소가 동일한 아트보드에 위치하기 때문에, 제일 먼저 해야 하는 일은 프로토타입의 최초 뷰에 포함되지 않는 요소를 숨기는 것이다. 이를 위해서 반드시 숨겨야 하는 요소의 opacity 속성 값을 0으로 초기화하거나 요소의 위치를 스크린 밖으로 이동시킨다.

```
# HIDE ELEMENTS INIT
# Hide Result view
sketch.Results.opacity = 0
# Hide Suggested Search view
sketch.Suggested_Search.opacity = 0
# Hide Search Bar view
sketch.Search_Bar.opacity = 0
sketch.Place_Holder.opacity = 0
```

```
sketch.Search_Line.scaleX = 0.2
sketch.Search_Line.x = sketch.Search_Line.x + sketch.Search_Line.width*0.4
sketch.Cross_Icon.opacity = 0
# Hide Drawer Menu
sketch.Drawer_Menu.x = -900
# Hide Black Background
sketch.Black_Background.opacity = 0
# Hide touch target elements
sketch.Cross_Icon_Touch_Target.opacity = 0
sketch.Search_Icon_Touch_Target.opacity = 0
sketch.Menu_Icon_Touch_Target.opacity = 0
sketch.Back_Icon_Touch_Target.opacity = 0
sketch.Back_Navigation_Touch_Target.opacity = 0
```

실행 가능하지만 작은 크기로 인해 탭하기가 어려운 아이콘을 위해 _Touch_Target 레이어를 추가했다. 이 레이어는 프로토타입에 기능을 추가하기 위한 용도로만 사용되기 때문에 opacity를 줄여서 감춘다.

drawer 메뉴를 왼쪽으로 밀어서 숨기면 drawer를 스크린상으로 불러오는 등장 전환은 슬라이딩 방식으로 이뤄진다. drawer 메뉴는 x=0, x= −900. 2개의 위치를 가진다. 프로토타입 초기 상태에서는 drawer 메뉴는 x= −900 위치다. 사용자가 메뉴 아이콘을 탭하면 스크린 밖에 있던 drawer가 x=0의 위치로 움직인다. 레이어의 다양한 위치에 따른 상태를 개발하거나 값을 수정하고, 필요하다면 전환을 애니메이션으로 만들 수 있다. 이번 예제에서는 레이어를 화면 내부로 가져오는 기능을 만들고, 레이어가 스크린 내부에 있을 때에만 활성화되는 리스너를 정의한다.

```
sketch.Drawer_Menu.x = -900
```

검색어 입력줄을 숨길 때 변화가 적용된 것을 확인할 수 있다. 스케일^{scale}을 scaleX = 0.2로 바꿨으며 오른쪽으로 위치를 옮겼다. 이후에 이를 표시할 때에는 입력 필드가 오른쪽에서 왼쪽으로 잡아당긴 것처럼 등장하게 된다.

```
sketch.Search_Bar.opacity = 0
sketch.Place_Holder.opacity = 0
sketch.Search_Line.scaleX = 0.2
sketch.Search_Line.x = sketch.Search_Line.x + sketch.Search_Line.width *
0.4
```

scaleX 속성은 구성 요소의 크기를 조정하고, 가운데에 위치를 유지시키는 점을 유의해야 한다. 이 때문에 오른쪽에 위치시키기 위해 Sketch.Search_Line.x =sketch.Search_Line.x + sketch.Search_Line.width * 0.4 instruction을 사용해서 x 값을 설정한다.

ScrollComponent 사용하기

다음으로 피드를 스크롤이 가능하도록 만든다. 이를 위해 Framer ScrollComponent를 사용하는데, 이 기능은 태스크를 쉽고 빠르게 처리하도록 도와준다. 다음 코드를 사용해서 진행한다.

```
# SCROLLABLE ELEMENTS INIT
# Wrap Activities Feed
scroll = ScrollComponent.wrap sketch.Activities_Feed
scroll.scrollHorizontal = false
scroll.scrollVertical = true
scroll.y -= 42
scroll.contentInset =
    bottom: 182
    top: 42
```

scroll = ScrollComponent.wrap sketch.Activities_Feed를 사용해서 ScrollComponent의 인스턴스를 만들며, sketch.Activities_Feed는 스크롤 컴포넌트로 둘러쌀 레이어다. ScrollComponent는 콘텐츠 레이어와 슈퍼레이어 사이에 삽입한다. scroll.scrollHorizontal = false와 scroll.scrollVertical = true과 함께 구성 요소의 스크롤 방향을 정의한다. 이 경우 사용자는 콘텐츠를 위아래 방향으로만 스크롤할 수 있다.

요소의 맨 아래 부분에서 182의 contentInset를 정의한다. 이를 통해 sketch.Navigation_ Bar 레이어 위에서 스크롤 요소의 콘텐츠를 스크롤할 수 있다. 우리는 앞서 42px 스크롤 요소를 scroll.y -= 42 명령instruction으로 대체하고, 상단에 42의 contentInset를 추가해서 콘텐츠가 App Bar까지 스크롤 가능하게 만든다. 이것을 추가하지 않는다면 스크롤 컴포넌트는 카드가 디자인에서 표시되는 맨 윗부분, App Bar보다 42px 밑에 있는 지점에서 멈출 것이며 이는 이상한 효과를 만들게 된다.

FAB 버튼 이벤트 반응

FAB 버튼의 일반적인 동작은 사용자가 스크롤 다운하면 스크린 밖으로 이동했다가 사용자가 스크롤 업하면 다시 등장하는 것이다. 이 동작을 프로토타입에서 인코딩해보자.

```
# FAB BUTTON
# Fab Buttons States
sketch.FAB_Button.states =
    stateIn:
        y: 1551
        animationOptions:
            time: 0.2
    stateOut:
        y: 1551+400
        animationOptions:
            time: 0.2
```

이 동작을 정의하기 위해 버튼에 2개의 상태를 만든다. 하나는 스크린 밖에 있으며 stateOut이라 부르고, 다른 하나는 스크린 내부에 있으며 stateIn이라고 부른다.

FAB 버튼은 2개의 상태를 가진다. 스크린 내부(왼쪽)와 스크린 외부(오른쪽).

이제 일부 스크롤 이벤트를 위한 리스너를 만들어서 동작을 추가한다. 앞서 피드를 위해 만든 스크롤 컴포넌트는 사용자가 콘텐츠를 스크롤 업다운할 때 이벤트를 생성시키며, 이에 반응하는 리스너를 추가한다.

```
# FAB Button Behaviour
scroll.on Events.Scroll, ->
    if scroll.direction == "up"
        sketch.FAB_Button.animate('stateIn')
    if scroll.direction == "down"
        sketch.FAB_Button.animate("stateOut")
```

사용자가 스크롤할 때마다 컴포넌트는 이벤트를 트리거하게 되며, scroll.direction의 값을 확인하면 사용자가 스크롤 업, 혹은 다운 여부를 구분할 수 있다. 각각의 경우를 위해 동작에 맞춰 FAB 버튼의 상태를 변경하는 조건을 추가할 수 있다.

드로어 메뉴 기능

drawer 메뉴 기능을 만들기 위해 우리는 2가지 기능을 선언한다. 하나는 전환transition을 시작하는 것이고, 다른 하나는 전환을 종료하는 것이다. 이 전환은 메뉴 뒤에 있는 콘텐츠를 덜 강조시키는 어두운 오버레이와 메뉴 모두를 표시하거나 숨기는 역할을 한다. 각각의 기능은 sketch.Drawer_Menu 레이어와 sketch.Black_Background 레이어에서 필요한 모든 변화를 준다. 이어지는 코드에서 2가지 기능을 발견할 수 있으며, 기능의 이름은 openMenu와 closeMenu다.

```
# DRAWER MENU
# Open Menu Function
openMenu = ->
    sketch.Drawer_Menu.animate
        properties:
            x: 0
        time: 0.2
    sketch.Black_Background.animate
        properties:
            opacity: 100
        time: 0.2
    sketch.Drawer_Menu.on Events.SwipeLeft, (event) ->
        closeMenu()
    scroll.scrollVertical = false
    sketch.Search_Icon_Touch_Target.off(Events.Tap, showSearch)
# Close Menu Function
closeMenu = ->
    sketch.Drawer_Menu.animate
        properties:
            x: -900
        time: 0.2
    sketch.Black_Background.animate
        properties:
            opacity: 0
        time: 0.2
    scroll.scrollVertical = true
    sketch.Search_Icon_Touch_Target.on(Events.Tap, showSearch)
```

각각의 기능의 첫 번째 코드 블록은 sketch.Drawer_Menu로 참조된 드로어 레이어를 이동시키며, 이는 drawer 메뉴가 스크린 뷰에 위치할 때 sketch.Black_Background 레이어가 표시되게 한다. 또한 swipe left 이벤트를 위한 리스너를 정의하며, 이는 closeMenu() 기능을 호출해 드로어를 스크린 밖으로 이동시킨다.

기능 중 하나인 scroll.scrollVertical = false와 scroll.scrollVertical = true 명령은 drawer 메뉴 뒤에 놓인 스크롤 컴포넌트가 메뉴가 열린 상태에서는 오동작을 막기 위해 사용자 제스처에 반응하지 않게 만들어 준다.

메뉴가 열린 상태에서는 검색 아이콘이 사용자 제스처에 반응하지 않는다. 이를 위해서 메뉴가 열려 있는지에 따라 sketch.Search_Icon_Touch_Target 레이어의 리스너를 활성화시키거나 비활성화시킨다. showSearch 기능은 추후에 정의한다.

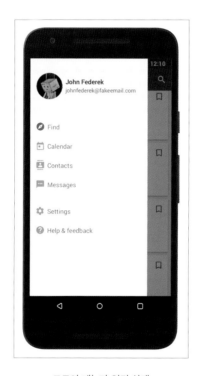

드로어 메뉴가 열린 상태

2가지 액션이 있을 때 drawer 메뉴를 스크린 위로 가져온다. 사용자가 EdgeSwipeLeft 이벤트를 생성시키거나 menu 아이콘을 탭했을 때다. 다음 코드에서는 사용자가 스크린의 모서리에서 스와이프를 할 때 스크린을 위한 이벤트 리스너를 추가한다. Events.Tap 이벤트를 위해 sketch.Menu_Icon_Touch_Target 레이어에 리스너를 추가한다. menu 아이콘의 터치 타깃 레이어를 menu 아이콘 자체보다 큰 48×48dp 사이즈로 만들어서 사용자가 더 쉽게 조작할 수 있게 했다.

```
# Drawer Menu Behaviour
Screen.on Events.EdgeSwipeLeft, (event) ->
    openMenu()
sketch.Menu_Icon_Touch_Target.on(Events.Tap, openMenu)
```

사용자가 하단 내비게이션 바의 **back** 버튼을 탭하면, closeMenu() 기능도 호출한다.

```
# Back Navigation Functionality
sketch.Back_Navigation_Touch_Target.on Events.Tap, ->
    closeMenu()
```

입력 필드 검색 기능

HTML 입력을 추가해서 검색 기능을 프로토타입에 덧붙인다. 퀵 프로토타입이기 때문에 데이터베이스를 실제로 검색할 필요는 없으며, 몇 가지 정해진 결과를 보여주는 식으로 검색 결과를 시뮬레이션해도 충분하다. Framer에서는 레이어의 html 속성에 값을 부여하는 것을 통해 HTML로 작성된 코드를 포함하는 레이어를 추가할 수 있다.

이 예제에서는 HTML 태그에 인라인 CSS를 포함해 size, font와 일부 시각적 조정을 통해 눈에 보이지 않게 만들 수 있다. 시각적 디자인은 Sketch 디자인에 이미 포함돼 있으므로, 입력 필드는 HTML 태그 내에서 숨김 처리될 수 있다. 코드는 다음과 같다.

```
# SEARCH FUNCTIONALITY
# Add Input Field
inputSearchField = new Layer
    html: "<input style='width: 690px; height:144px; font-size:60px; color:
#ffffff; background: transparent; border: none;' type='text'
id='searchInput' name='inputName'>"
```

```
    backgroundColor: null
    x: 218
    y: 82
document.getElementById('searchInput').style.display = 'none';
```

사용자는 스마트폰의 가상 키보드를 사용해서 HTML input 필드에 작성할 수 있다. get
ElementById를 사용해서 HTML 문서의 입력 요소에 접근한다.

이제 2개의 신기능을 만든다. 이 기능을 통해 검색 기능을 표시하거나 숨길 수 있다. 코드
가 다소 길기 때문에 주의 깊게 살펴보길 바란다.

```
# Show Search Bar Function
showSearch = ->
    layersToHide = [sketch.Activities_Feed, sketch.Menu_Icon,
sketch.Feed_Title, sketch.FAB_Button, sketch.Search_Icon]
    for layer in layersToHide
        layer.animate
            properties:
                opacity: 0
            time: 0.4
    layersToShow = [sketch.Search_Bar, sketch.Suggested_Search]
    for layer in layersToShow
        layer.animate
            properties:
                opacity: 1
            time: 0.4
    sketch.Place_Holder.animate
        properties:
            opacity: 1
        time: 0.4
        delay: 0.5
    sketch.Search_Line.animate
        properties:
            opacity: 1
            scaleX: 1
            x: sketch.Search_Line.x - sketch.Search_Line.width*0.4
```

```
    time: 0.8
document.getElementById('searchInput').style.display = 'inline'
sketch.Cross_Icon_Touch_Target.on(Events.Tap, cleanInput)
sketch.Search_Bar.bringToFront()
sketch.Search_Icon_Touch_Target.off(Events.Tap, showSearch)
sketch.Menu_Icon_Touch_Target.off(Events.Tap, openMenu)
sketch.Back_Icon_Touch_Target.on Events.Tap, (event) ->
    hideSearch()
```

앞선 코드 라인에서는 먼저 layersToHide 배열의 모든 레이어가 사라지게 만들고, layersToShow에 포함된 모든 레이어가 표시되게 만들었다.

sketch.Search_Line 레이어에서 라인으로 표시된 입력 필드를 위해, 앞서 코드에서 정의한 0.2 스케일에서 scaleX:1로 디자인 사이즈를 조정한다. scaleX와 x 값의 변경을 통해 라인이 오른쪽에서 왼쪽으로 그려지는 것 같은 효과를 만들어낸다. 잠시 동안의 지연 후에 sketch.Place_Holder가 표시된다. 라인이 최종 위치에 다다르는 것과 동시에 등장한다.

document.getElementById('searchInput').style.display = 'inline' 라인은 입력 필드를 표시한다. sketch.Search_Icon_Touch_Target.off(Events.Tap, showSearch)와 sketch.Menu_Icon_Touch_Target.off(Events.Tap, openMenu) 명령은 이 레이어의 리스너를 비활성화시킨다. 이것은 검색 스크린이 보여지는 동안에는 활성화되지 않는다.

추후에 정의할 sketch.Cross_Icon_Touch_Target 레이어에 기능을 부여하며, 해당 목적은 검색 상자를 비우고 표시 결과를 숨기는 것이다.

sketch.Search_Bar.bringToFront()와 함께 검색 기능의 모든 요소를 전면으로 가져온다.

또한 sketch.Back_Icon_Touch_Target.on Events.Tap, (event);로 검색 스크린을 숨기는 기능도 추가한다. 이것은 sketch.Back_Icon_Touch_Target 레이어에서 Event.Tap 이벤트의 리스너를 생성시킨다.

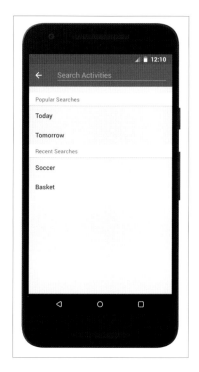

검색 추천이 제공되는 검색 기능

hideSearch( ) 기능은 동일하게 작동한다. 자세히 살펴보자.

```
# Hide Search Bar Function
hideSearch = ->
    layersToShow = [sketch.Activities_Feed, sketch.Menu_Icon,
sketch.Feed_Title, sketch.FAB_Button, sketch.Search_Icon]
    for layer in layersToShow
        layer.animate
            properties:
                opacity: 1
            time: 0.4
    layersToHide = [sketch.Search_Bar, sketch.Place_Holder,
sketch.Suggested_Search]
    for layer in layersToHide
        layer.animate
```

```
        properties:
            opacity: 0
        time: 0.4
    sketch.Search_Line.animate
        properties:
            opacity: 0
            scaleX: 0.2
            x: sketch.Search_Line.x + sketch.Search_Line.width*0.4
        time: 0.4
    document.getElementById('searchInput').style.display = 'none'
    document.getElementById('searchInput').value = ''
    sketch.Results.opacity = 0
    sketch.Cross_Icon.opacity = 0
    sketch.Cross_Icon_Touch_Target.off(Events.Tap, cleanInput)
    sketch.Search_Bar.sendToBack()
    sketch.Search_Icon_Touch_Target.on(Events.Tap, showSearch)
    Utils.delay 1, ->
        sketch.Menu_Icon_Touch_Target.on(Events.Tap, openMenu)
```

이 기능에서는 검색 스크린으로 이동하는 전환에서 앞서 숨겼던 레이어를 먼저 표시하고, 동일한 전환에서 표시했던 요소를 숨긴다. document.getElementById('searchInput'). style.display = 'none'과 document.getElementById('searchInput').value = ''를 사용해 검색 입력을 숨기고 값을 null로 넣는다. 다음 번에 등장할 때에는 내부에 아무런 문자열도 없게 된다.

sketch.Search_Bar.sendToBack()를 사용해서 검색 바를 다른 요소 뒤로 리턴한다.

sketch.Search_Icon_Touch_Target.on(Events.Tap, showSearch) 명령에서는 검색 아이콘을 다시 실행 가능하게 만든다.

마지막으로 메뉴 아이콘의 터치 타깃으로 기능을 리턴한다. Framer에서는 Utils.delay 1, ->에서 사용했던 지연 같은 몇 가지 유틸리티를 사용할 수 있다. https://framer.com/docs/#utils.utilities에서 더 많은 내용을 확인할 수 있다.

사용자가 검색 상자에 입력하면 검색을 시뮬레이션하는 결과를 보여준다. 이를 위해 몇 가지 동작을 정의한다. 코드는 다음과 같다.

```
# Input Field Behaviour
document.getElementById('searchInput').ON-FOCUS = ->
    sketch.Place_Holder.opacity = 0
document.getElementById('searchInput').ON-KEY-UP = ->
    if document.getElementById('searchInput').value != ''
        sketch.Suggested_Search.opacity = 0
        sketch.Place_Holder.opacity = 0
        sketch.Cross_Icon.opacity = 1
        sketch.Results.animate
            properties:
                opacity: 1
            time: 0.5
    else
        sketch.Suggested_Search.opacity = 1
        sketch.Results.opacity = 0
```

사용자가 input을 탭하면 포커스가 생기고, 플레이스홀더는 사라지게 된다. 이것은 document.getElementById('searchInput').ON-FOCUS = ->와 sketch.Place_Holder.opacity = 0 라인을 통해 실행된다.

사용자가 무언가를 입력하면 우리는 검색 필드에 문자열이 있는지, 아니면 비어 있는지를 확인하게 된다. 비어 있다면 플레이스홀더를 다시 표시한다. 필드에 값이 있다면, sketch.Results 결과 레이어를 보여준다. 또한 사용자가 검색 상자를 비울 수 있게 돕는 sketch.Cross_Icon 레이어를 표시하며, sketch.Suggested_Search.opacity = 0를 사용해서 검색 추천어를 숨긴다.

결과가 제공되는 검색 기능

사용자가 cross 아이콘을 탭할 때 호출하는 기능을 이제 만든다. 앞서 sketch.Cross_Icon_Touch_Target.on(Events.Tap, cleanInput)를 사용해서 리스너를 추가했던 코드를 떠올려 보라.

```
# Clean Input Field Function
cleanInput = ->
    document.getElementById('searchInput').value = ''
    sketch.Suggested_Search.opacity = 1
    sketch.Results.animateStop()
    sketch.Results.opacity = 0
    sketch.Place_Holder.opacity = 1
    sketch.Cross_Icon.opacity = 0
```

cleanInput( ) 기능에서 검색 상자를 비우고, 검색 추천과 플레이스홀더를 표시한다. 아직 진행 중이라면 결과를 보여주는 애니메이션을 멈추고 cross 아이콘도 감춘다.

마지막으로 사용자가 search 아이콘(정확하게는 이 목적으로 우리가 만든 터치 타깃)을 탭하면, showSearch( ) 기능이 호출되게 만든다. 코드는 다음과 같다.

```
# Search Bar Behaviour
sketch.Search_Icon_Touch_Target.on(Events.Tap, showSearch)
```

이제 사용자는 활동 피드에서 스크롤하고, 메뉴 아이콘을 탭해서 drawer 내비게이션을 확인하고, 검색을 시뮬레이션해서 몇 가지 결과를 볼 수 있다.

하단 내비게이션 프로토타입

이 프로토타입에서는 Framer Studio에 포함된 PageComponent를 사용하는 하단bottom 내비게이션을 개발한다. 이전 튜토리얼과 마찬가지로 제일 먼저 해야 하는 일은 Asset_A6462_A08_A24_Bottom_Navigation_Prototype_Designs.zip 코드 묶음 안에서 프로토타입에 사용할 Sketch 파일을 다운로드하는 것이다. Asset_A6462_A08_A25_Bottom_Navigation_Prototype.framer.zip에서 Framer에서 사용할 튜토리얼을 다운로드할 수도 있다.

이 예제에서는 모든 스크린이 Sketch의 동일한 아트보드 내에 위치하며, 기능 요소별로 그룹핑돼 있다. 따라서 이전 프로토타입과 마찬가지로 그룹을 참조하면서 작업을 진행한다.

이제 Bottom_Navigation_Prototype_Designs.sketch 파일을 Sketch에서 열고 이것을 Framer Studio에서 불러오면 된다. 이를 위해 Framer에서 Import를 클릭하고 @3x를 선택한 다음 Import를 클릭한다. 다음 코드가 Framer 프로젝트에서 표시된다.

```
# Import file "Bottom_Navigation_Prototype_Designs" (sizes and positions
are scaled 1:3)
sketch =
Framer.Importer.load("imported/Bottom_Navigation_Prototype_Designs@3x")
```

다음으로 미리 보기를 위해 디바이스를 선택한다. **Devices** 메뉴를 클릭하고 **Google Nexus 5X**를 선택한다. **Toggle device** 옵션을 활성화시키면 폰 스킨과 함께 프로토타입을 미리 보기할 수 있다. 이 단계를 마친 후에는 코드 에디터로 불러온 코드, 레이어 관리자에 레이어로 불러온 Sketch 그룹, 미리 보기 영역에서 프로토타입의 미리 보기를 확인할 수 있다.

Bottom_Navigation_Prototype_Designs.sketch 디자인을 불러온 Framer Studio

가장 먼저 해야 하는 일은 프로토타입 로딩 중에는 보이지 않아야 하는 모든 **Touch Target** 레이어를 숨기는 것이다.

```
# HIDE ELEMENTS INIT
# Hide Touch Target Buttons
sketch.Find_Touch_Target.opacity = 0
```

```
sketch.Calendar_Touch_Target.opacity = 0
sketch.Contacts_Touch_Target.opacity = 0
sketch.Messages_Touch_Target.opacity = 0
```

Framer에서 제공하는 PageComponent를 사용해서 프로토타입을 개발하기 때문에, 이 컴포넌트의 인스턴스를 만들어서 모든 섹션 레이어에 추가해야 한다. 하지만 **Find Activities** 레이어를 위한 ScrollComponent를 먼저 만든다. 이 새로운 스크롤 레이어를 PageComponent 내부에 끼워 넣는다.

```
# PAGE COMPONENT INIT
# Scroll Find Activities Creation
scrollFind = ScrollComponent.wrap(sketch.Find)
scrollFind.contentInset =
    bottom: 204
scrollFind.scrollHorizontal = false
```

하단 내비게이션 위의 스크롤 컴포넌트의 콘텐츠를 드래그할 수 있도록 contentInset를 일부 추가했다. 또한 좌우 스크롤링은 막고, 상하 방향으로의 스크롤링만 가능하게 처리한다.

이어지는 코드에서는 PageComponent의 새로운 인스턴스를 만들고 이것을 sketch. Mobile_Portrait 레이어 내부에 밀어 넣는다. 이 컴포넌트에서는 page.scrollVertical = false일 경우 좌우 스크롤링만 허용한다.

```
# Page Componen Creation
page = new PageComponent
    width: 1080
    height: 1920
page.superLayer = sketch.Mobile_Portrait
page.scrollVertical = false
sketch.Background.sendToBack()
```

```
sketch.Status_App_Bar.bringToFront()
sketch.Bottom_Navigation.bringToFront()
page.addPage scrollFind
page.addPage sketch.Calendar
page.addPage sketch.Contacts
page.addPage sketch.Messages
```

sketch.Background 배경 레이어가 뒤에 남아있고, sketch.Status_App_Bar와 sketch.Bottom_Navigation 레이어는 앞에 나오도록 레이어를 재배치했다.

```
sketch.Background.sendToBack()
sketch.Status_App_Bar.bringToFront()
sketch.Bottom_Navigation.bringToFront()
```

이어서 컴포넌트에 4개의 뷰를 추가하며, 그 중 첫 번째만 보이게 남는다. 뷰 간의 내비게이션은 컴포넌트 자체적으로 처리되며, 사용자는 스와이프 제스처를 통해 뷰를 변경할 수 있다. page.content.draggable = false를 추가해 스와이프 이벤트 리스너를 비활성화 처리할 수 있다. 또한 메소드를 호출할 때 애니메이션 변수로 false를 추가해 snapToPage 메소드가 있는 뷰 간의 전환 시 애니메이션을 비활성화할 수 있다. 메소드 구문^{syntax}은 page.snapToPage(page, animate, animationOptions)이 된다.

```
page.addPage scrollFind
page.addPage sketch.Calendar
page.addPage sketch.Contacts
page.addPage sketch.Messages
```

하단 내비게이션

PageComponent가 작동하게 만들었기 때문에 이제 하단 내비게이션에 기능을 추가할 시간이다. 이를 위해 우리가 먼저 해야 할 일은 필수 요소를 숨기거나 표시하는 기능을 만들어서 App Bar와 하단 내비게이션이 현재 뷰에서 나타나게 하는 것이다. 이 기능은 어느 한 쪽의 뷰를 구성하는 요소를 변수에 따라 표시하게 된다.

먼저 개발한 기능은 하단 내비게이션의 모든 요소를 선택되지 않은 상태로 옮기고, 각각의 회색gray 상태를 눈에 보이게 만들며, 모든 뷰에서 App Bar의 요소를 숨긴다.

스위치 구조를 가진 기능으로 전달했던 변수를 분석한 후에 표시된다고 언급했던 뷰에 따라서 이 기능은 해당 뷰에서 하단 내비게이션의 선택되지 않은 상태를 숨기고, 선택된 상태에 해당하는 파란색 상태를 표시하게 된다. 또한 해당 뷰에 해당하는 App Bar의 요소도 표시한다.

```
# CHANGE VIEW FUNCTIONALITY
# Change View Function
changeView = (view) ->
    sketch.Find_Blue.opacity = 0
    sketch.Find_Grey.opacity = 1
    sketch.Calendar_Blue.opacity = 0
    sketch.Calendar_Grey.opacity = 1
    sketch.Contacts_Blue.opacity = 0
    sketch.Contacts_Grey.opacity = 1
    sketch.Messages_Blue.opacity = 0
    sketch.Messages_Grey.opacity = 1
    sketch.Find_App_Bar.opacity = 0
    sketch.Calendar_App_Bar.opacity = 0
    sketch.Contacts_App_Bar.opacity = 0
    sketch.Messages_App_Bar.opacity = 0
    switch view
        when 'find'
            sketch.Find_Blue.opacity = 1
            sketch.Find_Grey.opacity = 0
            sketch.Find_App_Bar.opacity = 1
        when 'calendar'
            sketch.Calendar_Blue.opacity = 1
            sketch.Calendar_Grey.opacity = 0
            sketch.Calendar_App_Bar.opacity = 1
        when 'contacts'
```

```
        sketch.Contacts_Blue.opacity = 1
        sketch.Contacts_Grey.opacity = 0
        sketch.Contacts_App_Bar.opacity = 1
    else
        sketch.Messages_Blue.opacity = 1
        sketch.Messages_Grey.opacity = 0
        sketch.Messages_App_Bar.opacity = 1
changeView 'find'
```

기능 정의를 마친 후에는 Find 뷰와 함께 프로토타입을 초기화한다. 따라서 Calendar,
Contact, Messages 뷰는 하단 내비게이션에서 회색 탭으로 표시되며, 해당 아이템은 App
Bar에서 안 보이게 된다.

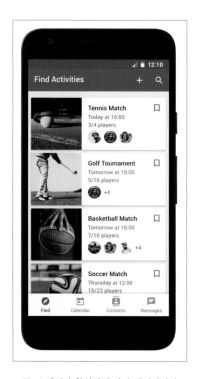

Find 섹션이 활성화된 하단 내비게이션

모든 요소가 하단 내비게이션과 함께 PageComponent의 상태에 연결되길 원한다. 이를 위해 가장 먼저 해야 하는 일은 사용자가 하단 내비게이션의 요소를 탭해서 선택한 페이지를 고르는 것이다. 사용자가 하단 내비게이션의 요소를 탭할 때마다 page.snapToPage를 호출하며, 이것은 어떤 페이지가 이동돼야 하는지를 명시한다. 인수로 이동시킬 레이어의 이름을 보여준다.

```
# BOTTOM NAVIGATION
# Bottom Navigation Behaviour
sketch.Find_Blue.on Events.Tap, ->
    page.snapToPage(sketch.scrollFind)
    changeView 'find'
sketch.Calendar_Blue.on Events.Tap, ->
    page.snapToPage(sketch.Calendar)
    changeView 'calendar'
sketch.Contacts_Blue.on Events.Tap, ->
    page.snapToPage(sketch.Contacts)
    changeView 'contacts'
sketch.Messages_Blue.on Events.Tap, ->
    page.snapToPage(sketch.Messages)
    changeView 'messages'
```

PageComponent에 변화를 주는 것 외에도 changeView 기능에 대한 호출을 추가해서 하단 내비게이션에서 프로토타입의 새로운 상태를 표시할 수 있게 했다는 점에 유의해야 한다.

이제 PageComponent에 추가한 다양한 레이어 간의 이동을 하단 내비게이션을 지원한다.

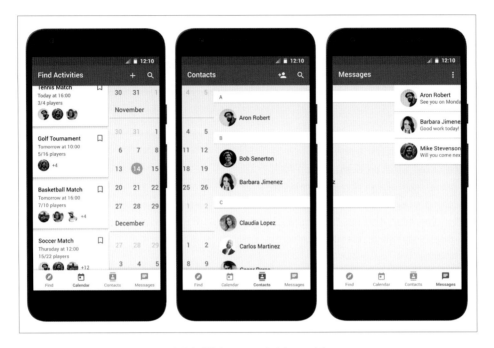

섹션이 전환되는 프로토타입의 스크린샷

마지막으로 사용자가 PageComponent 상에서 스와이핑으로 페이지를 변경할 때 신규 상태가 하단 내비게이션 영역에서 표시되게 만들고 싶다. 이를 위해 PageComponent에 리스너를 추가한다.

```
# Page Behaviour Control
page.on "change:currentPage", ->
    if page.currentPage == scrollFind
        changeView 'find'
    if page.currentPage == sketch.Calendar
        changeView 'calendar'
    if page.currentPage == sketch.Contacts
        changeView 'contacts'
```

```
if page.currentPage == sketch.Messages
    changeView 'messages'
```

이를 사용해서 PageComponent를 사용하는 애플리케이션의 기본 구조를 갖게 된다.

▌ 실용적으로 진행하기

프로토타입을 프로그래밍하는 것은 차근차근 진행한다면 어렵지 않다. 새로운 프로그래밍 언어를 배울 때에는 시행착오 전략을 따르는 것이 일반적이다.

커피스크립트는 쉽게 읽고 프로그래밍하도록 디자인됐기에 인터넷에서 다양한 예제 찾아보기를 권장한다. 예제는 쉽게 이해 가능하며, 프로토타입을 코딩하는 새로운 방법을 알려줄 것이다.

프로토타입은 최소한의 노력으로 가능한 많은 내용을 학습하는 신속한 방법이 돼야 하므로 지나치게 복잡한 개발로 빠지지 않는 것이 바람직하다. 아주 복잡한 기능을 개발하는 것은 학습에 아무런 도움이 되지 않으므로 가급적 간결한 기능을 개발해야 한다.

가끔은 여러 개의 완성도가 낮은 프로토타입을 만드는 방법을 고려해 보는 것이 좋다. 이를 통해 어떤 솔루션이 더 좋은지 확인할 수 있고, 디자인에서 차별화된 요소를 찾아낼 수 있다. 이를 통해서 최종 버전에 더 가까운 프로토타입을 개발할 수 있다.

커뮤니티에 참여하기

Framer에는 폭넓은 사용자 커뮤니티가 있다. 프로토타입을 준비할 때 참고 가능한 자료를 인터넷에서 쉽게 찾을 수 있다. 아마도 당신이 가졌을 궁금증은 앞서 다른 누군가에 의해 해결될 것이다. 당신이 새로운 어려움을 겪는다면 이에 대한 도움을 요청할 수 있으며 누군가가 유용한 답변을 제공할지도 모른다.

프로그램의 페이스북 그룹이나 공식 자료를 살펴보길 원할 수도 있다. 다른 사람이 동일한 문제를 해결한 솔루션을 읽어보는 것만으로도 당신은 프로토타입을 개발할 새로운 방법을 학습할 수 있다.

자료 학습하기

Framer에 대해 더 자세히 알고 싶다면 테스 매트^{Tes Mat}가 저술한 『The Framer book』(https://framerbook.com/)을 보거나 케니 첸^{Kenny Chen}이 만든 『Framer로 래피드^{rapid} 프로토타이핑하기』라는 비디오를 찾아보라(http://shop.oreilly.com/).

Framer 웹(https://framer.com/getstarted/programming/)이나 테사 손튼^{Tessa Thornton}이 저술한 『Framer.js를 위한 커피스크립트』(https://coffeescript-for-framerjs.com/)라는 책에서 추가 커피스크립트 튜토리얼을 찾을 수 있다.

모바일 폰으로 테스트하기

Framer로 데스크톱에서 프로토타입을 만들면 손쉽게 미리 보기를 할 수 있다. 프로토타입의 진행 상태를 확인하기에는 매우 유용하지만, 실제 사용 기기에서 프로토타입을 사용하는 경험과 비교할 수는 없다. Framer에서는 실제 모바일 기기에서 프로토타입 확인을 지원한다. 모바일 폰에서 프로토타입을 테스트하는 것의 차이는 매우 크다. 안드로이드와 iOS에서 프로토타입을 테스트할 수 있도록 지원하는 앱을 찾아본다. 다음 링크에서 애플리케이션을 확인할 수 있다.

- Framer 앱 안드로이드
  https://play.google.com/store/apps/details?id=com.framerjs.android
- Framer 앱 iOS
  https://itunes.apple.com/app/framer-preview/id1124920547?ls=1&mt=8

최신 Framer 뉴스 듣기

Framer는 새로운 제스처, 컴포넌트, 기능을 포함한 정기적인 업데이트를 진행한다. 최신 트렌드에 맞는 프로토타입을 개발하기 위해서는 최근의 업데이트를 지속적으로 확인하는 것이 좋다.

Framer 웹 사이트를 정기적으로 방문하고 뉴스레터 리스트에 이메일을 등록한다. https://framer.com/newsletter/에서 등록 가능하다.

▌ 요약

8장에서는 커피스크립트와 Framer를 사용해 프로토타입을 개발하는 기본 원리에 대해 학습했다. 또한 Framer Studio의 다양한 기본 요소를 포함하는 프로토타입 예제도 개발했다.

Framer Studio는 많은 사람이 사용하는 전문적인 프로토타이핑 프로그램이 됐으므로 사용하는 법을 익히는 것은 매우 유용한 기술이 될 것이다. Framer Studio로 프로토타입 개발을 통해 솔루션을 사용자와 함께 검증하고, 팀원들에게 아이디어를 공유할 수 있다.

9장에서는 사용자 테스트가 무엇인지, 그리고 사용자 테스트가 애플리케이션 개선에 어떻게 도움을 주는지를 다룬다. 실제 사용자를 대상으로 테스트를 준비하는 방법도 설명할 것이다.

사용자 테스트

"우리는 불가피한 것처럼 보이는 제품을 개발하려고 노력한다. 그 제품은 당신으로 하여금 그것이 합리적인 유일한 솔루션이라는 느낌을 갖게 한다."

— 조너선 아이브Jonathan Ive

사용자는 당신이 만든 제품의 최종 심사위원이지만, 그들의 행동을 사전에 예측하기란 매우 어려운 일이다. 무엇을 원하는지 그들에게 묻더라도 그들이 말하는 내용이 정말로 필요한 것인지는 확신할 수 없다. 사용자의 의견을 문자 그대로 해석해서 제품에 대한 결정을 내리고 실패로 끝난 기업체의 사례는 매우 많다. 예를 들어 수천 번의 시음 테스트 결과를 토대로 새로운 콜라의 맛을 조정한 코카콜라와 수만 번의 통로 개편을 진행한 월마트가 가장 널리 알려진 2가지 사례다.

리서치가 보여주듯이 사람들은 자신의 행동을 설명하고 미래의 태도를 예측하는 능력을 제한하는 인지적 편향 cognitive bias 인 **내성 착각**introspection illusion[1]에 영향을 받는다.

당신의 아이디어가 실제로 어떻게 작동하는지를 제대로 이해하기 위해서는 사람들이 제품을 어떻게 사용하는지를 관찰할 필요가 있다. 그들의 의견이 아니라 반응reaction에 집중해야 한다.

사용자의 좋은 의도에도 불구하고 그들은 자신이 원하는 바를 말해줄 수 없을지도 모른다.
그들이 말하는 내용이 아니라 그들의 행동에 초점을 맞춰야 한다
(출처: https://www.flickr.com/photos/sophotow/16559284088/, 와심 로우미(Wassim LOUMI)).

사용자로부터 양질의 피드백을 가급적 빨리 듣길 원할 것이다. 당신의 솔루션이 사용자에게 얼마나 효과적으로 작동하는지를 더 빨리 확인할수록 더 유리하다. 제품을 디자인할 때 사용자로부터 배우는 것은 필요하다면 방향을 수정하고, 잘못된 방향으로 너무 멀리 나아가는 위험을 줄여준다.

---

1 자기 자신이 어떤 것을 잘 알고 있다고 스스로 생각하지만 실제로는 제대로 알지 못하는 것을 뜻함 – 옮긴이

사용자에게 아이디어를 테스트하는 것은 디자인 프로세스에서 매우 중요한 단계다. 9장에서는 프로세스 초기에 유용한 피드백을 얻을 수 있는 테스트 접근법을 소개한다. 충분히 사실적인 시나리오를 재현하는 것을 통해 제품 개발에 앞서 당신의 아이디어를 테스트해볼 수 있다.

사용자가 제품을 손에 쥐고 쓰는 모습을 관찰하는 일은 강력한 학습 도구다. 하지만 디자인 개선에 도움이 되는 양질의 피드백을 얻기 위해서는 테스트 프로세스를 적절하게 구성해야 한다. 이를 위해서는 테스트 프로세스의 목적을 이해하고, 간섭이나 방해를 차단할 수 있는 테스트 절차를 계획하고, 적절한 결론을 추출하기 위해 사용자의 행동을 관찰하는 방법을 학습해야 한다.

▌ 사용성 테스트의 역할 이해하기

우리는 사용자가 최소한의 노력으로 목표한 바를 달성하길 원한다. **사용성**Usability이란 제품의 사용 편의성의 우수함으로 정의된다. 사용성은 제품 디자인이 인간 조건, 일반적인 기대, 특정한 사용 컨텍스트에서 시작된 니즈처럼 다양한 사용자 니즈에 얼마나 부합하는지에 달려 있다. 일반적인 원칙을 담은 사용성 가이드라인이 존재하지만, 당신의 제품을 독특하게 만드는 특정 컨텍스트에서의 모든 고려 사항을 포함할 수는 없다.

당신의 아이디어가 특정 컨텍스트에서 기능하는지를 확인하기 위해서는 해당 컨텍스트에서 테스트할 필요가 있다. **사용성 테스트**Usability Testing는 제품의 사용성에서 가장 의미가 큰 이슈를 확인하기 위해 사용되는 프로세스다. 사용성 테스트는 모든 이슈를 찾아내거나 얼마나 많은 수의 사용자가 해당 이슈에 영향을 받는지에 대한 정확한 통계 제공을 목표로 하진 않는다. 사용성 테스트는 사용자가 왜 어려움을 겪는지, 그리고 이러한 문제점이 해당 컨텍스트에서 사용자의 목표 달성을 얼마나 방해하는지를 이해하는 데 도움을 준다.

사용성 테스트의 일반적인 절차는 다음과 같다.

1. 무엇을 테스트할지 그리고 이를 위한 적절한 접근법 결정하기
2. 사용자에게 컨텍스트를 제공할 계획과 적절한 질문 정의하기
3. 참가자가 제품과 어떻게 인터랙션하는지 관찰하기
4. 발견점 확인하고 요약하기

프로세스의 구체적인 단계는 무엇을 테스트하는지, 그리고 어떤 종류의 결과에 당신이 관심을 기울이는가에 따라 좌우된다.

테스트 대상 결정하기

사용자들에게 당신의 아이디어를 테스트하는 것은 아이디어 개선에 도움이 된다. 아이디어를 테스트하기 위해서는 테스트할 대상을 준비해야 한다. 다행스럽게도 아이디어를 테스트하기 위해서 완벽한 제품을 준비할 필요는 없다. 개발 프로세스의 어떤 단계에서든지 테스트하고 배울 수 있는 소중한 대상을 갖고 있을 것이다. 예를 들어 다음과 같은 것을 테스트할 수 있다.

- **기존 제품**: 제품이 이전 버전, 혹은 경쟁사의 유사 제품을 테스트할 수 있다. 제품이 이미 존재하기 때문에 저렴한 비용으로 사용자에 대해 더 많이 배우고, 기존의 아이디어가 어떻게 작동했는지를 더 잘 이해할 수 있는 기회다.
- **초기 디자인**: 스케치와 목업만으로는 당신이 디자인하는 경험에 사용자를 몰입시킬 수 없으며, 그들의 피드백만으로는 솔루션이 잘 기능하는지를 확인할 수 있을 거라 기대하기 어렵다. 하지만 사용자의 멘탈 모델과 그들의 기대 사항을 파악하는 데에는 도움을 줄 수 있다. 사용자에게 친숙한 용어와 컨셉을 이해하기 위해 스케치의 아이디어를 그들이 재해석하도록 요청할 수 있다. 목업은 사용자에게 제품과 인터랙션을 한다면 예상되는 결과를 표현해달라는 요청을 통해 그들의 기대사항을 확인하는 데 사용 가능하다.

- **기본 인터랙션 컨셉**: 기초적인 프로토타입을 사용해 앱의 전반적인 컨셉이나 특정한 워크플로에 대한 접근법을 테스트할 수 있다. 비록 인터랙션이 매끄럽게 구현되지 않더라도, 프로토타입은 당신의 컨셉이 사용자에게 효과가 있는지를 확인하는 데 도움을 줄 것이다. 컨셉에 대한 확신 수준에 따라 단일 컨셉에 대한 테스트에 초점을 맞추거나, 가장 효과적인 방향을 찾기 위해 몇 개의 선택 가능한 접근법을 비교할 수 있다.

- **상세 인터랙션**: 정교한 프로토타입을 사용해서 특정 활동을 더 효과적으로 지원하는 방법을 평가할 수 있다. 더 정돈된 프로토타입으로 최종 제품에서의 인터랙션에 매우 근접한 인터랙션을 재현할 수 있다. 이를 통해서 검색 용이성, 모션 속도, 사용자에게 제공되는 피드백과 같은 인터랙션에서의 특정 측면이 예상처럼 잘 작동하는지를 확인할 수 있다.

- **제품의 개발 버전**: 제품을 개발하면서 중간 버전을 사용해 사용자의 피드백을 얻을 수 있다. 이는 목표로 하는 디자인과 실제 구현과의 격차를 확인하는 데 유용하다. 또한 사용자 경험을 가장 크게 개선할 수 있는 측면을 다듬기 위해 우선 순위를 매기는 것에도 큰 도움이 된다.

약식 설정이긴 하지만 당신의 제품이 실제로 어떻게 사용되는지 관찰을 통해 사용자에 대한 이해도를 높일 수 있다
(출처: https://www.flickr.com/photos/stevevosloo/4918831135, stevevosloo).

테스트는 지속적인 학습 프로세스가 돼야 한다. 사용자에게 보여줄 더 세련된 무언가가 준비될 때까지 기다리고 싶은 유혹이 들겠지만, 더 빨리 테스트를 시작할수록 더 좋은 결과를 얻을 수 있다. 프로젝트 시작부터 사용자 피드백을 계속해서 확인했다면 개발 확정에 앞서 아이디어를 다듬을 수 있을 것이다.

적절한 방법 사용하기

물리학에서 **관찰자 효과**observer effect란 관찰이라는 행동이 물리적인 현상에 영향을 미친다는 것을 뜻한다. 사용자를 관찰하는 것도 동일한 효과를 가질 수 있다. 사용자의 모든 정보를 알아낼 수 있는 완벽한 방법은 존재하지 않지만, 사용자 연구원은 가능한 노이즈를 줄이기 위해 다양한 각도에서 파악할 수 있는 여러 가지 방법을 개발해왔다. 이 기법은 크게 발상적generative 리서치와 평가적evaluative 리서치, 2가지 군으로 구분할 수 있다.

- **발상적 리서치**: 이 리서치는 사용자 니즈를 파악하고, 이러한 관찰점을 그들의 문제점을 해결하는 방법에 대한 아이디어로 전환시키는 것을 목적으로 한다. 8장에서 맥락적 연구contextual inquiry, 인터뷰, 혹은 설문조사 같이 발상적 리서치에서 사용되는 몇 가지 기법을 설명했다. 이 기법은 프로젝트의 최초 반복iteration에 적용할 수 있다.

- **평가적 리서치**: 이 리서치는 솔루션이 얼마나 효과적인지 확인하는 데 초점을 맞춘다. 당신에게 아이디어가 떠오르면 아이디어가 사용자에게 얼마나 적합한지를 확인, 즉 평가하기를 원할 것이다. 기법 중 일부는 사용자의 태도에 기반을 두며, 다른 일부는 실제 사용자의 행동에 집중한다.

  - **행동적 기법**은 개입을 최소한으로 하면서 사용자의 행동을 이해하려는 반면, **태도 기반의 기법**에서는 사용자가 직접 정보를 제공한다. 관찰을 위해서는 사용자를 경험에 몰입하게 만들고 그들의 행동을 해석하는 노력이 들어가지만, 사용자가 말하는 것보다 그들의 실제 행동이 훨씬 믿을만하다는 사실을 확인할 수 있다.

◦ **정성적 기법**은 직접 관찰을 기초로 하며, 해당 과정은 수학적이지 않다. **정량적 기법**은 설문조사 혹은 서버 로그 등을 통해 수집된 데이터를 측정하고 종합하는 것을 기반으로 한다. 숫자를 통해 무엇이 발생했는지를 이해할 수 있지만, 정성적 기법에서 사용된 관찰은 행동의 이유를 설명해 준다. 예를 들어 사용자가 당신의 앱에서 보낸 시간을 측정한다면 사용자가 콘텐츠에 더 몰입해서 더 긴 시간을 보낸 것인지, 아니면 원하는 정보를 찾기 힘들어서 더 긴 시간이 걸린 것인지를 측정치가 말해줄 수는 없다.

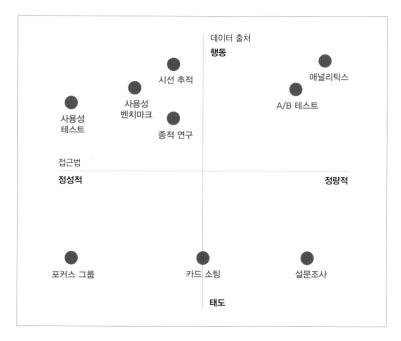

수없이 많은 다양한 리서치 기법이 있다. 이 다이어그램은 기초로 하는 정보(사용자 행동 혹은 태도)와 사용하는 접근법(정성적 혹은 정량적)의 토대로 구성한 대표적인 기법을 보여준다.

9장에서는 다양한 행동적, 정성적 기법 중에서 사용성 테스트에 집중한다. 사용성 테스트는 사용자 행동 관찰에 기초한 리서치 기법이다. 이 기법을 통해서 문제가 되는 사용성 패턴을 확인할 수 있으며, 당신의 디자인이 사용자의 목표 달성에 도움을 주지 못하는 이유를 파악할 수 있다.

사용성 테스트에서는 사용자의 의견이 아니라 그들의 반응을 살펴야 한다. 따라서 최대한 제품이 사용되는 실제 컨텍스트와 유사한 상황을 재현하고, 일부 참가자가 그런 경험을 거치게 하면서 당신의 솔루션이 사용자 니즈를 얼마나 잘 충족시키는지를 관찰한다. 당신이 프로토타이핑에 익숙하다면 이것은 결코 복잡한 프로세스가 아니다. 프로세스에는 다양한 특징이 존재한다.

- **진행자가 있는 사용성 테스트**: 테스트 진행자가 참가자와 일대일로 인터랙션한다. 진행자가 직접 혹은 원격으로 개입할 수 있으며, 테스트 목적에 대한 컨텍스트 정보를 제공한다. 참가자는 목표 달성을 위해 태스크에 대한 생각을 말하면서 제품이나 프로토타입을 사용하게 된다. 그 동안에 진행자는 다양한 사용성 문제점을 알아내기 위해 참가자의 인터랙션을 관찰하고, 이슈의 원인과 사용자의 멘탈 모델을 더 자세히 확인하기 위해 후속 질문을 던진다.

- **진행자가 없는 사용성 테스트**: 진행자가 없는 사용성 테스트 버전에서는 참가자가 테스트를 수행할 때 별도의 진행자가 참석하지 않는다. 테스트 진행자는 사전에 스크립트를 준비하며, 참가자는 추가 개입 없이 이를 따른다. 스크립트는 문서 혹은 디지털상으로 참가자에게 제공될 수 있다. 스크립트가 동시에 많은 사람에게 배포될 수 있으므로 이러한 방식은 프로세스 자동화에 도움이 되며, https://www.usertesting.com/ 같은 다양한 온라인 서비스를 통해 프로세스 자동화가 가능하다. 하지만 단점도 존재한다. 진행자 부재는 예상치 못했던 상황에 대한 더 깊은 이해를 방해하거나 사용자가 궤도를 벗어났을 때 도움을 제공할 수 없다. 이 때문에 스크립트는 더 정교해야 하며 모든 가능한 일탈을 고려하고, 일부 태스크에는 시간 제한을 설정해야 하며 프로토타입은 집중력을 잃지 않을 만큼 충분히 세련되게 구현돼야 한다.

- **사용성 벤치마크**: 벤치마크를 정의할 때 목표는 다양한 제품 혹은 제품의 버전이 특정 태스크를 얼마나 지원하는지를 비교하는 것이다. 참가자는 측정이 진행되는 동안 제품 혹은 프로토타입으로 태스크 세트를 완료하게 된다. 일반적인 측정값은 태스크 소요 시간, 태스크 수행 성공 여부, 발견된 에러 개수다. 참가자는 시간

을 정확히 준수하기 위해서 태스크 수행 중에는 말을 하지 않게 된다. "참가자의 80%가 항공편 예약을 3분 이내에 완료했다." 같이 통계적으로 유의미한 결과를 얻는 것이 목표이기 때문에 충분한 수의 참가자에게 테스트하는 방법을 고려해야 한다. 특정 사용자 그룹에 대한 종합적인 결과를 얻기 위해서는 그들에게 동일한 버전의 제품을 제공해야 한다. 물론 비교 평가를 한다면 복수의 그룹에 다양한 버전을 제공해도 무방하다. 덧붙여 사용자의 학습 효과를 확인하기 위해서 주요 태스크를 반복 측정하길 원할 수도 있다.

- **종적 연구**: 사용성 테스트 세션은 비교적 짧은데, 일반적으로 1시간 남짓이 소요된다. 하지만 일부 제품은 사용자의 장기간 활동과 관련된 목표를 가진다. 예를 들어 사용자의 운동을 권장하는 활동 추적 제품은 몇 개월에 걸쳐 이어지는 장기 경험 사용자를 포함한다. 예를 들어 지난 달에 그들이 무엇을 했는지 상상해보게 하거나 실제 그들이 했던 일과 유사한 시나리오를 선택하듯이 충분한 컨텍스트를 사용자에게 제공하고, 특정 인터랙션을 평가하는 사용성 평가를 구성할 수 있긴 한다. 하지만 긴 기간 동안의 사용자 인터랙션을 더욱 지속적으로 관찰하고자 할 수도 있다. appsee(http://www.appsee.com/) 같이 제품 사용 중의 사용자 인터랙션을 기록하는 다양한 소프트웨어 툴을 통해 마치 한 달 동안의 진행자가 없는 사용자 테스트 같은 분석을 진행할 수 있다.

- **시선 추적**: 사용자가 무엇을 보는지를 캡처하는 것은 사용성 연구에서 유용한 데이터 포인트가 될 수 있다. 시선 추적 소프트웨어를 사용해 참가자가 어디에 시선을 두고 있는지를 확인할 수 있으며, 이는 사용성 테스트에서 매우 유용하다. 예를 들어 시선 추적 덕분에 버튼을 찾지 못하는 사용자(발견 용이성discoverability 문제점)와 버튼을 찾아서 레이블을 읽는 사용자를 구분할 수 있다. 하지만 이는 필요한 기능(레이블링 문제점)을 제공하지 않아서 발생하는 현상일 수도 있다. 사용자가 보는 것은 그들의 태스크에 전적으로 영향을 받는다는 점을 고려해야 하며, 이러한 정보만 별개로 생각하지 말아야 한다. 시선 추적은 사용자 행동과 그들의 시선에 대한 컨텍스트에서 고려해야 하는 또 다른 데이터 포인트를 제공한다.

이어지는 섹션에서는 진행자가 있는 사용자 테스트를 계획하고 진행하는 것을 단계별로 설명한다. 하지만 이 프로세스는 다양한 변수를 수용하기 위해서 조정될 수 있다.

▌ 테스트 계획하기

사용자가 제품 혹은 프로토타입을 사용하는 모습을 가볍게 관찰하는 것만으로도 많은 정보를 얻을 수 있다. 하지만 최고의 결과를 얻기 위해서는 테스트에 앞서 몇 가지 사전 계획이 필요하다.

목표 정의하기

당신의 아이디어가 효과적인지를 확인하는 것이 궁극적인 목표라고 생각할지도 모르겠지만, 구체적인 목표를 잡는 것이 더 유용하다. 솔루션의 특징에 따라 좋은 사용자 경험에 기여하는 다양한 측면이 존재하며, 상이한 목표에 초점을 맞추길 원할 수도 있다.

테스트에서 얻으려는 내용에 대한 정의를 통해 명확한 대답을 얻을 확률이 높은, 더 초점이 명확한 테스트 프로세스를 정의할 수 있다.

평가에서 당신이 관심을 가질만한 몇 가지 측면은 다음과 같다.

- **시각적 계층 구조**: 제공되는 다양한 정보 간의 관계를 사용자가 이해하는가?
- **내비게이션**: 애플리케이션의 여러 부분 사이로 사용자가 원활하게 이동하는가?
- **워크플로**: 사용자가 활동을 매끄럽게 완수할 수 있는가?
- **2가지 서로 다른 접근법 비교**: 어떤 측면 때문에 하나의 대안이 다른 하나보다 더 선호되는가?

당신이 확인하려는 바를 정리하고 나면, 답을 얻기 위해 사용자에게 경험하게 할 컨텍스트에 맞는 시나리오를 정의할 수 있다.

시나리오와 태스크

다음 단계는 사용자가 도중에 겪게 되는 이슈나 인터랙션에서 어떤 행동을 할지를 결정하는 것이다. 유감스럽게도 사용자에게 어떤 행동을 하라고 정확히 말해줄 수는 없다. 만약 사용자에게 지나치게 많은 지시를 내린다면 그들은 단순히 지시에 따르게 되고, 그렇게 되면 실제 사용자가 제품을 쓰면서 겪게 되는 이슈를 알아낼 수가 없고 아무런 도움도 제공할 수 없다.

테스트 시나리오를 정의할 때에는 어떤 니즈가 달성돼야 하는지를 사용자가 이해하기에 충분한 컨텍스트를 제공해야 한다. 사용자는 특정 목표를 달성하기 위해 단계를 알아낼 책임이 있다.

시나리오를 아래의 형태 중 하나로 조정해 제공할 수 있다.

- **일반적인 시나리오**: 사용자가 본 제품에 대한 첫인상을 묻는다. 이것은 사용자가 제품에 대해 기대한 바는 무엇인지, 그리고 사용자의 멘탈 모델에 얼마나 부합하는지를 확인하는 데 도움을 준다.
- **짐카나**Gymkhana[2]: 참가자에게 달성해야 하는 목표를 명확히 제시하고 이를 찾도록 한다. 예를 들어 휴가 목적지에 방문하는 가장 저렴한 방법을 찾게 한다.
- **리버스 짐카나**Reverse Gymkhana: 결과값의 예제를 참가자에게 제공한다. 파리를 방문하는 프로모션 패키지의 이미지를 보여주고, 참가자에게 이를 찾는 방법을 알아내도록 한다.
- **사용자가 정의한 태스크**: 참가자의 일반적인 활동을 묻는 초기 질문을 기초로 활동을 제안할 수 있다. 이러한 접근은 사용자에게 밀접하고 친숙한 컨텍스트를 더 자세히 이해하는 데 도움을 주지만, 테스트 제품이 이 같은 컨텍스트를 지원해야만 한다. 실제 제품에 비해 프로토타입이 지원하기는 여의치 않다.

---

2 말을 타고 다양한 장애물을 통과하는 마술 경연대회 – 옮긴이

- **예상 밖의 태스크**: 즉흥적이거나 오류가 발생한 상황을 테스트할 때에는 사용자 행동을 예측하기가 여의치 않다. 예를 들어 메시지 알림이나 수신 전화에 사용자가 어떻게 반응하는지를 테스트하려면 사용자에게 부차적인 태스크를 먼저 요청하고, 사용자가 부차적인 태스크를 마치고 나면 주요 태스크가 등장하도록 준비해야 한다.
- **불가능한 태스크**: 달성 불가능한 태스크를 제시하는 것도 일부 경우에서는 유용할 수 있다. 예를 들어 폰 주소록에 저장되지 않은 누군가에게 전화를 걸어보라는 요청은 전달된 정보가 존재하지 않는다는 사실이 얼마나 명확하게 인식되는지를 판단하는 데 도움이 된다. 이는 사용자가 해당 사실을 확신하는지, 혹은 연락처가 저장돼 있지만 찾아본 적은 없을 것이라고 가정하는가에 따라 결정된다.

테스트 시나리오를 보여주는 방법에 대한 몇 가지 아이디어가 있다. 당신이 생각하는 구체적인 컨텍스트에 적합한 새로운 방법을 부담없이 실험해보자.

사용자의 목표를 확인하고 이를 시나리오에 명확하게 제시하는 것은 제품의 솔루션을 디자인하는 데 유용하다. 이 시나리오를 테스트 시나리오의 기본적인 토대로 활용할 수도 있다. 이를 사용자에게 보여주는 방법, 제공할 컨텍스트 정보, 요청할 구체적인 태스크만 결정하면 된다.

스크립트 정의하기

테스트 스크립트 작성을 통해 당신이 원하는 바를 직접 말하지 않고도 사용자가 수행하게 만드는 최고의 전략을 생각해낼 수 있다. 또한 테스트를 순조롭게 진행할 수 있는 가이드를 얻을 수 있다.

테스트하려는 시나리오별로 테스트 스크립트는 일반적으로 다음과 같은 측면으로 구성된다.

1. **소개**: 이 부분에서는 참가자에게 시나리오를 전달하는 방법을 설명한다.
2. **질문**: 테스트 이전, 진행 중, 이후에 참가자에게 하는 질문을 통해 참가자를 더 자세히 이해할 수 있다. 초기 질문은 문제점과 고객의 기대 사항에 대한 더 깊은 이해, 진행 중에는 특정 태스크에 대한 사용자의 실행 요청, 마지막으로 테스트 끝에서는 전반적인 느낌에 대한 수집이 이뤄진다.
3. **예상되는 결과**: 태스크별로 사용자가 지나갈 것으로 예상되는 단계를 서술하려고 할 것이다. 이는 성공적인 경로에서 벗어나는 편차deviation를 확인하는 데 도움이 된다. 또한 사용자 인터랙션을 관찰할 때 집중해서 관찰해야 하는 중요한 측면을 언급할 수도 있다.
4. **시나리오 변형**: 예상 결과를 바탕으로 일부 대안적인 액션 경로를 예측할 수도 있다. 경우에 따라서는 시나리오에 변형을 주는 방법도 고려할 수 있다.

스크립트는 최초의 가이드일 뿐이다. 예측하지 않았던 부분에 대한 여지를 가져가야 한다. 진행자가 없는 테스트에서는 더 정교한 스크립트를 정의해야 한다.

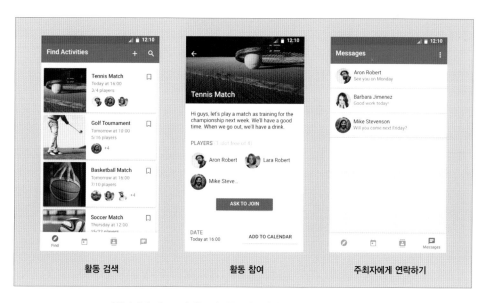

사용자에게 테스트하려는 워크플로의 3단계(출처: Sketch 스크린샷)

8장에서 개발한 소셜 스포츠 앱 프로토타입을 테스트하기 위한 스크립트 예제는 다음과 같다.

목표: 친구가 개설한 스포츠 이벤트에 사용자가 원활하게 가입하고 참가할 수 있는지를 평가한다.

소개: 직장 동료 4명이 모바일 앱을 사용해서 테니스 게임을 준비한다고 상상해보자. 오늘 한 명의 선수가 게임에 참석할 수가 없어서 추가 참가자가 필요한 상황이다. 테니스 팬인 당신은 기꺼이 게임에 참가하려고 한다.

테스트 이전 질문:
- 친구나 회사 동료와 함께 하는 스포츠에 종종 참가하나요?
- 스포츠 이벤트를 준비하기 위해 필요한 단계가 무엇인지 말해줄 수 있나요? 당신은 어떤 단계에서 참가하나요?

테스트 진행 중 질문:
- 당신의 동료인 마이크 스티븐슨과 회사에서 일상적인 대화 중에 오늘 테니스 선수가 필요하다는 이야기를 들었습니다. 당신은 오늘 테니스 게임에 결원이 있는지를 확인하고 가능하다면 그들과 함께 테니스를 치고 싶습니다. 당신은 어떻게 할까요?
- **예상**: 사용자는 테니스 활동을 찾아보고, 3명의 참가자만 있다는 사실을 확인한 뒤에 '참가 요청하기' 옵션을 선택한다.
- 이제 무엇을 할 건가요?
- **예상**: 사용자는 확정될 때까지 기다려야 한다는 것을 파악하고, 몇 초 뒤에 확정이 이뤄지면 이를 인지한다.
- **변형**: (사용자가 확정된 사실을 인지하지 못한다면) 게임 시간이 다가오는데 가야 할지 말아야 할지를 어떻게 알 수 있을까요?
- 좋아요, 이제 당신은 테니스장으로 이동해서 테니스를 즐기려고 합니다. 교통 상황 때문에 10분 정도 늦을 것 같다는 사실을 동료들에게 어떻게 알릴까요?
- **변형**: (사용자가 통화나 문자메시지 같은 다른 커뮤니케이션 수단을 통해 동료들에게 연락하려 한다면) 앱을 통해서는 그들에게 연락할 방법이 없나요? 앞서 제시한 방법보다 이것이 더 편리하게 느껴지나요?
- **관찰**: 활동 설명에서 참가자를 탭해서 연락할 수 있다는 점을 사용자가 알아챘는가? 그렇지 않았다면 사용자가 연락처 뷰에서 해당 기능을 찾을 수 있는가?

테스트 이후 질문:
- 전반적인 경험은 어땠나요? 동료와의 스포츠 활동에 참가하고 그들과 원활하게 어울릴 수 있었나요?
- 활동을 검색하고 참가하는 과정은 손쉽게 따라갈 수 있었나요?
- 다른 사람들과 어울리는 데 어려움은 없었나요?

좋은 질문의 선정은 사용성 테스트에서 가장 중요한 기술이다. 사용자가 달성하려는 목표에 집중하고, 왜 그것을 달성하길 원하는지를 사용자가 이해하기에 충분한 컨텍스트를 제공하고, 사용자가 특정 단계를 거치도록 유도해야 한다. 용어 사용에도 주의해야 한다. 제품에 등장하는 용어를 문자 그대로 언급하는 것은 사용자로 하여금 맹목적으로 달성하게 만드는 단서가 될 수 있기 때문이다. 또한 우리가 말하는 것은 특정 액션이 아니라 최종 활동이라는 점에 유의해야 한다. 우리는 동료와 오늘 어떻게 테니스를 치는지를 물었으며, 'ask to join' 버튼을 탭하는 것이 목표를 달성하는 방법이라는 사실을 알아내는 것은 사용자에게 달렸다. 질문을 전달하는 동안에 사용자에게 지시하는 것을 방지하기 위해서 'join'이라는 용어를 사용하지 않았다.

실제 사용자와 함께 프로세스를 시작하기에 앞서 **파일럿 테스트**^{pilot test}를 실시하는 것이 편리하다. 파일럿 테스트는 팀원 중 한 명과 함께하는 세션으로 구성된다. 참가자는 목표 대상자와 상이하므로 제품에 대한 사용성 이슈를 발견하는 데 관심을 기울일 필요는 없다. 이 테스트의 목적은 스크립트 자체의 이슈를 찾는 것이다. 스크립트가 명확하고, 사용자가 자신이 무엇을 해야 하는지를 쉽게 이해할 수 있는지를 검증하는 것이다. 사용자가 수행해야 하는 활동 세트를 완료하기까지 걸리는 시간을 지나치게 짧게 잡는 상황을 피하는 데에도 파일럿 테스트가 유용하다.

환경 설정하기

사실적인 사용자의 행동을 관찰하기 위해서 실제 사용자 환경에 최대한 가까이 다가가길 원할 것이다. 하지만 관찰에 대한 니즈는 몇 가지 실행 계획상의 문제를 만들어낸다. 당신은 사용자의 인터랙션을 상세하게 관찰하고, 분석을 위해 기록을 보관하고, 관련 결과를 요약할 때 그 행동을 사용하길 원한다.

전통적인 사용성 랩 설정에서는 참가자와 테스트 진행자가 테스트 기기와 레코딩 시스템을 접할 수 있는 공간이 있다. 레코딩 시스템은 사용자와 기기의 인터랙션을 캡처하며, 사용자의 얼굴 표정도 담을 수 있다. 별도의 방에서는 팀의 다른 멤버들이 녹화되는 세션을 볼 수 있다.

스크린 공유 소프트웨어를 사용해서 사용자 스크린에 표시되는 영상을 녹화하고 공유할 수 있다. iOS용 에어플레이^{AirPlay}와 안드로이드용 구글 캐스트^{Google Cast}가 모바일 기기의 스크린 공유를 위한 일반적인 솔루션이다. 사용성 테스트에 특화된 몇 가지 전문 앱과 서비스를 통해 사용자가 탭한 영역을 기록하는 것 같이 더 정교한 레코딩이 가능하며, 기기의 카메라를 사용해서 사용자의 얼굴 표정을 캡처할 수도 있다.

그렇지 않으면 레코딩을 위해 별도의 기기를 사용할 수도 있다. 이 방법을 사용하면 스크린을 터치하는 사용자의 손가락처럼 더욱 세밀한 인터랙션을 담을 수 있다. 하지만 모바일 기기와의 근거리 인터랙션은 레코딩 기기의 개입을 어렵게 만든다. 사용 중에 테이블 위에 기기를 평평하게 내려놓아야 하는 다큐먼트 카메라, 기기에 부착된 카메라, 참가자에게 부착된 카메라, 사용자와 모바일 기기 사이에 놓아두는 랩톱이나 태블릿 같은 레코딩 기기가 다른 옵션이 될 수 있다.

기기 자체가 집중을 방해할 수 있다. 가능한 최종 기기와 유사한 모바일 기기를 사용해야 한다. 사용자가 낯선 기기에서 새로운 제품을 테스트하게 되면, 하드웨어나 운영체제의 차이에서 오는 이슈가 발생할 수 있다. 사용자가 일반적으로 사용하는 것과 유사한 기기를 쓰거나 사용자 자신의 기기를 쓸 수 있게 허용한다면 도움이 될 것이다. 버튼 배치의 상이함이나 'copy and paste'하는 특이한 방법이 결과에 영향을 주길 원치 않을 것이다. HTML 프로토타입은 폭넓은 기기를 지원한다.

▌ 사용성 테스트 실행하기

계획이 준비되면 사람을 찾고, 당신의 아이디어를 그들의 손에 올려놓고, 그들을 관찰할 수 있다. 적당한 사람을 찾고, 테스트 프로세스로 그들을 안내하고, 유용한 결론을 추출하기 위해서는 단계마다 고려할 사항이 있다.

참가자 모집하기

사용성 테스트에서 당신의 목표는 사용자의 성공적인 목표 달성을 방해하는 커다란 장애물을 찾아내는 것이다. 문제점을 찾기 위해서 많은 사용자에게 테스트를 진행할 필요는 없다. 3명에서 5명의 사용자에게 제품을 테스트하는 정도로도 중대한 사용성 이슈의 대부분을 찾을 수 있다는 연구가 있다. 더 많은 수의 사용자에게 테스트하는 것은 그 효용이 떨어지는 결과를 가져오므로, 그 대신에 새로운 연구를 준비하는 편이 더 낫다.

예를 들어 15명의 사람들에게 당신의 솔루션을 테스트할 리소스가 있다면, 15명 전체를 한 번에 테스트하기보다 5명씩 3번에 걸쳐 테스트하는 편이 훨씬 좋다. 여러 번의 테스트 라운드를 통해 더 큰 이슈를 해결하고, 솔루션에서 더 이상의 새로운 이슈가 발견되지 않음을 확인할 수 있다. 다수의 사용자에게 한 번의 테스트 라운드를 진행하는 것은 다수의 반복되는 이슈가 포함된 긴 이슈 목록이 결과로 생기며, 해당 이슈에 대해 제안된 솔루션이 효과적인지 아니면 새로운 이슈를 추가로 일으키는지에 대한 확신을 가질 수 없다.

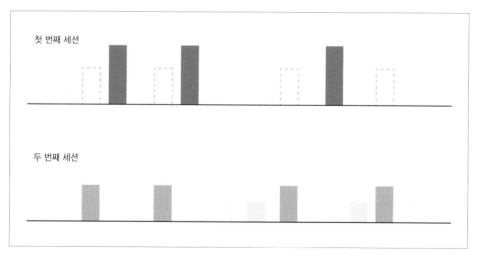

첫 번째 세션에서 우리는 주요 문제점을 발견할 수 있으며(위), 이러한 문제점이 해결된 두 번째 세션에서는 앞서 발견되지 않았던 새로운 이슈를 찾을 수 있다(아래).

소수의 사람들을 테스트하면 되지만, 그 사람들이 당신의 목표 고객을 대표할 수 있어야 하는 것이 중요하다. 프로젝트 리서치 도중에 당신은 목표 고객을 정의하고, 그들의 특징을 퍼소나 문서에 담아내게 된다. 이를 스크리닝 기준으로 사용해서 테스트 후보자를 선별할 수 있다. 소셜 스포츠 앱을 예로 들면, 정기적으로 운동을 하지만 전문 선수는 아닌 사람들을 목표 고객으로 잡을 수 있다. 일주일에 몇 번이나 운동 연습을 하는지 그리고 혼자 하는지, 아니면 친구들과 하는지를 물어볼 수 있다. 온라인 설문조사를 통해서 연락처 정보와 함께 스크리닝 질문을 담고, 이러한 서식을 사용자가 머물 것으로 예상되는 채널을 통해 배포할 수 있다. 참여에 대한 감사의 표시로 인센티브를 제공하는 것도 참가자가 프로세스에 몰입하게 만드는 데 유용하다.

프로세스 소개하기

당신은 사용자가 외계인에게 납치돼 실험 대상이 된 것 같은 기분이 들게 만들고 싶지 않다. 사용자가 편안함을 느끼게 하는 것은 그들이 평상시처럼 행동하게 만드는 데 도움을 준다.

1. 먼저 참가자를 반갑게 맞이하고, 시간을 내준 데 대해 감사를 표하고, 테스트 프로세스를 간결하게 설명하는 과정은 압박감을 줄이는 데 도움이 된다.

2. 테스트의 목적을 설명하고, 프로토타입으로 구현한 아이디어를 테스트하는 것이라는 점을 명확히 한다. 테스트 대상은 참가자가 아니라 제품이라는 점을 강조한다. 목적은 이슈를 찾아내는 것이기에 참가자가 프로토타입을 사용하는 데 어려움을 겪는 것은 지극히 당연하다.

3. 당신은 사람들이 호의적이거나 부정적인 의견을 꺼내놓고 말하지 않으려는 경향을 방지하고 싶을 것이다. 테스트를 진행하는 제품은 초기 프로토타입에 해당하며, 당신과 관련이 없는 팀에서 개발한 제품이라고 강조해서 말할 수 있다. 실제로 사실이 아니더라도, 사용자에게 어느 정도의 안전 거리를 확보해 주면 그들의 생각을 솔직하게 말하는 데 도움이 된다.

4. 참가자가 소리 내 생각^{think aloud}하도록 격려한다. 참가자가 프로토타입과 인터랙션하면서 그들이 무엇을 하는지, 무엇을 보는지, 어떤 점이 놀라운지, 어떤 점이 기대에 부합하는지를 말해주도록 만들어야 한다. 참가자가 소리 내 말하게 만드는 것은 무엇 때문에 이슈가 생겼는지를 정확히 이해하기 위해서 그들의 생각을 읽을 수 있는 최고의 방법이다. 테스트 중에 어떤 지점에서 사용자가 소리 내 생각하기를 멈춘다면, 어떤 생각을 하는지를 설명해달라고 부드럽게 다시 한번 말해줘야 한다.

5. 세션을 레코딩한다면 참가자에게 그 목적을 명확하게 전달한다. 레코딩은 제품 개선 목적으로 팀에서만 사용한다는 점을 설명한다. 세션 전체나 일부분에 대한 레코딩 공개를 고려한다면, 배포에 앞서 리뷰하고 승인할 기회를 제공한다는 점을 사용자에게 알릴 수 있다. 이를 통해서 사용자는 자신에게 통제권이 있다고 느끼며, 레코딩이 인터넷상에서 인기 비디오가 될지도 모른다는 걱정을 덜 수 있다.

6. 참가자에게 프로세스에 대한 어떤 질문이든 할 수 있는 기회를 제공하고 나면, 테스트 스크립트를 따라서 시작할 준비가 됐다.

사용자 행동 관찰하기

테스트 진행 중에 당신은 앞서 정의한 스크립트에 따라서 참가자에게 질문을 하게 된다. 참가자가 어려움을 겪게 되면, 사용자의 행동이나 말을 문자 그대로 해석하지 말아야 한다. 이슈를 유발한 근본적인 문제점을 찾아야 한다. 사용자가 버튼을 탭하지 않았다면 사용자가 버튼에 관심을 기울이지 않아서인지, 버튼은 인지했지만 다른 기능이라고 생각해서인지, 아니면 기능이 그런 식으로 제공될 거라고 사용자가 예상하지 못했는지 여부를 찾아내야 한다.

어떤 사용자는 당신에게 구체적인 솔루션을 제안할 수도 있다. 예를 들어 버튼을 찾는 데 어려움을 겪은 사용자가 버튼을 더 크게 만들어 달라는 제안을 할 수 있다. 하지만 이는 좋은 솔루션이 될 수도 혹은 아닐 수도 있다. 제안을 활용해서 근본적인 원인이 무엇인지, 그리고 사용자가 얻으려는 바가 무엇인지를 이해해야 한다. 제안된 대안이 어떤 식으로 사용자의 목표 달성에 도움이 될지를 물어 보고, 더 일반적인 문제점(자주 사용되는 기능을 지원하기 때문에 버튼을 더 쉽게 접근할 수 있게 해야 한다는 요청)으로 이어질 수 있도록 제안을 되물어 보도록 노력해야 한다.

테스트 세션 도중에 사용자가 이슈를 경험할 때마다 당신은 그들에게 도움을 제공하고 싶은 유혹에 빠질지도 모른다. 하지만 테스트 목표는 사용자가 성공하는 것이 아니라 어떤 부분에서 실패하고, 그 이유가 무엇인지를 당신이 알아내는 것이라는 점을 기억해야 한다. 사용자가 잠시 동안 아무 것도 하지 못할 때에도 이를 이용해서 왜 그들이 멈췄는지를 이해하고, 그들이 다른 경로를 찾도록 만들어야 한다. "거길 탭해야 하나요?" 같이 당신에게 확인을 구하거나 "어디서 지도를 찾을 수 있나요?"처럼 사용자가 도움을 요청할 수도 있다. 이럴 때에는 그들에게 "어떻게 생각하세요?", "어디서 지도를 찾을 수 있을 거라고 기대하나요?" 같이 다시 질문을 할 수 있다.

사용자가 궤도에서 크게 벗어난다면 다음 태스크로 넘어갈 수도 있다. 긍정적인 태도를 유지하면서 사용자가 자신이 실패했다거나 뭔가 잘못된 일을 하고 있다고 느끼지 않게 만들어야 한다.

참가자가 당신의 질문에 대답을 하거나 자신의 생각을 설명할 때에는 그들을 중단시키지 않도록 해야 한다. 생각을 표현하기에 충분한 시간을 제공한다. 침묵을 이용할 수도 있다. 참가자가 질문에 답하고 나면 잠시 동안 잠자코 있어야 한다. 그 순간에 뉘앙스, 예외 사항, 다른 유용한 정보 같이 앞선 아이디어에 대한 세부 사항이 참가자의 머리 속에 떠오를 수 있다.

참가자가 주제에서 벗어나고 자신의 의견에 기초한 피드백을 제공하기 시작하거나, 이 제품이 다른 사람에게 얼마나 효과적일지를 추측한다면, 이 세션에서는 참가자의 개인적인 의견이 아니라 그들의 행동과 경험에 초점을 맞추고 있다는 점을 확실히 해야 한다. 참가자에게 그들이 설명한 측면이 현재 시나리오에서 어떻게 작용하는지를 표현해 달라고 요청해야 한다.

주요 요소 확인하고 결과 요약하기

다양한 사용자와 함께 테스트를 하다 보면 동일한 이슈가 반복되는 패턴을 확인하게 된다. 당신은 사용자 경험에 큰 영향을 미치는 이슈에 집중하길 원한다. 사용자의 태스크 완수를 방해하거나 그들의 경험에 불편함을 만들어 내는 큰 이슈에 집중해야 한다. 사용자가 본 궤도에 복귀할 수 있거나 일부 사소한 혼란에 영향을 받는 정도라면, 당신의 디자인을 업데이트할 필요가 없을 수도 있다. 모든 이슈를 해결할 리소스가 넉넉하다고 할지라도 우선 순위에 대한 명확한 기준을 가져가는 것이 유용할 것이다.

사용성 연구의 결과는 일반적으로 보고서에 담긴다. 이는 당신의 제품을 두드러지게 개선하는 데 도움을 줄 수 있는 매우 중요한 정보다. 보고서를 길고 지루하게 작성하지 말아야 한다. 이렇게 되면 아무도 읽으려 하지 않을 것이다. 가급적 간략하고 흥미롭게 만들어야 한다. 결론을 간단명료하게 담아내야 한다. 주요 포인트를 강조하기 위해 스크린샷을 포함하고 짧은 비디오 영상을 편집할 수 있다.

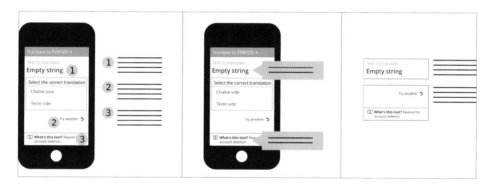

UI의 다양한 부분과 관련된 사용성 이슈를 작성하는 3가지 방법: 주석 달기, 설명선 사용, 작게 자른 스크린샷 사용

현 시점에서는 조사 결과가 유용하지 않더라도 정보를 체계적으로 정리해둬야 한다. 향후 디자인을 반복하는 과정에서 어느 순간 앞서 고려하지 않았던 몇 가지 특정 측면을 확인하기 위해 되돌아보는 일이 생길 가능성이 높다. 세션 레코딩에서 몇 가지 발견점을 찾은 특정 시간대로 연결되는 링크를 남겨두는 것은 매우 유용할 수 있다.

▌ 실용적으로 진행하기

사용자의 실제 행동을 기초로 피드백을 받는 것은 디자인 프로세스에서 가장 중요한 부분 중 하나다. 하지만 많은 프로젝트에서 종종 빼먹고 넘어가는 단계이기도 하다. 사용자가 제품을 어떻게 사용할지에 대해 과도한 자신감을 가진 일부 팀에서는 자기보고식 피드백에 의존하거나, 테스트 프로세스를 지나치게 복잡한 과정이라고 인식할 수도 있다.

준비하는 데 시간이 필요하긴 하지만, 테스트가 실제로는 시간을 절약하는 방법이라는 점을 팀원들이 이해하도록 만들어야 한다. 더 빨리 문제점을 찾을수록 문제점을 더 쉽게 고칠 수 있다.

팀원들을 리서치 세션에 참관시키기

리서치 세션을 직접 보는 것은 많은 팀에게 눈이 뜨이는 경험이 된다. 그들이 예상하기에는 매우 쉬운 기본 태스크를 완료하기 위해 사용자가 고생하는 모습을 목격하고 나면, 전체 디자인 프로세스의 목적을 더 수월하게 이해할 수 있다.

테스트의 통상적인 순서와 방법을 수립하는 것은 팀원들이 무엇을 좋아하는가에서 사용자에게 무엇이 가장 효과적인가로 논의를 옮기는 데 도움이 된다. 이렇게 해서 걱정이나 제안은 다음 번 테스트 동안 관찰이 필요한 테스트 가설이나 측면으로 정의될 수 있다.

테스트 프로세스는 디자이너와 나머지 팀원 간의 관계를 더 원활하게 만드는 데 도움을 줄 수 있다. 디자인 결정에 대한 팀원들의 피드백을 듣기 때문에 디자인이 사용자에게 얼마나 효과적인지를 관찰하는 것에 열린 마음을 가질 수 있다. 제품의 일부 요소를 삭제하기로 팀에서 결정한다면 사용성 테스트에서 이러한 변화가 사용자에게 어떤 영향을 미치는지를 확인하는 데 초점을 맞출 수 있다.

학습이 검증보다 훨씬 중요하다

사용성 테스트에 있어서 최악의 설정 중 하나는 팀에서 이미 제품 방향을 정해놓고, 이 결정을 확정하기 위한 의도로 사용성 테스트를 하는 것이다.

이를 피하기 위해서는 팀에서 제품의 구체적인 방향성을 결정하기 전에 가급적 이른 시점에 사용성 테스트를 진행하도록 밀어붙여야 한다.

매우 제한된 리소스로 일하는 중이라면, 몇 번의 테스트라도 진행하는 것이 테스트를 아예 하지 않는 경우보다는 낫다라는 점을 명심해야 한다. 세 명의 사용자에게 몇 차례 테스트를 진행하고 텍스트로 된 보고서를 이메일로 송부할 수 있다고 하더라도 진행해야 할 만한 충분한 가치가 있다. 프로세스를 간결하게 만들 때에는 결과가 무효화되는 상황을 막기 위해 어느 정도의 엄격함을 유지할 필요가 있다. 오해의 소지가 있는 결과를 얻는 것은 아무런 결과가 없는 것보다 더 나쁠 수 있기 때문이다. 테스트 프로세스의 간략 버전이라고 하더라도 목표 고객에 부합하는 사용자를 선택하고 유도 질문은 피해야 한다. 근처 커피숍에 앉은 사람을 임의로 고르는 것은 그다지 효과적이지 않다.

리서치 질문에 대답을 하는지를 확인하라

당신의 리서치 질문을 명백하게 밝히는 것은 프로세스 시작뿐만 아니라 마지막에서도 목표를 명확화하는 데 유용하다. 프로세스의 끝 부분에서 당신은 리서치 질문에 본인이 답할 수 있을지를 확인하고자 할 것이다.

모든 경우에 대한 답변을 채울 수 없다면 다가오는 연구에서 무엇을 개선해야 하는지를 과거로 거슬러 올라가서 찾아낼 수 있을 것이다. 이는 리서치 질문을 더 명확하게 만들거나, 혹은 더 좋은 답변을 얻을 수 있도록 프로세스를 향상시키는 과정을 통해 다음 번에 프로세스를 개선하는 데 매우 유용하다.

리서치를 숫자와 결합시키기

9장에서는 정성적 리서치가 제품 개선에 핵심이 되는 데이터를 제공하기 때문에 이 부분에 역점을 뒀다. 하지만 정성적 접근과 정량적 접근을 결합시키는 것은 당신에게 더 넓은 시각을 제공할 수 있다.

정량적 방법은 더 많은 수의 사용자에게 도달하고, 그들의 일반적인 행동에 대한 데이터 수집을 지원한다.

디자인 아이디어를 탐구할 때 **A/B 테스트**를 사용해서 더 많은 사람에게 접근법을 비교할 수 있다. A/B 테스트는 당신이 테스트하려는 일부 변경이 반영된 소프트웨어의 변형안을 일부 제품 사용자에게 보여주는 것으로 구성된다. 어떤 안이 더 성공적인지를 확인하기 위해서는 사람들의 구매 버튼 클릭 여부 같은 측정 기준을 사전에 정의해야 한다. A/B 테스트 소프트웨어는 버튼 클릭률을 바탕으로 어떤 변형안이 더 좋은 결과를 얻었는지를 알려줄 것이다. Google Analytics 혹은 Optimizely 같은 서비스는 이러한 프로세스를 자동화해, 당신의 프로젝트에서 최소한의 코드로 A/B 테스트 실험을 손쉽게 준비할 수 있게 해준다.

A/B 테스트는 앞서 정의된 측정 기준이 당신이 알고자 하는 사용자 행동의 실제 지표로 작동할 때, 특히 행동에서의 차이점을 불러오는 변수가 명확할 때 더 효과적이다. 어떤 경우라 하더라도 A/B 테스트는 하나의 옵션이 왜 더 효과적인지, 혹은 수치로 잡히지 않는 관련 이슈가 개선에 포함되는지에 대한 답을 제공하진 않는다.

제품이 작동하면 당신은 몇 가지 **주요 지표**key metrics를 측정하고 싶어질 것이다. 유용한 수치를 정의하기 위해서는 앞서 정의한 디자인 목표를 고려하고, 이러한 목표의 달성 여부를 표시할 수 있는 지표를 찾아내야 한다. 예를 들어 결과 없음으로 이어지는 검색어를 측정하는 것은 사람들이 가장 많이 검색에 실패하는 원인이 무엇인지를 알아내는 데 유용할 수 있다. 그리고 나면 이러한 경우를 지원하는 더 좋은 방법을 탐구하고, 이러한 아이디어가 어떻게 작동하는지를 더 자세히 이해할 수 있다.

▍요약

9장에서 당신은 가급적 일찍 사용자의 행동에서 배우는 것의 중요성을 확인했다. 또한 사용성 테스트 세션을 준비하고, 제품 개발에 앞서 제품을 개선하기 위한 양질의 피드백을 얻는 방법에 대해 학습했다. 이것은 당신이 올바른 방향으로 나아간다는 확신이 충분히 들 때에만 제품을 개발하도록 만들어 준다.

9장은 디자인 프로세스의 단계를 설명하는 마지막 장이다. 하지만 프로세스는 직선으로 된 단계의 모음이 아니라는 점을 이해해야 한다. 테스트는 결과에 따라 추가 반복이 이뤄지는 또 하나의 단계가 될 수도 있다. 또한 이전 단계로 이동해서 사용자를 더 자세히 이해하고, 새로운 아이디어를 탐구하고, 다양한 접근법을 프로토타입으로 제작하거나 테스트 스크립트를 수정하게 할 수 있다. 디자인이란 끝이 없는 프로세스다. 중요한 사실은 반복할 때마다 사용자에게 더 좋은 제품을 제공할 수 있다는 점이다.

10

참고문헌 및 인용 출처

▌ 공통

— 댄 M. 브라운^{Dan M. Brown}, 『(개정판)UX Design Communication 2』(이지현, 이춘희 옮김, 위키북스, 2012)

— 레아 불리^{Leah Buley}, 『The User Experience Team of One: A Research and Design Survival Guide』(Rosenfeld Media, 2013)

— 제이크 냅^{Jake Knapp}, 존 제라츠키^{John Zeratsky}, 브레이든 코위츠^{Braden Kowitz}, 『스프린트: 세상에서 가장 혁신적인 프로젝트 수행법』(박우정 옮김, 김영사, 2016)

— 케니드 볼스^{Cennydd Bowles}, 『Undercover User Experience design』(New Riders, 2010)

– 제이슨 만데르Jason Mander, "Mobile–Only Users by Country", 2016년 12월 6일 최종 수정, http://blog.globalwebindex.net/chart-of-the-day/mobile-only-users-by-country/

– 제이슨 만데르Jason Mander, "15% of Internet Users are Mobile–Only", 2016년 12월 5일 최종 수정, http://blog.globalwebindex.net/chart-of-the-day/15-of-internet-users-are-mobile-only/

– 재러드 M. 스풀Jared M. Spool, "The $300 Million Button", 2009년 1월 14일 최종 수정, https://articles.uie.com/three_hund_million_button/

카노 모델

– 칼 T. 울리치Karl T. Ulrich, 『Design: Creation of artifacts in society』(Pennsylvania 대학교, 2011)

게슈탈트 법칙

– 수잔 M. 웨인쉔크Susan M. Weinschenk, 『모든 기획자와 디자이너가 알아야 할 사람에 대한 또 다른 100가지 사실』(정경훈 옮김, 위키북스, 2017)

멘탈 모델

– 제이콥 닐슨Jakob Nielsen, "Mental Models", 2010년 10월 18일 최종 수정, https://www.nngroup.com/articles/mental-models/

– 위키피디아[Wikipedia], "Mental model", 2017년 6월 17일, https://en.wikipedia.org/wiki/Mental_model

– 수잔 웨인쉔크, "The Secret to Designing an Intuitive UX", 2011년 10월 8일 최종 수정, http://uxmag.com/articles/the-secret-to-designing-an-intuitive-user-experience

▌ 개념 모델

– 인터랙션 디자인 재단, "We Think Therefore It Is – Conceptual Modelling for Mobile Applications", 2016년 최종 수정, https://www.interaction-design.org/literature/article/we-think-therefore-it-is-conceptual-modelling-for-mobile-applications

– 위키피디아, "Conceptual model", 2017년 6월 2일 최종 수정, https://en.wikipedia.org/wiki/Conceptual_model

▌ 퍼소나 문서

–앨런 쿠퍼[Alan Cooper], 「The origin of personas」, 2008년, https://www.cooper.com/journal/2003/08/the_origin_of_personas

– 앨런 쿠퍼, 「The Inmates Are Running the Asylum」, 1998년, https://www.cooper.com/journal/2003/08/the_origin_of_personas

– 앨런 쿠퍼, 로버트 라이만[Robert reimann], 데이비드 크로닌[David Cronin], 『퍼소나로 완성하는 인터랙션 디자인 About Face 3』(고태호, 유지선 김나영 옮김, 에이콘출판사, 2010), http://eu.wiley.com/WileyCDA/WileyTitle/productCd-1118766571.html

– 슐로모 괼츠^{Shlomo Goltz}, "A Closer Look At Personas: What They Are And How They Work", 2014년 8월 6일 최종 수정, 2014년, https://www.smashingmagazine.com/2014/08/a-closer-look-at-personas-part-1/

– Usability.gov, "Personas", https://www.usability.gov/how-to-and-tools/methods/personas.html

▮ 카드 소팅

– 제이콥 닐슨, "Usability Testing for the 1995 Sun Microsystems' Website", 1995년 5월 25일 최종 수정, https://www.nngroup.com/articles/usability-testing-1995-sun-microsystems-website/

– "User Testing", 『The UX Research Methodology Guidebook』, http://www.usertesting.com/

– 위키피디아, "Card sorting", 2017년 4월 7일 최종 수정, https://en.wikipedia.org/wiki/Card_sorting-UsabilityNet, "Card sorting", http://www.usabilitynet.org/tools/cardsorting.htm

▮ 트리 테스트(리버스 카드 소팅)

– 도나 스펜서^{Donna Spencer}, "Card-Based Classification Evaluation", 2003년 4월 7일, http://boxesandarrows.com/card-based-classification-evaluation/

– 위키피디아, "Tree testing", 2017년 1월 9일 최종 수정, https://en.wikipedia.org/wiki/Tree_testing

▌ 친화도 다이어그램(Affinity diagram)

— 위키피디아, "Affinity diagram", 2017년 3월 29일 최종 수정, https://en.wikipedia.org/wiki/Affinity_diagram

— 위키피디아, "Seven Management and Planning Tools", 2017년 4월 12일 최종 수정, https://en.m.wikipedia.org/wiki/Seven_Management_and_Planning_Tools

— 미국품질관리협회American Society for Quality, "Affinity Diagram", http://asq.org/learn-about-quality/idea-creation-tools/overview/affinity.html

— UsabilityNet.org, "Affinity diagramming", http://www.usabilitynet.org/tools/affinity.htm

▌ 크레이지 에이트

— 제이크 냅, "The product design sprint: diverge(day 2)", 2012년 10월 26일 최종 수정, https://library.gv.com/the-product-design-sprint-diverge-day-2-c7a5df8e7cd0

— 데이브 그레이Dave Gray, "6-8-5", 2011년 5월 17일, http://gamestorming.com/games-for-fresh-thinking-and-ideas/6-8-5s/

— 제이크 냅, "The product design sprint: diverge(day 2)", 2012년 10월 26일 최종 수정, https://library.gv.com/the-product-design-sprint-diverge-day-2-c7a5df8e7cd0

▋ 설문조사(Survey)

— 수잔 패럴Susan Farrell, "Open-Ended vs. Closed-Ended Questions in User Research", 2016년 5월 22일 최종 수정, https://www.nngroup.com/articles/open-ended-questions/

— 위키피디아, "Closed-ended question", 2017년 6월 15일 최종 수정, https://en.wikipedia.org/wiki/Closed-ended_question

— 위키피디아, "Open-ended question", 2016년 11월 27일 최종 수정, https://en.wikipedia.org/wiki/Open-ended_question

— 버트 마르크그라프Bert Markgraf, "Short-Term, Medium-Term & Long-Term Planning in Business", http://smallbusiness.chron.com/shortterm-mediumterm-longterm-planning-business-60193.html

— 크리스 델웰Chris Thelwell, "How to quickly create a powerful survey", https://www.invisionapp.com/blog/how-to-create-a-survey/

— 제럴드 린다Gerald Linda, 「Guerrilla Marketing Research: Marketing Research Techniques that Can Help Any Business Make More Money」, 2006

— 잔느 그루너트Jeanne Grunert, "Differences Between a Short- & Long-Term Period of a Marketing Plan", http://smallbusiness.chron.com/differences-between-short-longterm-period-marketing-plan-74826.html

▋ 사용자 여정(User Journey)

— 케이트 카플란Kate Kaplan, "When and How to Create Customer Journey Maps", 2016년 7월 31일 최종 수정, https://www.nngroup.com/articles/customer-journey-mapping/

– 위키피디아, "User journey", 2017년 2월 28일 최종 수정, https://en.wikipedia.org/wiki/User_journey

– 제니퍼 하비스Jennifer Havice, "A Step By Step Guide To Building Customer Journey Maps", https://conversionxl.com/customer-journey-maps/

– 크리스 리스돈Chris Risdon, "The Anatomy of an Experience Map", 2011년 11월 30일 최종 수정, http://adaptivepath.org/ideas/the-anatomy-of-an-experience-map/

▌ 시나리오

– Usability.gov, "Scenarios", https://www.usability.gov/how-to-and-tools/methods/scenarios.html

– 닐슨 노먼 그룹Nielsen Norman Group, "Turn User Goals into Task Scenarios for Usability Testing", 2014년 1월 12일 최종 수정, https://www.nngroup.com/articles/task-scenarios-usability-testing/

▌ 점진적 노출(Progressive disclosure)

– 제이콥 닐슨, "Progressive Disclosure", 2006년 12월 4일 최종 수정, https://www.nngroup.com/articles/progressive-disclosure/

– 프랭크 스필러스Frank Spillers, "Progressive Disclosure", https://www.interaction-design.org/literature/book/the-glossary-of-human-computer-interaction/progressive-disclosure

– 닉 바비치[Nick Babich], "Design Patterns: Progressive Disclosure for Mobile Apps", 2016년 5월 27일 최종 수정, https://uxplanet.org/design-patterns-progressive-disclosure-for-mobile-apps-f401a293ba

▌ 상호성 효과(Reciprocity effect)

– 감베르니 L.[Gamberini L.], 페트루치 G.[Petrucci G.], 스포토 A.[Spoto A.], 스파놀리 A.[Spagnolli A.], 『Embedded Persuasive Strategies to Obtain Visitors' Data: Comparing Reward and Reciprocity in an Amateur, Knowledge-Based Website』, (Springer, 2007), https://link.springer.com/chapter/10.1007/978-3-540-77006-0_24

– 라루카 부듀[Raluca Budiu], "The Reciprocity Principle: Give Before You Take in Web Design", 2014년 2월 16일 최종 수정, https://www.nngroup.com/articles/reciprocity-principle/

– 수잔 M. 웨인쉔크, Neuro Web Design: What Makes Them Click? New Riders, 2009년

▌ 레이지 로그인(Lazy login)

– 루크 로블르스키[Luke Wroblewski], "Sign Up Forms Must Die", 2008년 3월 25일 최종 수정, https://alistapart.com/article/signupforms

– 앤더스 톡스보[Anders Toxboe], UI-Patterns.com, http://ui-patterns.com/patterns/Lazy Registration

– 얀코 요바노비치[Janko Jovanovic], "10 UI Design Patterns You Should Be Paying Attention To", 2009년 6월 23일 최종 수정, https://www.smashingmagazine.

com/2009/06/10-ui-design-patterns-you-should-be-paying-attention-to/

▌ 사용자 테스트(User testing)

- 스티브 크룩Steve Krug, 『(개정판)사용자를 생각하게 하지 마!』(이미령 옮김, 인사이트, 2014)

- 스티브 크룩, 『사용성 평가 이렇게 하라』(이지현, 이춘희 옮김, 위키북스, 2010)

- VWO, "The Complete Guide to A/B Testing", https://vwo.com/ab-testing/

- 옵티마이즐리Optimizely, "A/B Testing", https://www.optimizely.com/ab-testing/

- 위키피디아, "A/B testing", 2017년 6월 6일 최종 수정, https://en.wikipedia.org/wiki/A/B_testing

▌ 모바일 패턴

- 루크 로블르스키, 『(개정판)모바일 우선주의』(임재원, 송지원 옮김, 웹액츄얼리코리아, 2017)

- 구글 매트리얼 디자인 가이드라인Google Material Design guidelines, https://material.io/guidelines/

- iOS 휴먼 인터페이스 가이드라인Human Interface Guidelines, https://developer.apple.com/ios/human-interface-guidelines/

- 루크 로블르스키, https://www.lukew.com/

- 크리스 오설리번Chris O'Sullivan, "A Tale of Two Platforms: Designing for Both Android and iOS", 2015년 4월 15일 수정, https://webdesign.tutsplus.com/articles/a-tale-of-two-platforms-designing-for-both-android-and-ios--cms-23616

▌ 정보 구조(Information architecture)

- 위키피디아, "Information architecture", 2017년 5월 7일 최종 수정, https://en.wikipedia.org/wiki/Information_architecture

- Usability.gov, "Information Architecture Basics", https://www.usability.gov/what-and-why/information-architecture.html

- 제니퍼 카델로Jennifer Cardello, "Low Findability and Discoverability: Four Testing Methods to Identify the Causes", 2014년 7월 6일 최종 수정, https://www.nngroup.com/articles/navigation-ia-tests/

▌ 시각 디자인(Visual design)

- 안드레이 스테판Andrei Stefan, "How to Create Pixel-Perfect Artwork Using Adobe Illustrator", 2015년 5월 19일 최종 수정, https://design.tutsplus.com/tutorials/how-to-create-pixel-perfect-artwork-using-adobe-illustrator--cms-23907

- Icons8, "How to Make Pixel Perfect Icons", 2017년 5월 17일 최종 수정, https://icons8.com/articles/make-pixel-perfect-icons/

- 아비짓 완케데Abhijeet Wankhade, "How to create pixel perfect icons in Illustrator", 2014년 3월 19일 최종 수정, https://medium.com/@sokratus/how-to-create-pixel-perfect-icons-in-illustrator-6b3a188b4292

▌ 프로토타이핑

- 토드 자키 워플Todd Zaki Warfel, 『프로토타이핑』(이예나, 이재명 옮김, 인사이트, 2011년)

▌ Tumult Hype

– Tumult Hype 자료, http://tumult.com/hype/

▌ 커피스크립트

– 커피스크립트 자료, http://coffeescript.org

– 튜토리얼 포인트[Tutorials Point], https://www.tutorialspoint.com/coffeescript

▌ Framer

– Framer 자료, https://framer.com/docs/

– Framer 자료, https://framer.com/getstarted/programming/

– 테스 매트[Tes Mat], 『The Framer Book』, 2017년 3월

– 테사 손튼[Tessa Thornton], 『CoffeeScript for Framer.js』

▌ 자바스크립트

– 자바스크립트 자료, https://www.javascript.com

– W3Schools 자바스크립트 자료, https://www.w3schools.com/Js/

▌ 제이쿼리

– 제이쿼리[jQuery] 자료, https://jquery.com

– W3Schools 제이쿼리 자료, https://www.w3schools.com/jquery/

찾아보기

에이콘출판의 기틀을 마련하신 故 정완재 선생님 (1935-2004)

모바일 UX 디자인

기획부터 프로토타이핑까지 디자이너의 능력을 확장시키는 방법

발　행 | 2019년 1월 2일

지은이 | 파블로 페레아 · 파우 히네르
옮긴이 | 심 규 대

펴낸이 | 권 성 준
편집장 | 황 영 주
편　집 | 양 아 영
　　　　배 혜 진
디자인 | 박 주 란

에이콘출판주식회사
서울특별시 양천구 국회대로 287 (목동)
전화 02-2653-7600, 팩스 02-2653-0433
www.acornpub.co.kr / editor@acornpub.co.kr

한국어판 © 에이콘출판주식회사, 2019, Printed in Korea.
ISBN 979-11-6175-235-8
ISBN 978-89-6077-210-6 (세트)
http://www.acornpub.co.kr/book/uxdesign-mobile

이 도서의 국립중앙도서관 출판시도서목록(CIP)은 서지정보유통지원시스템 홈페이지(http://seoji.nl.go.kr)와
국가자료공동목록시스템(http://www.nl.go.kr/kolisnet)에서 이용하실 수 있습니다.(CIP제어번호: CIP2018038574)

책값은 뒤표지에 있습니다.